Lorenz Fischer, Dieter Brauns, Frank Belschak
Zur Messung von Emotionen in der angewandten Forschung

D1666767

Beiträge zur Wirtschaftspsychologie

Band 4

Herausgegeben von
Lorenz Fischer und Günter Wiswede

Lorenz Fischer, Dieter Brauns, Frank Belschak

Zur Messung von Emotionen in der angewandten Forschung

Analysen mit den SAMs – Self-Assessment-Manikin

Unter Mitarbeit von
Ansgar Feist, Werner Grimmer,
Jürgen Koop, Horst Müller-Peters

PABST SCIENCE PUBLISHERS

Anschrift der Autoren:
Prof. Dr. Lorenz Fischer
Dipl.-Psych. Dieter Brauns
Dr. Frank Belschak
Institut für Wirtschafts- und Sozialpsychologie
der Universität zu Köln
Herbert-Lewin-Str. 2
50931 Köln

Herausgeber der Reihe "Beiträge zur Wirtschaftspsychologie":
Prof. Dr. Lorenz Fischer
Prof. Dr. Günter Wiswede
Institut für Wirtschafts- und Sozialpsychologie
der Universität zu Köln
Herbert-Lewin-Str. 2
50931 Köln

Die Deutsche Bibliothek – CIP-Einheitsaufnahme

Fischer, Lorenz:
Zur Messung von Emotionen in der angewandten
Forschung. Analysen mit den SAMs – Self-Assessment
Manikin / Lorenz Fischer, ... – Lengerich ; Berlin ; Riga ;
Rom ; Wien ; Zagreb : Pabst Science Publishers, 2002
ISBN 3-936142-49-1

Druck und Bindung: Digital Druck AG, Birkach

© 2002 Pabst Science Publishers

Eichengrund 28
D-49525 Lengerich
Tel.: +49/(0)5484/308
Fax: +49/(0)5484/550
E-Mail: pabst.publishers@t-online.de
Internet: http://www.pabst-publishers.de

ISBN 3-936142-49-1

Vorwort

Das vorliegende Buch richtet sich vor allem an solche LeserInnen, die empirische Analysen emotionaler Befindlichkeiten in unterschiedlichen Kontexten durchführen. Die „*Self-Assessment-Manikins*" (SAMs) von LANG haben sich mittlerweile in zahlreichen Untersuchungen bewährt. Dies ist keineswegs ein triviales Ergebnis, wie die – in diesem Band auszugsweise referierte – einschlägige Literatur zeigt. Dabei werden allerdings immer nur dimensionale Repräsentationen verwendet, die keine Rückschlüsse auf konkrete Emotionsbegriffe erlauben. Dies ist erst durch ein Wörterbuch möglich, wie es in diesem Band vorgelegt wird.

Der Erst-Herausgeber kam mit den SAMs zum ersten Mal in Berührung, als er 1989 eine Gastprofessur für Organisationspsychologie an der Universität Gießen wahrnahm. Zu diesem Zeitpunkt arbeiteten dort die Psychophysiologen Dieter VAITL und Alfons HAMM schon länger mit diesem Messinstrument. Die eindrucksvolle Test-Ökonomie dieses Verfahrens und seine ansprechende Wirkung auf die Befragten (zumindest bei gebildeten Befragten) führte dazu, dass wir die SAMs in recht unterschiedlichen empirischen Forschungszusammenhängen verwendeten. Eine ausschlaggebende Erfahrung war dann ein Eigenprojekt mit Horst MÜLLER-PETERS und Jürgen KOOP über die Psychologie der Aktionäre, das unter anderem seinen Niederschlag in einer Reihe über die Psychologie privater Aktionäre in der Zeitschrift ‚Sparkasse' fand. Der für die SAMs einschlägige Teil ist in diesem Band nachgedruckt. Angesichts der von HAMM & VAITL festgestellten hohen Korrelation der SAMs mit dem verbalen Testverfahren von RUSSEL & MEHRABIAN erschien es möglich, das Wörterbuch dieser Autoren zu einer Typenbildung heranzuziehen. Dieses Vorgehen führte zu einer überraschend heuristisch schlüssigen Interpretation des motivationalen Geschehens der Aktienanlage bei privaten Aktionären. Nach dieser Erfahrung war es nur noch ein kleiner Schritt zu dem Entschluss, ein Wörterbuch in Analogie zu demjenigen von RUSSEL & MEHRABIAN (1977) zu formulieren, das eine Differenzierung von ca. 50 Emotionen anhand von nur drei Informationen erlaubt.

Ungeachtet der faszinierenden Chancen dieses Verfahrens besteht die Notwendigkeit, auf die zahlreichen Unzulänglichkeiten der hier niedergelegten Materialien hinzuweisen. Die später folgende Darstellung der Forschungsgeschichte lässt deutlich werden, dass schon verschiedene interne Versuche zu einer Verbesserung des Instruments gemacht wurden. Die Tatsache, dass z.b. unterschiedliche Größen der Graphiken Effekte auf das Urteilsverhalten hatten, die aber nicht systematisch geordnet werden konnten, lässt ebenso wie die Frage nach der Möglichkeit einer besseren Streuung der Zahl/Formen von Emotions-Begriffen über die verschiedenen Dimensionen die Feststellung notwendig erscheinen, dass das vorgelegte Wörterbuch den Charakter eines Arbeitspapiers hat. Auf der anderen Seite erscheint schon die bisher erreichte Treffsicherheit erstaunlich - gemessen an der notorischen Uneinigkeit der Emotions-Forscher. Dieser Tatbestand lässt nicht zuletzt weitere interessante Entwicklungen dieser Methode für die Zukunft wahrscheinlich werden.

Die Edition eines Buches setzt mittlerweile selbstverständlich erhebliche Kenntnisse und auch ästhetisches Gechick bei der Gestaltung des Layouts auf Seiten der Verfasser voraus. In diesem Zusammenhang möchte ich im Namen der Herausgeber Thomas Marchlewski für die unnachahmliche Ausdauer und Perfektion danken, mit der er nun schon das dritte Buch gestaltet hat, allen Widrigkeiten und unberechenbaren Einfällen von Soft- und Hardware zum Trotz.

Köln, Dezember 2001					Lorenz Fischer

Dieter Brauns

Frank Belschak

Inhaltsverzeichnis

1 Emotionsmessung in angewandten Kontexten

Lorenz Fischer

Im Zentrum dieser Publikation steht die detaillierte Beschreibung der Entwicklung eines Wörterbuches, das dazu dienen soll, Wertekombinationen der drei Emotionsdimensionen der SAMs (Bewertung, Erregung und Potenz) konkreten Emotionsbegriffen zuordnen. Dieses Vorgehen erfordert allerdings eine Einbettung in den gegenwärtigen Stand der Emotionspsychologie einerseits und methodologischer Reflexionen des graphischen Instrumentariums andererseits.

Tatsächlich erscheint der Titel ‚Messung von Emotionen in angewandten Kontexten' in mehrerer Hinsicht provokant. In der einschlägigen Literatur ist schon eine genaue Definition von Emotionen umstritten und noch mehr die Frage ihrer Klassifikation und Kategorisierung. Der Anspruch, ein solches Phänomen zu messen, setzt aber eine Klärung dieser fundamentalen Probleme voraus. Das vorliegende Buch kann allerdings zeigen, dass diese Probleme in einer pragmatischen Form gelöst werden können und zumindest auf einem grundlegenden Niveau die Forderungen der angewandten Forschung im Hinblick auf die Messung von Emotionen zufrieden gestellt werden können.

Beispiele für wirtschaftspsychologische Gegenstandsbereiche, in denen die Messung von Emotionen eine große Bedeutung erlangt hat, sind etwa die emotionalen Reaktionen von Medienrezipienten auf Fernseh- oder Rundfunksendungen, Erlebnisqualitäten oder Zufriedenheit von Kunden in Kaufhäusern oder im Internet und die Arbeitszufriedenheit von Mitarbeitern im organisatorischen Kontext. Untersuchungen der *Kundenzufriedenheit* für die Sicherung bestehender und Erschließung neuer Absatzchancen haben in den letzten Jahren an Bedeutung gewonnen (GOODSTEIN et al. 1990, BURKE & EDELL 1989, AAKER et al. 1988, HOLBROOK & BATRA 1988,

MORRIS 1995, MÜLLER-PETERS u.a 1999). Im Zusammenhang des steigenden Medienkonsums und der intensivierten Konkurrenz der Sender sind die *Bewertungen der Zuschauer von TV- Werbespots* oder ihre Reaktionen auf Talkshows und Filme von aktuellem Interesse (vgl. z.B. MORRIS & MC MULLEN 1994 oder FEIST i.d.B.). Untersuchungen zur Arbeitsmotivation und *-zufriedenheit* (vgl. zur Übersicht z.b. NEUBERGER 1974a, b, FISCHER 1989, 1991, 1997a, b) haben dagegen schon eine lange Vergangenheit, werden aber in den letzten Jahren im Zusammenhang von Mitarbeiterbefragungen oder Konzepten der Organisationsentwicklung in systematisch integrierter Form angewendet (vgl. BORG 2000, LÜCK 1997, BUNGARD & JÖNS 1998).

In jedem dieser erwähnten Bereiche existieren zwar schon seit langem bewährte Instrumente, die im Prinzip auf dem Einstellungskonzept beruhen, bei denen aber in neuerer Zeit aus unterschiedlichen Gründen der besondere Stellenwert der Emotionen hervorgehoben wird. Die hier verfolgte Strategie der Messung von Emotionen unter Verwendung eines graphischen Messverfahrens basiert auf der Annahme, dass hierdurch gewisse Schwächen der klassischen Einstellungsmessung verringert oder gar ausgeschaltet werden können. Diese sollen im Folgenden näher erläutert werden.

Bei den oben angeführten Arbeiten z.B. zur Arbeitszufriedenheit – die praktisch immer als Einstellung konzipiert wurde – spielte zwar der affektive Ausdruck schon immer eine zentrale Rolle (vgl. z.B. FISCHER & LÜCK 1972, NEUBERGER 1974a,b, BRUGGEMANN u.a. 1975, NEUBERGER & ALLERBECK 1978, FISCHER 1989, 1991), allerdings impliziert das Einstellungskonzept (schon weil es üblicherweise über sprachliche Skalen erhoben wird) notwendig eine überaus hohe kognitive Beteiligung. Im Rahmen derer leitet das Subjekt – über die eigentlich erfragte Bewertung des untersuchten Objekts hinausgehend – oft nicht nur seine emotionale Lagerung (z.B. Erregung und Bewertung) im Sinne der Schachter'schen Emotionstheorie (vgl. SCHACHTER & SINGER 1962) aus akzidentellen situativen Reizen der Umgebung attribuierend ab. Mehr noch wird die Emotion im Sinne der Sozialen Erwünschtheit gegenüber den Forschern *rationalisiert*. Diese – die positive Seite der eigenen Arbeitssituation hervorhebenden - Urteile führten zu einer erheblichen Skepsis der Forscher gegenüber quantitativen Messverfahren für die Arbeitszufriedenheit. WIENDIECK (1977, 1980) erklärte die positiven Ergebnisse von Arbeitszufriedenheitsmessungen dissonanztheoretisch mit einer "kognitiven Selbstheilung", und ein langjähriger Protagonist empirischer Erhebungen der Arbeitszufriedenheit in Deutschland postulierte schließlich: "Wenn die Leute nachdenken würden, müssten sie feststellen, daß sie unglücklich sind" (NEUBERGER 1984). Der Befragte gibt bei solchen Befragungen über seine emotionale Lagerung eine Auskunft, die er für sozial erwünscht oder akzeptabel hält, die aber nicht als authentisch angesehen werden kann (vgl. zu solchen Artefaktmöglichkeiten bei Befragungen ESSER 1975, im sozialpsychologischen Experiment BUNGARD & LÜCK 1974, BUNGARD 1984, bei organisationalen Befragungen FISCHER 1991a). Auf diese Art und Weise kommen oft Ergebnisse zu Stande, die auch die subjektiven Wirklichkeiten der Befragten nur in verzerrter Form wiedergeben können. Untersuchungen, die unmittelbar an Emotionen anknüpfen, können und sollten aus Sicht der Forscher die kognitive Beteiligung an den Urteilen – und damit die Artefaktpotenziale – abbauen. Tatsächlich haben die Untersuchungen über die Beziehung von Kognition und Emotion gezeigt, dass Emotionen im Zusammenhang der Selbstregulation und des Handlungsentwurfes wichtig sind und dabei eine komplexe Rolle spielen, die über die relativ statische Konzeption eines Einstellungsmodells – sei es nun das Drei-Komponenten-Modell (ROSENBERG & HOVLAND 1960), oder sei es ein Modell im Sinne von FISHBEIN & AJZEN (1975, AJZEN 1988) – nicht ausreichend modelliert werden kann.

Das besondere Interesse an den Emotionen in dem hier skizzierten Zusammenhang resultiert aus der Erwartung, dass die Messung emotionaler Reaktionen auf die jeweils interessierenden Stimuli – im Unterschied zur Messung von Einstellungen – ein geringeres Maß an kognitiven Verfälschungen oder Korrekturen durch die untersuchten Subjekte beinhalte. Gefördert wurde diese Erwartung unter anderem durch Überlegungen, die innerhalb der Emotionsdiskussion besonders akzentuiert von ZAJONC (1980, 1989) vertreten werden. Im Untertitel seines einflussreichen Artikels "Feeling and Thinking" (1980) schreibt er prägnant: "Preferences need no inferences" und zitiert folgende Verse von CUMMINGS:

> „Since feeling is first
> who pays any attention
> the syntax of things will
> never wholly kiss you"

> (CUMMINGS 1973, 160; zit. n. ZAJONC 1980, 151)

In dem folgenden kurzen Abriss der Emotionstheorie wird gezeigt, dass dem Beitrag von ZAJONC (1980) zwar eine wichtige Funktion als Korrektiv gegen ein zu einseitiges Abdriften der Emotionspsychologie in kognitive Prozesse zukommt (vgl. z.B. BISCHOF 1989, DÖRNER 1989, SCHEELE 1990). Auf der anderen Seite wird aber nach der überwiegenden Meinung der Emotionspsychologen durch ZAJONCs Extremposition das Kind mit dem Bade ausgeschüttet, da zumindest eine minimale kognitive Beteiligung auch bei nicht bewussten Urteilsprozessen nachgewiesen werden kann.

Grundsätzlich wird man allerdings im Vorgriff sagen können, dass auf einem vorgestellten Kontinuum von Urteilen *ohne jede kognitive Beteiligung* einerseits bis hin zu Urteilen *mit starker kognitiver Beteiligung* andererseits Affekte bzw. Emotionen eher in der Region *geringer* kognitiver Beteiligung anzusiedeln sind, während Einstellungen näher an dem Pol *mit hoher* kognitiver Beteiligung zu positionieren sind.

Noch ein weiteres wichtiges Merkmal von Emotionen gewinnt in diesem pragmatischen Zusammenhang an Bedeutung. In der Regel wird nach den Emotionen im Sinne einer Befindlichkeit des Subjektes im Angesicht eines Stimulus gefragt; das heißt im Gegensatz zur Einstellung wird in erster Linie das Selbst bewertet oder präziser: die **Selbst-Welt Relation** (SCHEELE 1990). Im Unterschied zu dem Einstellungskonzept wird also (in wahrnehmungspsychologischer Metaphorik) von den Forschern bei der Analyse von Emotionen das *Selbst als Figur* vor dem Hintergrund der aktualisierten Situation gesehen, während beim Einstellungskonzept die *Bewertung eines Objektes* (als Figur) erfolgt vor dem Hintergrund des Bezuges dieser Objekte zur eigenen Person (s. Funktionen der Einstellung; vgl. z.B. KATZ 1967; zur Übersicht FISCHER & WISWEDE 2001). Es ist also zu erwarten, dass der Selbst(konzept)bezug bei der Emotionsmessung größer ist als bei einer reinen Einstellungsmessung.

Die Messung von Emotionen erfolgt im Regelfall ganz ähnlich wie im Fall der Einstellungen: 1. durch verbale Selbstbeschreibungen (Fragebogen), 2. durch Beobachtungen (hier allerdings speziell der Physiognomie) und schließlich 3. durch die Messung psycho-physiologischer Reaktionen. Auf diese Messverfahren wird noch im einzelnen einzugehen sein.

Die enge Verknüpfung von Emotionen mit physiologischen Korrelaten wird aktuell durch die Forschungen des Teams um LANG, dem Autor der hier behandelten Self-Assessment-Manikin, belegt (z.B. LANG 1979, LANG et al. 1997, HAMM & VAITL 1993, HAMM et al. 1997; LANG et al. 1997). Sie hat in jedem Fall den Vorzug einer begrenzten kognitiven Formbarkeit. Damit soll nicht die Bedeutung kognitiver Beteiligung bei der emotionalen Verarbeitung dramatischer Ereignisse (vgl. z.B. LAZARUS & LAUNIER 1978) geleugnet werden.

Auch LANG (1979) stellte die differenziellen Wirkungen eines handlungsbezogenen Framing (und damit einer stärkeren kognitiven Vernetzung) auf die psychophysiologischen Reaktionen heraus. Wahrscheinlich kann es nicht darum gehen, eine von Kognitionen völlig losgelöste Emotion zu erheben, sondern nur darum, den durch den Messprozess ausgelösten Rationalisierungseffekt möglichst gering zu halten, um weitere Informationen über das vom Befragten verwendete Bezugssystem zu erhalten, das im Sinne eines Frames das Urteil beeinflusst hat.

Bedeutsam ist andererseits für eine gewünschte Verhaltensprognose die Tatsache, dass Emotionen in Situationen mit großem Entscheidungsdruck oder auch geringem motivationalem Engagement wegen der unter diesen Umständen reduzierten kognitiven Elaboration (z.B. PETTY & CACCIOPPO 1986) in höherem Maße handlungsleitend sind als rationale Bewertungen. Wenn zu erwarten ist, dass kognitive Prozesse möglicherweise einen – z.B. durch Rationalisierungsprozesse –

"verzerrenden" Einfluss auf die Urteile haben, muss die Relation von Kognition und Emotion noch weiter verdeutlicht werden.

Ein deutlicher Fortschritt gegenüber den einfachen Einstellungsmodellen wird dann erreicht, wenn Emotionen nicht nur auf einer einzigen Dimension, nämlich der Valenz-Dimension, gemessen werden, sondern wenn die Möglichkeit besteht, das Universum emotionaler Befindlichkeiten möglichst umfassend abzubilden. Dies wurde teilweise schon durch das Semantische Differenzial (OSGOOD et al. 1957) erreicht, das zur Messung der affektiven Bewertung von Objekten herangezogen wurde. Allerdings war es nicht in der Lage, konkrete emotionale Befindlichkeiten zu beschreiben, sondern lediglich die Objekt-Besetzungen in den bekannten drei Dimensionen zu repräsentieren.

Für die empirische Analyse des emotionalen Befindens sind also *brauchbare Messinstrumente* erforderlich. Dabei spielt angesichts der geschilderten Zielsetzungen die Frage der für den Messprozess erforderlichen kognitiven Beteiligung eine zentrale Rolle. Aus den oben angedeuteten Gründen geht schon hervor, dass verbale Selbstbeschreibungen nicht uneingeschränkt als Königsweg angesehen werden können. Weiterhin ist dabei nicht nur im Sinne der klassischen testtheoretischen Forderungen die Validität, Reliabilität und Ökonomie, sondern in einem eher explorativen Kontext auch der heuristische Wert der Messverfahren von Bedeutung. Das vorliegende Buch beschäftigt sich ausschließlich mit einem bestimmten Messverfahren, nämlich den "Self-Assessment Manikin" (LANG 1980), und ihrer Anwendung in der wirtschaftspsychologischen Forschung. Dieses Messverfahren genügt dem Ziel der Ökonomie von Testverfahren in ganz besonderem Maße. Angesichts der (möglichen aber nicht notwendigen) Sprachfreiheit erscheint es international anwendbar (vgl. CENTER FOR THE STUDY OF EMOTION AND ATTENTION 1995). Die Paralleltest-Validität ist hoch (HAMM & VAITL 1993, vgl. auch die detaillierte Darstellung in BRAUNS & FISCHER i.d.B.), und das Messverfahren genießt eine hohe – allerdings nach Population variierende – Akzeptanz bei Befragten (vgl. hierzu ausführlich der Beitrag von FISCHER i.d.B. Kap. 6). Die für dieses Verfahren typische bildliche oder besser ikonographische Repräsentation von Emotionen ist bislang noch nicht systematisch gewürdigt worden. Die Anwender verweisen insbesondere auf die schon erwähnten Vorzüge der Testökonomie sowie der potentiellen Sprachfreiheit. Denkbar ist aber auch die These, dass Bilder oder graphische Symbole direkter und einfacher, d.h. mit geringerer kognitiver Beteiligung wahrgenommen werden als sprachliche Repräsentationen, zumal Betrachter von Bildern sich "leichter vergessen" (GIBSON 1972), die Selbstkontrolle also weniger greift, und es deshalb möglicherweise einfacher ist, im lernenden Umgang mit diesem Repräsentationsmedium die eigene emotionale Lagerung darzustellen.

Das zentrale Anliegen dieses Bandes ist demnach die Weiterentwicklung eines pragmatischen Messverfahrens, das dem Forscher die Möglichkeit der Benennung konkreter Emotionen ermöglicht, die aus den Werten einer Vpn-Gruppe in drei Dimensionen abgelesen werden kann. Die Frage nach der Funktionalität dieser Vermittlungs- oder Abbildungsfunktion kann insbesondere in der angewandten Forschung nicht allein durch die klassischen Skalenkriterien beantwortet werden. Diese orientieren sich i.d.R. an abstrakten Werten wie Validitäts- und Reliabilitätskoeffizienten, signifikanten Differenzen zwischen Stichproben etc. Diese reichen allerdings in zahlreichen Anwendungsbezügen sowohl für die Praktiker wie auch für die Forscher lediglich für differenzialdiagnostische Zwecke. Für die Bewertung der Ergebnisse wären adäquate Ankerpunkte wünschenswert, auf denen die Durchschnittswerte angesiedelt werden können. Dies wird durch die konkrete verbale Bezeichnung einer Emotion geleistet, da viele Menschen gerade für die verbale Beschreibung emotionaler Tatbestände ein differenziertes Vokabular entwickelt haben. Hierfür ein anschauliches Beispiel aus einer Mitarbeiter-Befragung in einem Betrieb eines großen Konzerns der Elektrosparte.

Die PE-Abteilung des Konzerns hatte auf Veranlassung der Betriebsleitung eine Mitarbeiterbefragung durchführen lassen, die vom Team des Autors aus Anonymitätsgründen ausgewertet und präsentiert wurde. Die Präsentation begann mit der Feststellung, dass die Ergebnisse ausgesprochen positiv seien. Tatsächlich konnte dieser Betrieb zu den

Spitzenbetrieben dieses Konzern gezählt werden. Dies entspricht auch den Erfahrungen, dass Mitarbeiterbefragungen üblicherweise in Betrieben vertrauensvoller Zusammenarbeit stattfinden (vgl. FISCHER 1991a). Allerdings wiesen die arithmetischen Mittel für den Führungsstil des Betriebsleiters auf einen autoritäreren Führungsstil hin im Vergleich zu dem Wert eines anderen Betriebsleiters, in dessen Betrieb dieselbe Befragung zuvor stattgefunden hatte. Die Diskussion über die sich hierin widerspiegelnden Vorgehensweisen des Betriebsleiters gewann auch durch die Beteiligung anderer Führungskräfte und der Vertreter des Betriebsrates an Schärfe, die sich lediglich an diesem Vergleich orientierte, aber nicht an dem grundsätzlich ausgesprochen positiven Niveau der Ergebnisse. In dieser Situation wurde vom Autor das durchschnittliche Affektniveau der MitarbeiterInnen im Hinblick auf ihre Arbeit vorgetragen, das sich aus den Antworten auf die SAMs und die entsprechende Begriffe aus der Tabelle (vgl. Kap. 5 i.d.B.) ergaben. Die Arbeit wurde von dem überwiegenden Teil der Beschäftigten als „würdevoll" beurteilt. Es wurde unmittelbar allen beteiligten Diskutanten klar, dass man offenkundig die Kritik überzogen hatte und der Führungsstil des Betriebsleiters nur einige Schönheitsfehler aufwies, die aber keine durchschlagend negativen Konsequenzen für die Arbeitshaltung der MitarbeiterInnen hatte. So wurde eine deutliche Entschärfung der Situation erreicht. Die Emotionsbegriffe dienten quasi als Ratio-Skala mit einem relativ eindeutigen Ankerwert, der für alle Beteiligten gleichermaßen aussagekräftig war.

Im Folgenden werden wir zunächst einige theoretische und technische Aspekte der Emotionspsychologie und ihrer Messung diskutieren. Die Ausführungen über emotionspsychologische Grundlagen (Kap. 2 von LORENZ FISCHER & DIETER BRAUNS) sollen insbesondere den in dieser Thematik Unkundigen eine erste Orientierung erlauben. Angesichts der schon angedeuteten Heterogenität der theoretischen Landschaft werden wir uns allerdings im Wesentlichen an solche Theorien halten, die für das Verständnis der SAMs und ihre

Anwendung im Forschungskontext besonders ergiebig zu sein scheinen. Anschließend stellt DIETER BRAUNS die Forschungsgeschichte der SAMs vor, bei der sich LANG (1980) einerseits auf die Arbeiten von OSGOOD et al. (1957) und andererseits insbesondere auf diejenigen von RUSSEL & MEHRABIAN (1977) stützte. Gerade die letztgenannte Arbeit stellt das Vorbild für die vorliegende Arbeit dar. In Kap. 4 liefern DIETER BRAUNS & LORENZ FISCHER einen Überblick über die verschiedenen Untersuchungen zur Entwicklung des vorliegenden Wörterbuches. Die Darstellungen lassen erkennen, dass die spezifischen Vorzüge der SAMs, die insbesondere in der Forschungsökonomie zu sehen sind, mit einigen technischen Unschärfen erkauft werden müssen. Diese Situation gibt Anlass dazu, die vorliegende Arbeit als ein vorläufiges Werk anzusehen, das in Zukunft weiter verbessert werden kann und soll. In Kap. 5 werden das Wörterbuch selbst und Hinweise für seine praktische Benutzung im Forschungskontext dargestellt. Von vielen Autoren, die mit den SAMs arbeiten, wird die Sprachfreiheit und der ansprechende, abwechslungsreiche Charakter der graphischen Abbildungen hervorgehoben. Die theoretischen und technischen Erörterungen werden mit einer – auf der modelltheoretischen Perspektive beruhenden – Betrachtung darüber abgeschlossen, welche praktischen und theoretischen Implikationen mit diesem graphischen Messverfahren verbunden sind.

Im zweiten Teil dieses Buches werden empirische Untersuchungen dargestellt, die die SAMs in unterschiedlichen Forschungskontexten verwendet haben. Die Kap. 7 und 8 von LORENZ FISCHER beschäftigen sich mit Aspekten der konvergenten und diskriminanten Validität der SAM-Maße, wenn sie einerseits in demselben Fragebogen zur Analyse unterschiedlicher Gegenstandsbereiche verwendet werden und wenn sie andererseits mit Maßen der Arbeitsmotivation und Arbeitszufriedenheit verglichen werden. Die finanzpsychologische Analyse zur Psychologie privater Aktionäre (LORENZ FISCHER, JÜRGEN KOOP UND HORST MÜLLER-PETERS) war die erste Arbeit unseres Forschungsteams, in der auf der Basis der SAMs und unter Bezug auf das (englische!) Wörterbuch von RUSSEL & MEHRABIAN (1977) eine sehr aufschlussreiche, aber recht provisorische emotionsbasierte Typologie von Aktionären gebildet wurde. In Kap.

10 (FRANK BELSCHAK & WERNER GRIMMER) wird das Wörterbuch zur Messung der Akzeptanz von Navigations- und Verkehrsführungssystemen verwendet. Das Erleben von emotionsorientierten Talk-Shows hat in der Regel höhere Intensitäten als die Bewertung von Arbeitserfahrungen, da das Subjekt bei letzteren um eine kontinuierliche Handlungsfähigkeit bemüht sein muss und deshalb i.d.r. extreme emotionale Reaktionen kognitiv korrigieren muss. Die Untersuchung von ANSGAR FEIST (Kap. 11) und die Re-Analyse dieser Daten (Kap. 12) ist deshalb von besonderem Interesse, da hier die Spannbreite der berichteten Emotionen besonders weit ist und sich zeigt, dass die SAMs auch oder gerade in solchen Fällen recht gute Abbildungsqualitäten besitzen.

Teil A: Theoretische und technische Grundlagen der Self-Assessment Manikin (SAM)

2 Emotionspsychologische Grundlagen

Lorenz Fischer und Dieter Brauns

2.1 Emotionen im Alltag und in der Philosophie

Vergegenwärtigen wir uns zum Einstieg, welche Rolle Emotionen und Gefühle für uns im Alltag spielen, und wie wir selbst mit Emotionen umgehen, bevor wir im Weiteren auf den – von den wenigsten Autoren als wirklich befriedigend eingeschätzten – Stand der Forschung eingehen.

Fehlende Emotionen

Wenn eine Frau sagt: "Ich kann nichts mehr empfinden. Meine Sinne sind tot." (Zitat aus dem Bergman Film: "Szenen einer Ehe"), weist dies darauf hin, dass ein solcher Mensch eine schwere psychische Störung hat. "Diese Person hat die Fähigkeit verloren, ihre Umwelt als etwas anzusehen, das sie etwas angeht." (ULICH 1995, S. 4) Emotionen haben offenkundig etwas mit dem Verhältnis des Menschen zu seiner Umwelt zu tun.

Die Wichtigkeit gerade positiver Emotionen lässt sich immer am besten durch den Hinweis auf solche Vorfälle verdeutlichen, in denen sie fehlen. Wenn etwa eine Mutter mit ihrem Kleinkind nicht liebevoll umgeht, ist das "sozial auffällig". Emotionen und Gefühle, die aus einer positiven Umwelterfahrung mit großer Ich-Beteiligung bzw. einem großen Involvement resultieren, sind demnach für alle Menschen wichtig.

Bedrohliche Emotionen

Auf der anderen Seite werden starke Emotionen z.B. in der Öffentlichkeit als bedrohlich oder gar gefährlich empfunden, selbst wenn sie nicht negativ sind. Wenn ein Passant den Leser auf der Straße fragen würde: "Wieviel Uhr ist es?", dann wird jeder eine solche Frage als legitim und selbstverständlich ansehen. Wenn aber der Nachbar in der Straßenbahn ihn plötzlich mit starrer Miene ansehen und mit tonloser Stimme sagen würde: "Ich bin so unglücklich", dann könnte ihn das möglicherweise dazu veranlassen, die Straßenbahn an der nächsten Haltestelle fluchtartig zu verlassen, obwohl dies gar nicht seine Zielhaltestelle war (ULICH 1995, S. 10). Die in der Öffentlichkeit verlangte Affektkontrolle, die ULICH (1995) als "cooling out" beklagt und als Fehlentwicklung ansieht, ist für GOFFMAN (1973a,b, 1974) ein notwendiges Korrelat der Identitätsfassade, mit der sich das Individuum in der Öffentlichkeit präsentiert und die notwendig ist für ein Gelingen des sozialen Austauschs zwischen Fremden.

ULICH (1995) beschreibt zahlreiche Formen der Abwehr bzw. Distanzierung gegenüber dem Ausdruck starker Gefühle in der Öffentlichkeit. Diese sind üblich, weil intensive Emotionen insbesondere in öffentlichen oder universalistischen Rollenbeziehungen eher hinderlich als förderlich sind. Der appellative Charakter von Verzweiflung führt etwa dazu, dass sie z.b. in Prüfungssituationen meist vom Prüfer ignoriert werden muss, da der Prüfer zu einem objektiven Urteil verpflichtet ist, das eine Mitleidsreaktion unmöglich macht. Wer erkennbar zu viele Gefühle hat und sie zeigt, gilt leicht als kopflos und labil (vgl. Zimmer 1981).

Irreleitende Emotionen

Die Ansteckungswirkung von Emotionen, die mit einem erstaunlichen Mangel an rationaler Erkenntnis und Entscheidungsfähigkeit gekennzeichnet ist, kann in Börsensälen, auf Versammlungen extremistischer Parteien oder Bewegungen politisch und menschlich katastrophale Konsequenzen haben (vgl. vertiefend GALBRAITH 1992). Für Ersteres gibt es ein berühmtes Beispiel, den sog. Tulpenschwindel in Amsterdam 1636, bei dem zum Zeitpunkt der größten Spekulationsblase eine Tulpenzwiebel, die zuvor keinen erkennbaren Wert besessen hatte, für einen neuen Wagen, zwei graue Pferde und ein vollständiges Geschirr getauscht wurde. Dies mag der Hintergrund dafür sein, dass in der Philosophiegeschichte Gefühle und Emotionen als Defizite des Menschen betrachtet werden.

Emotionen in philosophischen Ansätzen

In Indien fand der Grundgedanke große Verbreitung, dass *alles Leben Leiden* sei. Die Verwirrungen, die großen Leidenschaften wie Zorn, Begierde, Wahn oder Furcht verursachen können, die Bedrohung durch Alter, Tod und Krankheit, auch die Bedrohung durch natürliche Katastrophen wie Orkane, Austrocknung großer Meere etc. sind diesen Philosophen (insbesondere den Upanischaden) Anlass, eine Selbstentäußerung anzustreben, um durch Askese und Distanzierung gegenüber der Welt zum Glück zu finden (hierzu und zum Folgenden vgl. vertiefend MAYRING 1992).

Im Buddhismus werden emotionale Leidenschaften, der Durst nach Sinnenlust, der Durst nach Werden, der Durst nach Vernichtung etc. als Ursache des menschlichen Leidens angesehen. Auch hier gibt es die Hoffnung, durch Bekämpfen der Begierde, durch Zucht und Selbstzucht zum Glück zu finden. In der frühen europäischen Philosophie sah Aristoteles im – spezifisch definierten – Glück das höchste Gut, während Lust und Unlust als Passionen bezeichnet und negativ bewertet wurden. Hierunter waren insbesondere die negativ bewerteten Regungen der Begierde, des Zorns, der Angst, des Neides, der Freundschaft, des Hasses, der Sehnsucht, der Missgunst etc. zu verstehen. Als zum Glück führende Tugend bezeichnete Aristoteles die Fähigkeit, mit diesen Passionen richtig umgehen zu können. Wer etwa mit Zorn richtig umgehen kann, so dass dieser nicht zu heftig, aber auch nicht zu schwach ist, der handelt tugendsam. Auch hier steht also die *Kontrolle der Emotion* im Vordergrund. Ähnlich argumentierte später auch AUGUSTINUS. Für ihn sind alle Passionen gegen die Natur (des Menschen) gerichtet und deshalb gegen Gott. Sind jedoch die Affekte den Kräften der Seele, also dem Willen, unterworfen, wertet er sie positiv. Das Grundprinzip des vom Willen abhängigen Lebens ist bei AUGUSTINUS die Liebe. Es gibt kein Hindernis, dass sie nicht überwinden könnte. Sie ist die bewegende Kraft

im menschlichen Leben auf dem Wege zu Gott. Die Bürger des von
ihm angestrebten heiligen Gottesstaates empfinden Furcht und Verlangen, Schmerz und Freude, und weil ihre Liebe recht ist, sind auch
alle diese Seelenregungen recht. Sie fürchten die ewige Pein und
begehren das ewige Leben. Sie fürchten zu sündigen, wünschen aus-
zuharren, trauern über ihre Sünden und freuen sich der guten Werke.
Gefühle erscheinen dem Willen untergeordnet.

THOMAS VON AQUIN entwickelte eine ausführliche Klassifikation
der Gefühle, in denen positive Leidenschaften wie Liebe, Sehnsucht,
Hoffnung und Verzweiflung wie auch negative Leidenschaften wie
Hass oder Furcht, Abneigung oder Zorn geordnet werden. Auch bei
KANT ist dieser mittelalterliche Zug zu finden: "Affekten und Leidenschaften unterworfen zu sein, ist wohl immer Krankheit des Ge-
müts, weil beides die Herrschaft der Vernunft ausschließt." (1798, S.
141) Eine besondere Gefahr geht von diesen Krankheiten aus, weil
der Mensch von ihnen nicht geheilt werden möchte.

Schlussfolgerungen

Alltagserfahrungen und Philosophie lassen vermuten, dass die Emotionen den Menschen in einer irritierenden oder gefährlichen Weise
bestimmen können, die einer gelassenen rationalen Betrachtung
inadäquat erscheint. ULICH (1995) hat in seiner Erörterung des Gefühls eine ausgedehnte Darstellung von Alltagserfahrungen voran-
gestellt, um im Kontrast die relativ geringe Erklärungskraft der psychologischen Theorien besonders deutlich werden zu lassen. Allerdings lässt sich der oben gemachte Befund aus einer – im Folgenden
ein wenig weiter ausgeführten – theoretischen Perspektive leicht
erklären: Aus der Entwicklungsgeschichte der Menschheit werden
Emotionen als ein altes biologisches System verstanden, das insbesondere in Gefahrensituationen eine schnelle Anpassung an die Umwelt ermöglichte, lange bevor die Vernunft zur zentralen, Handlungen steuernden Instanz des Menschen wurde. Emotionen stellen deshalb immer noch ein Reaktionspotenzial zur Verfügung (offenkundig
nicht immer ein "vernünftiges"), selbst wenn der Verstand keine

vernünftige Lösung für einen Ausweg aus der bedrohlichen Lage finden kann.

2.2 Erste Gegenstandsbeschreibungen der Emotionspsychologie

Die folgende Übersicht verfolgt in erster Linie das Ziel, einen groben Überblick über Emotionstheorien zu liefern und solche Aspekte in besonderer Weise herauszuarbeiten, die für die Anwendung der SAMs besonders wichtig erscheinen.

Das zutiefst "mentalistische" Konzept der Emotion ist für die immer noch stark behavioristisch beeinflusste, an objektiver Erkenntnis interessierte wissenschaftliche Psychologie auch nach der von SCHERER (1981) eingeläuteten "emotionalen Wende" der Psychologie ein sperriges Thema.

Lehrbücher zur Emotionspsychologie belegen die Tatsache, dass hinsichtlich der Definition von Emotionen kein Konsens festgestellt werden kann. SCHMIDT-ATZERT (1996) verweist in diesem Zusammenhang auf eine Anmerkung von CARLSON & HATFIELD (1992, S. 5): "Psychologen tendieren dazu, in ihrer Definition solche Aspekte von Emotionen zu betonen, die sie interessieren." In dieser Hinsicht seien sie mit Blinden zu vergleichen, die einen Elefanten anfassen und berichten, was ein Elefant ist. Je nachdem, wo sie den Elefant berühren, kommen sie zu unterschiedlichen Feststellungen: Wer den Rüssel ertastet, denkt an einen Schlauch; wer ein Bein fühlt, denkt an eine Säule etc. Der folgende Überblick kann daher nicht eine virtuell-multiple Gestalt der Emotion aufzeigen, sondern nur solche Bereiche deutlich werden lassen, die für die Anwendung des hier dargestellten Verfahrens geeignet erscheinen.

2.2.1 Theoretische Ansätze der Emotionspsychologie

Es gibt relativ unterschiedliche Denkmodelle, die auf unterschiedlichen psychologischen Teildisziplinen oder Orientierungen der Psychologie basieren[1]. Die verschiedenen Erklärungsansätze beeinflussen den Gegenstandsbereich oder das Verständnis dessen, was "Emotion" überhaupt bedeutet. Die wichtigsten sollen im Folgenden kurz skizziert werden.

Psychoanalytische Ansätze

Emotionen spielen in der Psychoanalyse eine besondere Rolle. Freud betonte, dass z.b. bei der Behandlung von Hysterie eine – durch den Therapeuten angeregte – Erinnerung des Patienten an die traumatisierende Situation zu einem Verschwinden der hysterischen Symptome beitrug, wenn sie von starken Affekten begleitet wurde. Emotionen sind vielfach unbewusst, weshalb aus psychoanalytischer Perspektive der Mensch eher sekundär durch Emotionen gesteuert wird, als dass er primär seine Emotionen steuern kann. Gefühle werden als trieb-gesteuerte, energetische, zwischen "Lust" und "Unlust" variierende Erlebnis-Zustände einer Person verstanden, in denen sich immer auch konflikthafte biographische Erfahrungen mit gesellschaftlichen Zwängen und Erwartungen sowie mit eigenen Versuchen der Bedürfnisbefriedigung und Konfliktbewältigung niederschlagen (vgl. zur Übersicht KUTTER 1983).

Psychophysiologische Ansätze

Die Psychophysiologie geht unter anderem von der Annahme aus, dass unterschiedliche Gefühle mit differenzierbaren Mustern zentralnervöser und vegetativ-muskulärer Prozesse einhergehen und dass diese mit psychophysiologischen Maßen erfassbar sind. Änderungen in zentral-nervösen Strukturen werden als wesentliche Voraussetzung für das Entstehen differenzierbarer Gefühle angesehen. Genauer werden Emotionen als Produkte aus der Interaktion zwischen physiologischer Aktivierung (Erregung) und der darauf bezogenen

---

[1]   Übersichten sind z.b. in EULER & MANDL (1983) oder ULICH (1995) zu finden.

(situationsabhängigen) kognitiven Interpretation aufgefasst. Diese Vorgänge treten möglicherweise nur bei Unterbrechungen von Erlebnis- und Handlungsabläufen auf (zur Übersicht vgl. BIRBAUMER 1983). Die meisten Untersuchungen mit den SAMs verwenden gleichzeitig psychophysiologische Maße.

Psychobiologische und Soziobiologische Ansätze

Emotionen werden als biologisch festgelegte, genetisch gesteuerte, aktivierbare Reaktionsmuster betrachtet, die sich im Laufe der menschlichen Evolution (Phylogenese) entwickelten und das Überleben der Art sichern. Diese Ansätze beschäftigen sich mit der Frage nach der Verursachung von Emotionen und ihren Einflüssen auf das Handeln sowie insbesondere auch mit der Frage nach der Entstehung von emotionalen Reaktionssystemen in der Stammesgeschichte des Menschen (Phylogenese) sowie im Zusammenhang der individuellen Entwicklung des einzelnen Menschen (Ontogenese). Wichtige Erkenntnisse dieser Ansätze sind unter anderen darin zu sehen, dass sich zeigen lässt, dass basale Reaktionssysteme (z.b. Flucht aus Furcht vor drohenden Gefahren, Angriff aus Wut usw.) eine neurobiologische Basis haben und offenkundig dem artspezifischen Überleben der Lebewesen dienlich sind (vgl. zur Übersicht SCHNEIDER 1983).

Lernpsychologische Ansätze

Emotionen gehören zu den mentalistischen Phänomenen, die nach behavioristischer Ansicht nicht Gegenstand wirklich wissenschaftlicher Analyse sein können. Sie sind z.b. für B.F. SKINNER "hervorragende Beispiele von fiktiven Ursachen, denen wir gewöhnlicherweise Verhalten zuschreiben" (1953, S. 160). Dementsprechend beschränkt sich das Interesse der lerntheoretischen (behavioristischen) Forschung hauptsächlich auf die Bedingungen des Erlernens und Verlernens von Angstzuständen, Frustrationen oder Ärger. Emotionen entstehen aus der Erfahrung bzw. Antizipation der Auseinandersetzung mit einer bestimmten Umwelt und den auf sie gerichteten

Erwartungen und Zwängen; diese Erfahrungen führen zur Ausbildung von Einstellungen im Hinblick auf künftige Erlebnis-, Entfaltungs- und Handlungsmöglichkeiten (z.b. "Hilflosigkeit" als Folge einengender Lebensbedingungen; vgl. zur Übersicht EULER 1983).

Kognitionstheoretische Ansätze

In diesen Emotionstheorien wird kognitiven Prozessen eine zentrale Rolle bei der Entstehung von Emotionen zugeschrieben. Kognitive Theorien postulieren, dass emotionale Prozesse erst eine Konsequenz der Informationsverarbeitung anlässlich der jeweiligen Situationen darstellen. Emotionen sind also das Ergebnis kognitiver Bewertungen der Transaktionen des Individuums mit der Umwelt allgemein (z.b. LAZARUS 1991) oder speziell im Zusammenhang mit unterbrochenen Handlungssequenzen (MANDLER 1980; vgl. zur Übersicht MANDL 1983).

Attributionstheoretische Ansätze

Diese gehören eigentlich zu den kognitionstheoretischen Ansätzen, haben aber eine besonders zentrale Position in der Emotionstheorie eingenommen, weil sie zentrale Elemente in nahezu allen komplexeren Modellen der Emotions- und Stressforschung darstellen. Besonders zentral ist die Emotionstheorie von SCHACHTER & SINGER (1962), nach der die spezifische emotionale Qualität des Erlebens einer Situation bei einem erhöhten Erregungsniveau aus den externen situativen Bedingungen abgeleitet wird (vgl. zur Übersicht MEYER 1983).

Das SCHACHTER & SINGER Experiment (1962)

STANLEY SCHACHTER und JEROME SINGER von der Columbia Universität verabreich ten ihren Versuchspersonen in ihrem klassischen Experi ment

> eine Adrenalinspritze, welche eine Steigerung der autonomen Erregung bewirkt. Die Vpn wur den jedoch dahingehend irrege leitet, dass es sich bei der Injektion lediglich um eine folgenlose Vitaminspritze handele. Nach der Injektion sollte die Hälfte der Vpn mit jemand anderem im Zimmer warten, der so tat, als ob er wütend sei; die andere Hälfte der Vpn wartete zusammen mit jemandem, der sich glücklich auf führte. Die Vpn berichteten jeweils, dass sie sich genauso fühlten, wie die Per son, mit der sie zusammen warteten: Sie schrieben ihre Erregung fälschlicherweise der Situation zu und erlebten ihrer Situationsbewertung entsprechende Emotio nen. Bei Verabreichung von Placebo- anstelle von Adrenalininjektionen traten diese Effekte nicht auf.

Entwicklungspsychologische Ansätze

Diese Ansätze (SROUFE 1981, vgl. auch IZARD 1981) lassen die Ausdifferenzierung unterschiedlicher Emotionen in verschiedenen Phasen der menschlichen Entwicklung (Ontogenese) deutlich werden. In den ersten Monaten wurden zunächst lediglich gewisse Grundemotionen (Angst, Ekel, Überraschung, Wut, Freude/Lust) beobachtet, die mit fortschreitender Entwicklung eine zunehmende Differenzierung aufwiesen (vgl. KASTEN 1983).

2.2.2 Zur Abgrenzung von Emotion und konvergenten Begriffen

Angesichts der verschiedenen Forschungsansätze in der Emotionspsychologie wird niemand erwarten können, dass hinsichtlich einer Definition von Emotionen vollständige Einigkeit herrscht. KLEINGINNA & KLEINGINNA (1981) versuchten, 100 verschiedene Definitionen von Emotion systematisch zu ordnen, von denen zwei Drittel aus der Zeit nach 1970 stammen. Diese Entwicklung spiegelt ein steigendes Interesse an dem Thema Emotion wider, ohne dass eine Konvergenz der Konzepte erreicht werden konnte. Diese Vielfalt kann hier nicht im Einzelnen zur Debatte gestellt werden. Überdies sind bei (Nominal-) Definitionen insbesondere die Zielsetzungen der Forscher zu berücksichtigen. In der Einführung war bereits verdeutlicht worden, dass für die Zwecke der Forschung zum Wohlbefinden, der Akzeptanz von Produkten oder der Stressforschung solche Indikatoren zu präferieren sind, die die geringste Möglichkeit kognitiver Verzerrungen, Fehlattributionen etc. in sich bergen. Gerade die berechtigt erscheinende Unterstellung einer größeren Unmittelbarkeit scheint die Attraktivität des Emotionskonzeptes gegenüber dem üblichen Einstellungskonzept in unserem Kontext zu begründen. Deshalb spielen in unserer Diskussion die relativen Anteile von Kognition und Affekt eine so große Rolle.

Selbst die Protagonisten der im Folgenden noch eingehender zu diskutierenden Kontroverse über den Anteil der kognitiven Prozesse bei der Bildung von Emotionen – ZAJONC (1980) und LAZARUS (1984) – stimmen darin überein, dass *Emotionen eine Bewertung der Person-Umwelt Beziehung* darstellen.

SCHEELE (1990) variiert dies noch, indem sie Emotionen als

> *Zustand der Bewertung von Selbst-Welt-Relationen unter Bezug auf bedürfnisrelevante Wertmaßstäbe*

definiert. Strittig bei diesen Definitionen ist jedoch die Frage des kognitiven Anteils an dem, was hier mit Bewertung gemeint ist.

Der Begriff "Bewertung" ist bei SCHEELE (1990) vollständig kognitiv gemeint, wobei sie rein affektive Elemente als Randintensionen von Emotionen aus der weiteren Betrachtung ausschließt. Bei anderen Autoren werden demgegenüber explizit auch vorbewusste oder rein affektive Prozesse in das Emotionskonzept einbezogen (LEDOUX 1989). Wir werden auf dieses Problem im kommenden Absatz über die Immediacy-Debatte eingehen.

Bei anderen Autoren werden der Handlungsbezug von Emotionen wie auch die verschiedenen Messebenen betont, wodurch die prinzipielle Parallelität zum Motivationskonzept deutlich wird. So findet sich beispielsweise in der Konsumentenverhaltensforschung eine

Definition von Motivation als zielgerichteter Emotion (KROEBER-RIEL & WEINBERG 1999; TROMMSDORFF 1998).

Als aktuelles Beispiel einer "motivationalen Definition" sei diejenige von WEGGE (i.D.) wiedergegeben:

Emotionen sind eher kurzfristige Zustände einer Person, die sich auf konkrete Objekte oder Ereignisse beziehen, und durch folgende Merkmale gekennzeichnet sind:

(1) das Erleben der Person wird durch ein Gefühl getönt (Erlebenskomponente der Emotion), z.b. das bewusste Gefühl von Furcht oder Stolz; Empfindungen der Anspannung, Unruhe oder Erregung und Lust; z.T. auch ein Erleben von Handlungsimpulsen wie z.b. "Davonlaufen" bei Furcht;

(2) es treten physiologische (innerkörperliche) Veränderungen auf (physiologische Emotionskomponente), z.B. Änderungen bei der Atmung, dem Herzschlag und dem EEG, die durch Prozesse im zentralen und autonomen Nervensystem bestimmt sind;

(3) die Person zeigt spezifische Verhaltensweisen (Verhaltenskomponente der Emotion), insbesondere Veränderungen des mimischen Ausdrucks, aber auch Veränderungen der Gestik, der Körperbewegung und Vokalisation.

In dieser Arbeitsdefinition wird der im alltäglichen Deutschen übliche Begriff *Gefühl* für die subjektiv erlebte *Tönung* der Emotions-Empfindung reserviert. Gefühle sind demnach nur ein Aspekt des umfassenderen Emotions-Begriffes.

Die Bedeutung der Erlebenskomponente ist sehr zentral und in der Emotionspsychologie unstrittig. Die Verwendung der Erregungskomponente gehört zu den weit verbreiteten Untersuchungsverfahren im Methodenkatalog der Emotionsforschung. Allerdings ist die Datenlage bei weitem nicht so eindeutig, wie man sich das wünschen könnte (vgl. SCHMIDT-ATZERT 1996, S. 140).

Emotionen haben in der Regel auch eine spezifische Verhaltenskomponente, wobei in der Forschung insbesondere deren *mimischer Ausdruck*, die *Körpersprache* und in besonders bedrohlichen Situationen auch *Flucht-Reaktionen* gemeint sind. Auch hier ist die Datenlage nicht immer völlig konsistent. Gemeinhin wird zwar die nonverbale Kommunikation gegenüber der verbalen als "ehrlicher" empfunden (MEHRABIAN & FERRIS 1967). Dennoch ist die instrumentelle Verwendung von Mimik und Gestik zur sozialen Steuerung von Interaktionenssequenzen viel häufiger als erwartet und ein gutes Beispiel für die Ablösung typischer emotionaler Ausdrucksweisen von ihrer ursprünglichen Intentionalität. Ein weiteres wichtiges Merkmal von Gefühlen ist die subjektive *Unausweichlichkeit*, das passive Erleben, gegen das sich die Menschen oft genug auch zu wehren versuchen (ULICH 1995). Für die weiteren Ausführungen kann daher die Arbeitsdefinition der Emotion in Anlehnung an SCHMIDT-ATZERT (1996, S. 29) verwendet werden: Emotionen sind qualitativ näher beschreibbare Zustände – in Abgrenzung zu bloßen Reizreaktionen einerseits und zeitlich stabilen Persönlichkeitsmerkmalen andererseits. Diese Zustände gehen mit Veränderungen auf der subjektiven Erlebnis-, der physiologischen und/ oder der Ausdrucksebene einher.

Stimmungen wie z.B. Heiterkeit und Ängstlichkeit bilden typischerweise den atmosphärischen Hintergrund des aktuellen Erlebens. Sie weisen gegenüber den Gefühlen eine größere zeitliche Dauer auf. *Gefühlshaltungen* sind gegenüber aktuellen *Gefühlsregungen* dispositionsartige Tendenzen zum Erleben bestimmter Gefühle wie etwa Hass, Neid oder Liebe. Sie sind zeit- und situationsüberdauernd, jedoch bereichsspezifisch. Von einer bestimmten Gefühlshaltung könnte man auch sprechen, wenn erregende Zustände eher als aversiv erlebt werden und wenn man diese erregende Komponente eher unterdrückt, d.h. reizaufgeladene Situationen vermeidet; oder wenn man im Gegensatz dazu besonders offen ist für solche Zustände, sie sogar aktiv aufsucht.

2.2.3   Zur Relation von Kognition und Emotion oder : Die Immediacy Debatte

Im vorangegangenen Absatz hatten wir zunächst das Problem des kognitiven Anteils an Emotionen zurückgestellt. Zur Erinnerung sei noch einmal darauf verwiesen, dass das Emotionskonzept gegenüber dem Einstellungskonzept in vielen angewandten Kontexten nur dann an Erklärungskraft gewinnt, wenn es eine andere, nach Möglichkeit stärker affektive Intension aufweist.

Für ZAJONC ist der Primat der Affekte gegenüber der Kognition eindeutig. LAZARUS (1982, 1984) dagegen betont - wie schon die SCHACHTERsche Emotionstheorie (1978) - den Primat der kognitiven Komponente: Zuerst treten kognitive Bewertungen auf, erst hieran anschließend und hiervon massgeblich beeinflusst stellt sich das emotionale Erleben ein.

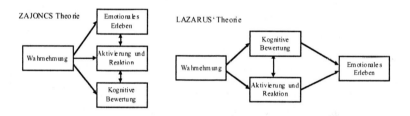

Abbildung 2-1   Die Kognitions-Emotions-Diskussion

Wir werden diese Diskussion an den besonderen Merkmalen affektiver Urteile, die ZAJONC (1980, 154) aufführt, verdeutlichen:

1. *Affective reactions are primary.* Aus ZAJONCs Sicht ist die erste Reaktion auf Umweltreize eine affektive. Ihre Bewertung beeinflusst die motivationale Richtung und das Ziel, das angestrebt wird. Diese Auffassung wurde bestätigt von ITTELSON (1973) sowie von BOWER et al. (1978) und BOWER (1981). Nach diesen Untersuchungen haben Stimmungen Einfluss

darauf, was Menschen erinnern (Stimmungskongruenz), wie sie Erwartungen elaborieren und welche Vorhersagen sie machen. Andererseits hatten schon Experimente von LAZARUS et al. (1965) gezeigt, dass auch eine vorausgehende oder die Erfahrung begleitende kognitive Orientierung die Intensität der Emotionen zu beeinflussen in der Lage ist. Auch wenn das Experiment von SCHACHTER & SINGER (1962) sicherlich nur eine begrenzte externe Validität aufweist, verdeutlicht es doch, dass in Situationen, die für das Individuum keine "selbstverständliche Wertigkeit" haben, erst attributive Kognitionen zu einer emotionalen Bewertung der Situation führen. Es kann hier nur festgehalten werden, dass beide Komponenten Einfluss ausüben und bislang noch keine Theorie entwickelt worden ist, die erklären würde, wann welche Komponente das Primat hat. Es erscheint allerdings plausibel, dass bei den - später noch erläuterten "hot cognitions", bei denen das Selbst betroffen ist, eher Affekte dominieren, während bei "cold cognitions" die kognitiven Elemente dominieren.

2. *Affects are basic.* Diese Aussage bezieht sich auf den Tatbestand, dass etwa im Semantischen Differenzial von OSGOOD (1969) - wie auch bei den im Folgenden eingehender beschrieben SAMs - die affektive Dimension den größten Teil der aufgeklärten Varianz abdeckt.

3. *Affective reactions are inescapable.* Das bedeutet, dass Affekte unwillkürlich auftreten; ihr subjektives Erleben kann nicht unterdrückt oder verfälscht werden - wohl aber ihr Ausdruck.

4. *Affective judgements tend to be irrevocable.* Affektive Urteile - insbesondere Vorurteile - widersetzen sich typischerweise einer rationalen Widerlegung. Aus der Vorurteilsforschung ist bekannt, dass diese Widerlegungsresistenz mit unterschiedlichen Funktionen von Einstellungen (KATZ, 1967) zusam-

menhängt. Wenn eine Einstellung z.b. der Aufrechterhaltung der Gruppenidentität dient, ist nicht zu erwarten, dass sie durch rationale Argumente widerlegt werden kann.

5. *Affective judgements implicate the self.* Affektive Urteile sagen häufig mehr über die urteilende Person selber als über das bewertete Objekt aus, da das Urteil sich auf eine Relation zwischen Subjekt und Umwelt bezieht und der stärkere Affekt natürlich durch die eigene Person besetzt wird.

6. *Affective reactions are difficult to verbalize.* Ein Beobachter kommt zwar schnell zu einem gefühlsmäßigen Eindruck von einer Person oder einem Kunstwerk, tut sich jedoch schwer, diesen verbal zu begründen. Gefühle zeigen sich genuin in Mimik, Gestik und Verhalten, sie werden auch so kommuniziert, die Abbildung in der Sprache ist jedoch ein eigenes "Kunsthandwerk", das nicht jeder gleichermaßen beherrscht. Dieses Problem wird uns noch bei der Diskussion der SAMs beschäftigen.

7. *Affective reactions need not depend on cognition.* Affektive Reaktionen oder Urteile werden nicht aufgrund von objektiven Merkmalen der zu beurteilenden Gegenstände getroffen, sondern sie bilden ein eigenes, personspezifisches Kategoriensystem.

8. *Affective reactions may become separated from content.* Gefühle können ohne genaue Kenntnis der Gründe, warum sie geweckt werden, auftreten. Das bezieht sich sowohl auf erinnerte wie auf aktuell angeregte Gefühle gleichermaßen.

Als empirischen Beleg für das von ihm postulierte unmittelbar und selbstständig funktionierende Affekt-System führt ZAJONC eine Untersuchung an, nach der Stimulusvertrautheit ohne kognitive Beteiligung einen Anstieg positiver Affekte bewirkt (ZAJONC 1980, 162).

Das experimentelle Design ist folgenderweise ausgelegt: Versuchspersonen bekommen in der *ersten Versuchsphase* eine Reihe von

Stimuli (unter erschwerten Dekodierungsbedingungen) dargeboten, die die Wiedererkennung praktisch auf ein Zufallsniveau absinken lassen; in der zweiten Versuchsphase sind dann die 'alten' zusammen mit 'neuen' Reizen daraufhin zu beurteilen, ob sie 'alt' oder 'neu' sind (Frage nach der Kognitions-Komponente) und ob sie 'gemocht' werden (Frage nach der Affekt-Komponente). Die Daten etlicher auf diese Weise angelegter Untersuchungen zeigen übereinstimmend, dass

♦   die Mehrzahl der Versuchspersonen nicht in der Lage ist, alte von neu dargebotenen Stimuli zu unterscheiden und

♦   objektiv 'alte' gegenüber 'neuen' Stimuli bevorzugt werden.

Diese Ergebnisse bestätigen ZAJONC in seiner Annahme, "daß Affekt und Kognition unter der Kontrolle getrennter und teilweise unabhängiger Systeme stehen, die sich gegenseitig auf vielfältige Weise beeinflussen können; beide bilden unabhängige Ursachenbündel bei der Informationsverarbeitung" (vgl. SCHEELE 1990, S. 27; ZAJONC 1980, S. 160f.).

Die in dieser Darstellung konzedierte gegenseitige Beeinflussung zweier im Prinzip unabhängiger Systeme erscheint Vertretern des kognitiven Lagers jedoch zu wenig. Sie bezeichnen auch diese Wahrnehmungsprozesse (nicht ganz unberechtigt) ebenfalls als kognitiv:

"Übrigens würden Kognitionspsychologen ZAJONCs Auffassung recht befremdlich finden, daß der beschriebene Familiaritätseffekt ein 'nicht kognitives' Phänomen sei, d.h. frei von irgendeinem Encodieren sei. Wie soll sich wiederholte Darbietung desselben Polygons auf das ästhetische Urteil auswirken, wenn frühere Darbietungen keine Repräsentation im Gedächtnis hinterlassen haben?" (FIEDLER 1983, S. 220).

Hier zeigt sich, dass das Verständnis von Kognition bei den "Kognitivisten" außerordentlich umfassend ist und auch vorbewusste Operationen als Kognitionen angesehen werden, die auf dieser empirisch schwer zugänglichen Ebene eng mit Affekten interagieren können. Ungeachtet der Tatsache, dass man also bei jeder Wahrnehmung eine zumindest minimale (z.T. nicht bewusste) kognitive Beteiligung unterstellen kann, dürften sich Emotionsmessungen im Sinne dieses Buches als ergiebiger für die 'Einschätzung der subjektiven Selbst-Umwelt-Relation des Subjekts erweisen.

Tatsächlich lassen zahlreiche weitere Diskussionsbeiträge (z.b. SCHEELE 1990, ULICH 1996) deutlich werden, dass die Kontroverse in Teilen auf einem Missverständnis beruhte, das insbesondere von unscharfen Begriffen herrührte. Insbesondere verstand z.b. ARNOLD (1960), auf deren Arbeiten LAZARUS aufbaute, die erste "kognitive" Einschätzung als spontan, schnell und intuitiv, so dass man diesen Prozess als eine *emotionale Kognition* verstehen kann. Schließlich wird auch von ZAJONC et al. (1989) zugestanden, dass zumindest für das Erleben komplexer Emotionen wie Stolz oder Eifersucht kognitive Prozesse unabdingbar sind.

SOKOLOWSKI (1993) formulierte einen Kompromissvorschlag, der auf der kognitiven wie auf der emotionalen Ebene bewusste und vorbewusste Prozesse unterscheidet (vgl. Abbildung 2-2).

Die *nicht bewussten kognitiven Prozesse* bestehen z.b. in der notwendigen *Anwendung von Kategorien* bei der Wahrnehmung von Objekten und der folgenden Informationsverarbeitung (deshalb "Prozesse"!). Dem Individuum bewusst sind dagegen nur seine Kognitionen (*Inhalte*). Ähnlich ist es auf der emotionalen Ebene. Die affektiven Prozesse verlaufen vorbewusst, bewusst ist lediglich die Befindlichkeit. Die affektiven Prozesse werden von SOKOLOWSKI in fünf Komponenten aufgeteilt, wobei sich die *kognitive Komponente* (affektiver Prozesse) auf den Tatbestand bezieht, dass Emotionen - wie schon erwähnt - steuernde Einflüsse auf abrufbare Gedächtnisinhalte, Wahrnehmungen, Gedanken usw. haben können. Die *physiologische Komponente* bezieht sich darauf, dass Herzfrequenz, Blutdruck etc. sehr zuverlässig mit der Intensität von Emotionen kovariieren.

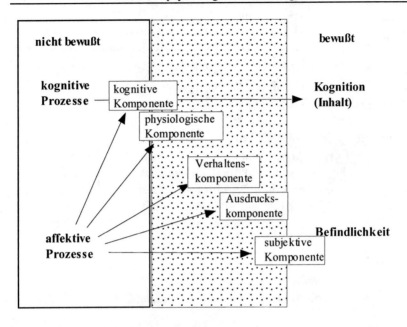

Abbildung 2-2   Veranschaulichung der Wirkungen affektiver Prozesse durch verschiedene Emotionskomponenten (aus SOKO- LOWSKI, 1993, S. 37)

Es gibt sogar erste Hinweise darauf, dass man in Zukunft über spezifische physiologische Profile auch Emotionen spezifizieren kann (SCHERER & WALLBOTT, 1990). Die *Verhaltenskomponente* bezieht sich darauf, dass z.b. traurige Personen sich langsamer bewegen als fröhliche. Die *Ausdruckskomponente* umfasst die Gesichtsmimik, Körperhaltung und Gestik. Sie werden von Beobachtern als "glaubwürdiger" eingestuft als verbale Bekundungen, auch wenn sie selbst - allerdings in einem geringeren Maße - Taktiken des "Impression-Management" unterliegen. Die *subjektive Komponente* stellt sich im Erleben der Emotionen dar, z.B. im Gefühl der Erregtheit oder der Unlust. Erst über eine Kognition der sprachlichen Benennung (Labeling) kann dieses Erleben in psychologischen Untersuchungen erfasst werden. Dieses Problem spielt auch bei der Entwicklung eines Wörterbuches für die SAMs eine gewisse Rolle.

Man kann davon ausgehen, dass Affekte sich notwendig in der physiologischen Komponente, mit unterschiedlicher Wahrscheinlichkeit auch in den anderen Affekt-Komponenten ausdrücken. Welcher Zugang empirisch am sinnvollsten ist, ist in Abhängigkeit von der genauen Fragestellung zu entscheiden. Prinzipiell existieren den Komponenten zuzuordnende Messverfahren:

◆ psychophysiologische Maße,

◆ Verhaltensbeobachtungen,

◆ Beobachtung des Ausdrucksverhaltens (u.U. über Videos und Computeranalysen),

◆ Erhebung der subjektiven Befindlichkeit. (Hier setzen die SAMs an.)

Für die hier zentrale Differenzierung des Ausmaßes, in dem entweder kognitive oder affektive Elemente einzelne Reaktionen oder Urteile bestimmen, erscheint die Unterscheidung von ZAJONC (1980) in "hot cognitions" und "cold cognitions" hilfreich. *Hot cognitions* sind eher affektlastig, sie beinhalten in hohem Maße *Person-Umwelt-Bewertungen*, weniger Wissen (Umwelt-Umwelt-Beziehungen). Bei den eher kognitionslastigen *cold cognitions* ist das Gegenteil der Fall. Sie sind für das Subjekt in hohem Maße flexibler, beliebiger, willkürlich gestaltbar und veränderbar. Dagegen sind die hot-cognitions der Person-Umwelt-Beziehungen rigide und widersetzen sich leichtfertigen Veränderungen (vgl. SOKOLOWSKI 1993).

Wie lässt sich jedoch diese Position von ZAJONC mit der - in der Psychologie sicherlich seit dem Experiment von SCHACHTER & SINGER (1962) dominierenden - Überzeugung vereinbaren, dass Gefühle als Resultate kognitiver Interpretationen (labeling) von Erregungs- bzw. Aktivationserlebnissen aufzufassen sind. Dies ließe sich nach ZAJONC nur so verstehen, dass Gefühle zu irgendeinem Zeitpunkt der Evolution ihre Autonomie verloren hätten und unter die Kontrolle "kalter Kognitionen" geraten seien. Das aber hält ZAJONC für unwahrscheinlich. Seiner Meinung nach hat das affektive System seine Eigenständigkeit beibehalten, jedoch seine ausschließliche Kontrolle über das Verhalten "langsam und widerstrebend" aufgegeben. Das affektive System übt demnach in Verbindung mit dem kognitiven System seine Anpassungsfunktion gemeinsam aus. Über

die Art dieser Zusammenarbeit haben wir bislang eher bruchstück-
hafte Informationen, von denen einige im weiteren dargestellt werden.

Wichtig ist aber festzuhalten, dass das *kognitive* System des Menschen eng mit seinen *sprachlichen* Fähigkeiten verbunden ist (vgl.
WHORF, 1940) und über Charakteristika verfügt, die sich stark von
denen der Gefühle unterscheiden. "Man kann alles mögliche denken
mit verschiedenen Graden der Genauigkeit, aber es gibt nur ein paar
wenige Gefühle, die man empfinden kann, und sie lassen sich nur in
einigen wenigen, eng umgrenzten Weisen empfinden." (MANDL &
HUBER, 1983, 46f.)

Deshalb wird eine Handlungssteuerung im Fall von *cold cognitions*
schnell und flexibel erfolgen können, weil sie ausschließlich von der
Reichhaltigkeit des Wissens abhängig ist, nicht aber von personen-
nahen Werten, die möglicherweise Erlebnisse von Bedrohung beinhalten. Bei starken Emotionen ist das Verhaltensrepertoire eher klein
und rigide, was im Falle von zwanghaftem Verhalten besonders
deutlich wird, bei dem im Falle der Erregung der Emotion für das
Subjekt praktisch keine Verhaltensalternativen zur Verfügung stehen. Starke, selbstbezogene Emotionen dürften deshalb am wenigsten von kognitiven Regulationen betroffen sein. Umgekehrt ist bei
den *cold cognitions* mit einer stärkeren kognitiven Steuerung (auf der
empirischen Ebene der Befragung z.B. im Sinne von sozialer Erwünschtheit) zu rechnen.

2.3   Zur Klassifikation von Emotionen

2.3.1   Das Problem

Eine Klassifikation von Emotionen ist erforderlich, wenn man Emotionen im einzelnen beschreiben, Ähnlichkeiten und Unterschiede
herausarbeiten und die differenziellen Voraussetzungen und Konsequenzen erörtern will. Auf der alltagssprachlichen Ebene können
sich Menschen über ihre Gefühle austauschen. Dieser sprachliche
Ausdruck über die eigenen Empfindungen stellt eine erste, aber nicht

sehr sichere Basis für die psychologische Analyse dar. Noch LERSCH (1954) sah die Möglichkeit einer Klassifikation von Gefühlen als sehr problematisch an. Auch LANG (1980) beurteilte die Möglichkeit einer Ordnung sprachlich ausgedrückter Emotionen angesichts der „Myriaden" von Ausdrucksmöglichkeiten und der Schwierigkeit ihrer subtilen Interpretation als wenig aussichtsreich.

Für eine wissenschaftlichen Analyse von Emotionen ist es jedoch erforderlich, eine systematische, auf Ähnlichkeitsrelationen welcher Art auch immer beruhende Klassifikation durchzuführen. Bei den gegenwärtigen Ansätzen lassen sich drei Ordnungsstrategien unterscheiden (vgl. z.b. MAYRING 1992c, S. 131f.):

♦ Die Suche nach Basisemotionen (Primäremotionen), meist abgeleitet aus der phylo- und oder ontogenetischen Entwicklung; daraus werden dann weitere spezifische Emotionen abgeleitet.

♦ Das Aufstellen eines Klassifikationssystems, in dem spezifische Emotionen zu einzelnen Gruppen zusammengefasst werden.

♦ Das Aufstellen grundlegender Dimensionen, die ein Koordinatensystem darstellen, in die dann die konkreten Emotionen eingeordnet werden.

2.3.2 Basisemotionen

In der angewandten Forschung (z.B. MOWEN & MINOR 1998) werden die Basisemotionen von IZARD (1981) häufig verwendet.

Basisemotionen sind nach IZARD (1981)

Interesse
Freude
Überraschung
Ärger
Leiden, Not, Qual (distress)
Abscheu, Ekel, Widerwille (disgust)
Verachtung (contempt)
Furcht
Scham, Schuld

Mehrere andere Systeme von Basisemotionen werden von ORTONY & TURNER (1990) in Übersicht dargestellt. Bestimmungsgründe für die Ähnlichkeitsrelationen können sein:

♦ Beziehung zu Handlungstendenzen

♦ Universaler Gesichtsausdruck

♦ Hirnstrukturen

♦ Beziehung zu Instinkten etc.

An dieser Stelle scheint uns wichtig zu sein anzumerken, dass die o.g. Basisemotionen von IZARD (1981) bis auf eine in unserem Emotionswörterbuch enthalten sind. Lediglich „Leiden" befindet sich nicht darin. Thematisch spezifischere Worte wie „belastet", „hilflos" sind im Wörterbuch zu finden. Das Problem der Basisemotionen liegt allerdings darin, dass je nach Ansatz völlig unterschiedlichen Listen resultieren.

2.3.3 Heuristische Klassifikationssysteme

Die zweite Möglichkeit besteht darin, heuristisch Emotionsbegriffe zu Gruppen oder Clustern zusammenzufassen.

SCHMIDT-ATZERT & STRÖHM (1983) ließen aus umfangreichen Wortlisten eindeutige Emotionsbegriffe auswählen und beliebig vielen Emotionsgruppen zuordnen. Die Ergebnisse der auf diesen Daten beruhenden Clusteranalyse sind in Abbildung 2-3 aufgeführt.

Natürlich ist grundsätzlich die verbale Beschreibung von emotionalen Befindlichkeiten nicht das einzige Medium, um Emotionen zu beschreiben. In gewisser Weise kann die menschliche Geste dem sprachlichen Ausdruck überlegen sein. Dies wird am Beispiel der besonderen, emotionalen Eindringlichkeit der Pantomime deutlich. Da jedoch die Sprache ein universales Kommunikationsmedium ist, bildet sie die Basis für zahlreiche wissenschaftliche Strukturmodelle der Gefühle.

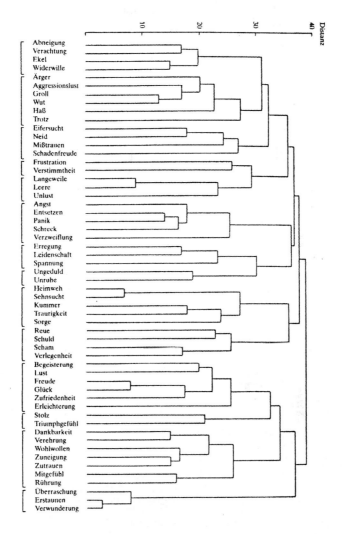

Abbildung 2-3   Clusteranalyse von Emotionsbegriffen (SCHMIDT-ATZERT & STRÖHM (1983, S. 135)

Eine andere Klassifikationsmöglichkeit basiert auf der spezifischen Bedeutung des Umweltereignisses für das Subjekt. WEGGE (i.D.) verwendet folgende Kategorisierung:

a) Neuartigkeit des Reizes / Objektes
   Schreck, Überraschung, Neugier, Furcht, orientie-
   rungslose Reaktion, Fluchtimpuls

b) Motivrelevanz bzw. Valenz d. Reizes
   Lust- und Unlusttönung: Freude, Zuneigung, Är-
   ger, Wut; Bedürfnisse: Gefühle wie Hunger oder
   Durst

c) Möglichkeit der persönlichen Bewältigung
   Depression, Trauer, Hilflosigkeit, Hoffnung, Zu-
   versicht, Angst

d) Verträglichkeit der Handlungsergebnisse bzw.
   Handlungsfolgen mit (Werte-)Standards
   Scham, Schuld, Stolz, Enttäuschung, Neid, Be-
   wunderung, Verachtung

Diese Aufstellung macht eine typische Schwierigkeit für eine Klassifikation von Emotionen deutlich. Die scheinbar morphologische
Struktur des Forschungsgegenstandes resultiert in Wahrheit in erster
Linie aus dem Forschungsinteresse. Bei der oben aufgeführten Klassifikation bilden motivationale und kontrolltheoretische Aspekte den
Hintergrund. ULICH (1995) oder SCHMIDT-ATZERT (1996) würden
hier den Tatbestand der Zuständlichkeit vermissen, der Emotionen
kennzeichnet.

2.3.4 Dimensionale Ansätze

Die dimensionalen Analysen verwenden orthogonale Achsen, die
einen dreidimensionalen Raum definieren. In diesem Raum sind die
spezifischen Gefühle zu verorten.

Als erster hatte WUNDT (1910) drei grundlegende Dimensionen der
Emotion definiert, die aus experimentellen Untersuchungen von
Emotionsverläufen abgeleitet wurden:

◆ Lust - Unlust

◆ Erregung - Beruhigung

◆ Spannung - Lösung.

Ähnlichkeiten und Unterschiede dieser Dimensionen und ihrer empirischen Basis zu denjenigen von SCHLOSBERG (1954) , der den von Schauspielern dargestellten mimischen Ausdruck verschiedener Emotionen zweidimensional (Lust-Unlust sowie Zuwendung-Zurückweisung) ordnen ließ und OSGOOD et al. (1957), die die Dimensionen *evaluation, activity* and *potency* (oft als EPA-Struktur bezeichnet) zur Beschreibung der subjektiven Bedeutung fanden, werden bei BRAUNS (i.d.B.) bzw. FEIST (i.d.B.) diskutiert. Weitere dimensionale Konzepte werden bei TRAXEL (1983) kritisch diskutiert.

LANG (1980) bezog sich insbesondere auf die Konzeption von OSGOOD et al. (1957), betonte die Universalität und hob die häufige empirische Bestätigung dieser Dimensionen hervor. Insbesondere die Publikationen von MEHRABIAN & RUSSEL (1974), die auch den Ausgangspunkt der vorliegenden Publikation darstellen, spielten hier eine wichtige Rolle (vgl. hierzu Kap. 3). Dabei ist allerdings noch nicht die Frage beantwortet, ob die in dem dimensionalen System angeordneten Begriffe tatsächlich psychisch relevant sind. Dieses Problem sah auch TRAXEL (1983):

„Die Frage, wie weit solchen Begriffen auch tatsächlich die psychische Realitäten entsprechen, wurde wohl erstmals von TRAXEL & HEIDE (1961, S. 198) aufgeworfen und von TRAXEL (1962) in verschiedenen Erkundungsstudien untersucht. Insbesondere die Tatsache, dass nicht nur Emotionsbegriffe, sondern auch experimentell ausgelöste aktuelle emotionale Reaktionen von Versuchspersonen so beurteilt wurden, wie dies nach dem Begriffssystem zu erwarten war (obwohl die Versuchspersonen dieses System nicht kannten), unterstützte die Annahme, dass es sich hier nicht nur um bei ein „begriffliches", sondern um ein „natürliches" System handelte. Doch lässt sich dieser Befund noch nicht ohne weiteres verallgemeinern." (TRAXEL, 1983, S. 24)

Man könnte das so umrissene Problem als Validitätsproblem des dimensionalen Ansatzes ansehen, der natürlich die prinzipielle (und reliable) Skalierbarkeit der Emotionsbegriffe in den drei Dimensionen voraussetzt.

In der späteren Diskussion unseres Wörterbuchs wird sich zeigen, dass die von uns ebenfalls verwendete dimensionale Anordnung von Emotions-Begriffen grundsätzlich – wie von TRAXEL (1983) festgestellt – eine sinnvolle Ordnung ergibt, die allerdings auch erkennbare Grenzen aufweist.

TRAXELs Kritik orientiert sich zunächst an den typischen, methodeninhärenten Begrenzungen, die jeder – meist faktorenanalytisch bestimmter – Dimensionsansatz aufweist:

◆ Die Repräsentativität der Itemstichprobe für das Universum der Emotionen ist fraglich.

◆ Die Stichproben der Vpn sind nicht repräsentativ.

Solche fundamentalen Beschränkungen haben natürlich praktische Konsequenzen. Diese liegen bei der Anwendung der SAMs z.B. darin, dass motivationale Tendenzen in verschiedenen Begriffen dieser Systematik oft unzulänglich erkennbar werden. Unterschiede in der spezifischen Beziehung des Subjektes zu seiner Umwelt können also oft nicht vollständig differenziert werden. Es lassen sich Begriffe unterschiedlicher motivationaler Ausprägung finden, die eine näherungsweise identische Ausprägung auf den drei Dimensionen aufweisen.

Von besonderer Bedeutung in unserem Zusammenhang ist die Abgrenzung von Emotionen gegenüber der reinen Bewertung von Umwelt-Tatbeständen. Letztere sind praktisch mit dem Einstellungs-Konzept identisch. Solche Objekte können als bedrohlich, angenehm oder Ekel erregend bezeichnet werden. Auch wenn intuitiv eine Kausalbeziehung zwischen der Anreizwirkung des Objektes und der subjektiven Befindlichkeit des Individuums unterstellt wird, ist natürlich immer zu berücksichtigen, dass einerseits die subjektive Befindlichkeit auch von anderen Faktoren abhängen kann und schließlich sogar der umgekehrte Effekt auftreten kann, dass nämlich die emotionale Verfassung die Bewertung von Objekten beeinflusst.

Die Streuung der Emotionen erfolgt allerdings nach den (anhand der Urteile über eine repräsentative Stichprobe von 500 emotionsauslösenden Bildern erhaltenen) Ergebnissen von LANG et al. (1997) nicht breit gestreut über den gesamten zweidimensionalen Raum, sondern in einer Bumerang-Form (vgl. Abbildung 2-4).

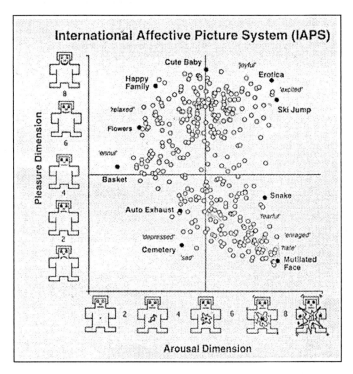

*Abbildung 2-4   In einen zweidimensionalen Raum durch Vpn-Urteile ein-
geordnete Bilder (aus: LANG et al. 1997, S. 103)*

♦ Eine geringe Erregung ist häufiger verbunden mit einer mittleren Bewertung der „Lust-Dimension". Typische Bilder, die so belanglose Reaktionen hervorriefen waren: Korb, Schüssel oder Haus. Aus Sicht verschiedener Autoren ist zu Fragen, ob solche Empfindungen als Emotionen bezeichnet werden können.

♦ Starke Erregung dagegen ist eher verbunden entweder

♦ mit einer besonders positiven (erotische Darstellung einer Frau, Ski-Sprung) oder

◆ besonders negativen Beurteilung (Verstümmelung, Mafia-Anschlag) in der Valenzdimension.

Diese sichelförmige Verteilung der Emotionen korrespondiert mit einer motivational interpretierbaren Relation zu Objekten der Umwelt, die erst bei stärkerer Erregung eindeutig (positiv oder negativ) werden.

Die neuere psychophysiologische Forschung mit den Startle-Effekt (Lidreflex bei Überraschung) lässt erkennen, dass negative Reize zu verlängerten, positive Reize zu kürzeren Reflexen führen. LANG et al. (1990, 1992, 1997) interpretieren diese Befunde u.a. in Anlehnung an KONORSKI (1967), DICKINSON & DEARING (1979) innerhalb eines motivationalen Modells emotionaler Organisation. Demnach werden viele verschiedene Formen emotionalen Ausdrucks als Resultat zweier primärer, teilweise reziproker Motivsysteme betrachtet.

◆ Das appetitive System (Erreichen eines erstrebten Zieles, Sexualität und Fürsorge) ist gekennzeichnet durch annäherndes Verhalten.

◆ Das aversive System ist demgegenüber durch Schutz, Rückzugstendendenzen und Verteidigung gekennzeichnet.

Das jeweils dominante System bestimmt die Wertigkeit des emotionalen Ausdrucks (Lust oder Unlust), und beide Systeme modulieren die Intensität der Aktivation oder der „metabolischen" Erregung in der affektiven Reaktion.

Entsprechend haben LANG et al. (1992) postuliert, dass Assoziationen, kognitive Repräsentationen und Verhaltensprogramme, die mit dem – am Wahrnehmungprozess beteiligten – Motivationssystem verknüpft sind, eine höhere Wahrscheinlichkeit des Zugangs zum Informationsverarbeitungssystem haben und damit zusammenhängend die Output-Stärke in höherem Maße bestimmen. Andererseits weisen entsprechend mentale Ereignisse und Programme, die nicht mit dem jeweils aktivierten System verbunden sind, eine reduzierte Wahrscheinlichkeit des kognitiven Zugangs und eine geringere Aktivation auf. Die Aktivierung des appetitiven oder aversiven Systems wirkt also wie ein Priming auf den Bewertungsprozess des Objektes.

Auf diese Art und Weise findet im Fall eines aversiv motivierten Organismus (der affektive Status ist von Unlust geprägt) ein spezifisches Priming für die Reaktionen auf andere unangenehme Reize statt und zur gleichen Zeit werden Reaktionen auf appetitive Reize reduziert oder sie fehlen gänzlich.

Als Stimulusmaterial, das das emotionale Priming bewirken sollte, wurde das schon erwähnte „International Affective Picture System" (IAPS 1994) gewählt. Für die hierzu gehörenden Bilder wurden mit den SAMs die Mittelwerte der Emotionsbewertungen einer Vielzahl von Betrachtern in den Dimensionen Erregung und Valenz bestimmt, so dass die von den Bildern zu erwartenden Priming-Wirkungen spezifiziert werden konnten.

Grundsätzlich vergrößert sich der Lidreflex mit steigender Stärke des akustischen „Schrecktones". Hypothesenkonform wird dieser Zusammenhang jedoch durch ein affektives Priming moderiert. Im Fall eines emotional negativen Primings (z.B. durch bedrohliche Bilder) war die Schreckreaktion stärker als im Falle affektiv positiver Bilder. Diese Reaktionsunterschiede lassen sich auch differentiell für unterschiedliche Intensitäten der Bilder feststellen.

Die Wirkungen dieses affektiven Primings erinnern an den Prozess des „first appraisal" von LAZARUS (1986), dem ULICH (1995) unter Verweis auf ARNOLD (1960) eher affektive als kognitive Komponenten zubilligte. Diese Ergebnisse stützen aus unserer Sicht die Position von ZAJONC (1980) über die relativ autonome Wirkung des affektiven Systems, auch wenn prinzipiell eine wie auch immer geartete kognitive Beteiligung nicht ausgeschlossen werden kann. In jedem Fall zeigen diese Untersuchungen die Bedeutung empirischer Instrumente zur Messung von Emotionen, die auch im „spontanen" Verhaltensbereich (sensu FAZIO 1984) zu differenzieren in der Lage sind.

Wir werden auf diese Verteilung im Zusammenhang der eigenen Ergebnisse noch weiter eingehen.

3   Zur Forschungsgeschichte der SAMs

Dieter Brauns

3.1   Die Drei-Faktoren-Theorie der Emotionen nach MEHRABIAN

3.1.1   Das Input-Output-System der emotionalen Verarbeitung

Wie oben dargestellt war der Ansatz von MEHRABIAN & RUSSEL (1974) sowie MEHRABIAN (1978) ein wichtiger Ausgangspunkt für die Arbeiten von LANG (1980, LANG et al. 1997). MEHRABIAN (1978) reflektiert die Drei-Faktoren-Theorie (Valenz, Erregung und Dominanz) der Emotionen in einer alltagssprachlichen Form. Das Schlüsselaxiom seines Ansatzes ist, dass Menschen auf außerordentlich unterschiedliche Umwelten auf der Basis nur weniger grundlegender Gefühlsdimensionen reagieren und dass diese grundlegenden Gefühlsdimensionen wiederum sehr unterschiedliche Verhaltensweisen hervorrufen können.

Verschiedene Umwelten bestimmen also als Input über das emotionale Erleben mittelbar das Verhalten von Individuen, den von ihm so genannten Output. Individuen unterscheiden sich aber auch bezüglich ihrer besonderen Arten der emotionalen Verarbeitung: Sie reagieren unterschiedlich auf Umgebungen, die das gleiche Niveau an Lustbetontheit und Reizvolumen besitzen, und lassen sich so verschiedenen Emotionstypen zuordnen. Infolge dieser Vorgaben lässt sich auch die Wahl von Umweltpräferenzen ableiten: Vor dem Hintergrund der Erfahrungen, die wir bisher mit verschiedenen Umwelten gemacht haben, und aufgrund unseres Emotionstypus präferieren wir bestimmte Umwelten, indem wir z.B. lieber einen Spaziergang im Wald machen oder eine gut gefüllte Kneipe aufsuchen oder vor dem Gedränge auf öffentlichen Plätzen fliehen.

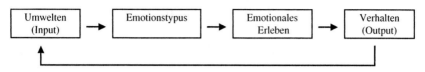

Abbildung 3-1   Das Input-Output-System der emotionalen Verarbeitung

Natürlich unterliegen Individuen Grenzen bei der Wahl möglicher Umwelten. Die Freiheitsgrade sind am Arbeitsplatz enger gesteckt als in der Freizeit. Auch ist die Wirkungsmacht des Faktors Umwelt sicher größer als die des Emotionstypus, was das emotionale Erleben betrifft. So wirken sich bspw. die Reizbedingungen stressbetonter Arbeitsumwelten auch auf unterschiedliche Emotionstypen ähnlich aus.

MEHRABIANs Ausgangshypothese kann man sich also als Input-Output-System vorstellen. Auf der Seite des Inputs oder der Umwelt ist quasi alles enthalten, was an externen und internen Stimuli wahrgenommen werden kann - Farben, Gerüche, körperliche Bedrohung, ein interessanter Mensch oder ein Massenmedium.

Der wichtigste Indikator zur Beschreibung und Unterscheidung verschiedener Umwelten ist die Informationsrate, die Menge von Informationen, die pro Zeiteinheit in der Umwelt enthalten sind oder wahrgenommen werden. Eine Umwelt, die eine hohe Informationsrate hat, ist eine reizstarke bzw. aufgeladene. Man spricht auch von einem großem Reizvolumen oder einer hohen Reizdichte, es müssen viele Reize vom Beobachter verarbeitet werden.

Mit folgender Liste von beschreibenden Adjektivpaaren lässt sich das Reizvolumen jeder beliebigen Umwelt - auch das einer Zeitschrift bzw. das der Situation, in der sie gelesen wird - beurteilen: gewiss-ungewiss; redundant-abwechslungsreich; einfach-komplex; vertraut-neuartig; kleindimensioniert-großdimensioniert; ähnlich-kontrastreich; spärlich-dicht; kontinuierlich-lückenhaft; gewohnt-ungewiss; homogen-inhomogen; leer-überfüllt; symmetrisch-asymmetrisch; nah-fern; ruhig-bewegt; gewöhnlich-selten; strukturiert-zufällig; wahrscheinlich-unwahrscheinlich. (vgl. MEHRABIAN 1978)

Eine Umwelt, für die die an zweiter Stelle aufgeführten Adjektive zutreffen, ist reizstark; eine Umwelt, für die die an erster Stelle aufgeführten Adjektive zutreffen, ist reizschwach.

Zur Output-Seite oder zur verhaltensmäßigen Reaktion gehört alles innerhalb des menschlichen Verhaltensrepertoires – ob man nach Feierabend noch Lust hat, Freunde zu besuchen oder ob man lieber abschaltet und fernsieht, ob man lieber die ZEIT liest oder Nachrichten sieht, ob man die Zeitung von Anfang bis Ende gründlich durchliest oder ob man sie im Wartezimmer flüchtig durchblättert etc..

3.1.2   Grundlegende Dimensionen der emotionalen Reaktion (3-Faktoren-Theorie)

Die ursprünglich als grundlegend angesehenen Dimensionen, die zwischen der Input- und der Output-Seite vermitteln, d.h. zwischen verschiedenartiger Umwelt und unterschiedlichem Verhalten, waren:

◆ Lust-Unlust,

◆ Erregung-Nichterregung und

◆ Dominanz-Unterwerfung.

Erregung bedeutet, wie aktiv, angeregt, aufgeregt, erregt, zappelig, hellwach oder auf Draht man ist. Erregung wird von körperlichen Prozessen begleitet: die Gehirnstromkurven haben eine bestimmte Struktur; Blutdruck, Puls und Atemfrequenz steigen; die Muskeln sind angespannt; die Pupillen sind geweitet; die Blutgefäße in Haut und Gliedmaßen ziehen sich zusammen; man blutet weniger, wenn man sich verletzt, und fühlt dabei auch weniger Schmerz. Das ganze Körpersystem ist auf „Kampf oder Flucht" vorbereitet, d.h. auf *äußerste* Auseinandersetzung oder *äußerste* Meidung. Im Gegensatz dazu ist man bei Nichterregung entspannt, ruhig, träge, gelangweilt, schläfrig oder unaufmerksam; das vegetative Nervensystem dominiert und erzeugt einen langsamen Puls, Muskelerschlaffung etc.. Die Skala der Erregung reicht also von Schlaf über Dämmerigkeit bis hin zu Alarmbereitschaft und extremer Aufregung.

Lust bedeutet, dass man vergnügt, glücklich, zufrieden ist oder sich gut fühlt. Lust drückt sich in offenen, anderen Menschen und Dingen zugewandten Reaktionen aus: Annäherung, Lächeln, Gesten der Zuwendung, warmer Tonfall und positive - empathische und wertschätzende - verbale Äußerungen. Im Gegensatz dazu bedeutet *Unlust*, dass man sich schlecht, unglücklich, genervt, unzufrieden, schwermütig oder verzweifelt fühlt, verbunden mit den entsprechenden körperlichen und verbalen Äußerungsformen. Die Zeichen stehen auf Rückzug und Vermeidung. Das Kontinuum reicht also von extremen Schmerz- und Unglücksgefühlen bis hin zu extremen Glücks- und Ekstasegefühlen.

Dominanz bedeutet, dass man sich mächtig und überlegen fühlt, dass man das Gefühl hat einflussreich, autonom und wichtig zu sein oder sich und die Situation unter Kontrolle zu haben. Man fühlt sich berechtigt sich nach Belieben zu verhalten. Im Gegensatz dazu gibt es viele Situationen, in denen Autonomie und Handlungsspielraum sehr stark eingeschränkt sind, in denen andere etwas mit einem machen. Man fühlt sich dann *unterworfen*; es ist das Gefühl, eingeschüchtert, gegängelt, beeinflusst und kontrolliert zu werden. Man kann keine eigenen Entscheidungen treffen, sondern muss sein Verhalten nach anderen Menschen oder bestimmten Umwelten ausrichten. Unterworfen kann man sich im Zahnarztstuhl, auf der Polizeiwache, im Vorzimmer seines Chefs oder durch eine bestimmte Arbeitstätigkeit fühlen. Die Dominanzskala reicht also von Gefühlen eines totalen Kontrollverlustes und extremer Hilflosigkeit bis hin zu dem Gefühl einflussreich, groß und mächtig zu sein.

Die drei Dimensionen der emotionalen Reaktion stellen das Raster dar, in dem sich alle Gefühle abbilden lassen sollen. Jede Dimension wird als von den anderen beiden unabhängig angenommen. Es gibt also Umwelten, die radikale Veränderungen in der einen Gefühlsdimension verursachen können, ohne die anderen zu beeinflussen. Wut und Angst sind beides Gefühle, die unlustbetont und mit starker

Erregung verbunden sind. Sie unterscheiden sich aber diametral, was das Gefühl der Dominanz und die entsprechenden Verhaltenskonsequenzen betrifft. Schlagen also Angst oder Furcht in Wut oder Feindseligkeit um, so bewirken gewisse Veränderungen in der Umwelt bzw. eine veränderte Wahrnehmung der Umwelt, dass das Gefühl der Ohnmacht gegenüber äußeren Umständen durch das Gefühl der Kontrollierbarkeit eben dieser Umwelt ersetzt wird. Der hier zugrunde liegende Gefühlsbegriff schließt dabei nicht nur „leidenschaftliche" bzw. erregte Zustände ein, sondern eine Person befindet sich fortlaufend in einem Gefühlszustand, welcher auch graphisch als eine Region in einem dreidimensionalen Raum dargestellt werden kann. Die Gefühlszustände wechseln als Reaktion auf externe und interne Reize, aber es gibt kein Erleben und Verhalten ohne Gefühlsanteil und ohne eine solche emotionale „Verortung".

Die Dimensionen bieten so ein funktionsfähiges Raster, das man über die Vielfalt und Komplexität der menschlichen Gefühlswelt legen kann. Gefühle können sich nun auf sehr Unterschiedliches beziehen bzw. von sehr unterschiedlichen Stimuli ausgelöst werden. Gefühle können sich auf das eigene Zustandsbewusstsein beziehen, auf andere Personen, auf komplexe soziale Situationen, auf Vorstellungen und konkrete Bilder (Diapositive, Zeitschriftentitel, Layout), auf Wörter, auf Konsumprodukte und -entscheidungen usw.. So verursachen bspw. verschiedene Medien oder mediale Umwelten Gefühlsreaktionen, die als Kombinationen von Erregung, Lust und Dominanz messbar und darstellbar sind, z.B. als Punkte in einem dreidimensionalen Raum. Diese Gefühlsreaktionen wiederum veranlassen uns, uns dieser Umwelt mehr oder weniger stark zu nähern oder sie mehr oder weniger stark zu meiden, uns einer Zeitschrift mit mehr oder weniger großem Interesse zuzuwenden oder schon vom Titelbild abgestoßen zu werden.

Von den drei Gefühlsdimensionen steht die Erregung in der unmittelbarsten Beziehung zum Reizvolumen der Umwelt. Je größer ihr Reizvolumen bzw. ihre Reizdichte ist, desto höher ist das Erregungsniveau eines Menschen. Umgekehrt erzeugt eine Umwelt mit geringer Aufladung Gefühle geringer Erregung.

In späteren Publikationen haben sich die Autoren um LANG oft auf eine zweidimensionale Darstellung unter Verzicht auf die Dominanzdimension beschränkt (z.b. LANG et al. 1997). In der Tat erweist sich diese letzte Dimension als die schwächste, da sie relativ wenig Varianz erklärt und – wie noch später zu zeigen sein wird – auch die relativ größten Verweigerungsquoten aufweist. Auch Feist i.d.B. plädiert für diesen reduzierten Raum. Da allerdings die meisten Untersuchungen anhand des dreidimensionalen SAM durchgeführt wurden und eine Reihe von Emotionen in unserem Wörterbuch ohne die dritte Dimension nicht beschrieben werden können, bleiben wir bei dieser umfassenderen Lösung.

3.1.3   Emotionsdimensionen und Verhaltenstendenzen

Das Erregungsniveau ist aber nicht der einzige Bestimmungsfaktor für ein Verhalten der Annäherung oder Meidung. Die Erregung formt vielmehr in einer bestimmten Kombination mit Lust und Dominanz die Verhaltensreaktion. Betrachtet man nur die Dimensionen Erregung und Lust, so lassen sich deren kombinierte Auswirkungen auf ein Verhalten der Annäherung oder Meidung graphisch veranschaulichen (vgl. Abbildung 3-2).

Von den neutralen Situationen (weder eindeutig lust- noch unlustbetont) werden solche mit äußerst hohem und äußerst geringem Reizvolumen gemieden und die mäßig reizstarken maximal vorgezogen (umgekehrte U-Funktion). Diese Position stimmt mit der lerntheoretischen sowie der aktivationspsychologischen Linie der Motivationstheorie überein (HEBB 1953, BERLYNE 1974). Situationen, die Lust erzeugen, werden stärker gesucht (obere Kurve) und Situationen, die Unlust erzeugen, werden stärker gemieden (untere Kurve). Aus der oberen Kurve geht hervor, dass sich in lustbetonten Situationen das Annäherungsverhalten mit dem Erregungsgrad der Situation steigert. Im Gegensatz dazu zeigt die untere Kurve, dass in unlustbetonten Situationen das Meidungsverhalten bei zunehmend erregendem Charakter der Situation zunimmt.

So wird sich das Annäherungsverhalten in einer eher lustbetonten Situation - man freut sich auf eine Party - durch das Eintreffen neuer

Gäste oder das Abspielen von Musik verstärken. Ein Nachbar aber, der für eine Prüfung lernen muss, wird durch diese Steigerung des Erregungsniveaus - er hört den Lärm von nebenan - eher zu Vermeidungsverhalten tendieren.

Diese Zusammenhänge zwischen Erregung und Lust/Unlust gelten für alle Menschen. Und ihre Gemeinsamkeiten bezogen auf die emotionalen Reaktionen in gleichen Umwelten sind größer als ihre Unterschiede, die MEHRABIAN im Anschluss charakterisiert.

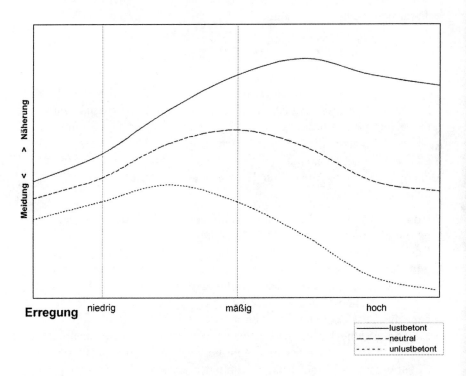

Abbildung 3-2   Meidung und Annäherung in Abhängigkeit von Affekt und Erregung

3.1.4   Typen emotionaler Verarbeitung: Das Abschirmkonzept

Um Menschen Typen der emotionalen Verarbeitung zuzuordnen, verwendet er ebenfalls die drei grundlegenden Gefühlsdimensionen. So können Menschen durchgängig eine mehr lustbetonte oder mehr unlustbetonte Stimmung aufweisen. Die zweite langfristige Persönlichkeitsdimension betrifft das typische Niveau von Dominanz oder Unterwerfung. Wie bei der Lustbetonung spekuliert der Autor auf angeborene Unterschiede, erwägt aber auch die Möglichkeit einer frühen elterlichen Konditionierung. Die dritte und bedeutendste angeborene Persönlichkeitsdimension ist für MEHRABIAN die *Reizabschirmung*. Es geht dabei um die Art, wie sich ein Mensch typischerweise gegenüber den weniger relevanten Teilen seiner Umgebung abschirmt und damit wirkungsvoll das Reizvolumen der Umwelt und sein Erregungsniveau reduziert. Dieser Begriff ist für das Verständnis der verschiedenen menschlichen Reaktionen auf dieselben Umwelt bzw. auf gleiche Stimuli von größter Bedeutung. Er ist es insbesondere für die Medienlandschaft vor dem Hintergrund des ständigen Informationsüberangebotes und der Schwierigkeit, vor diesem Hintergrund Aufmerksamkeit und Interesse zu erregen. Er erklärt, warum dem einen eine Zeitung nicht grell und bunt genug sein kann, während der andere dabei eher an Chaos denkt und sich nach dem alten Layout der ZEIT zurücksehnt, wo er sich zu Hause fühlt.

Menschen, die typischerweise weniger Reizabschirmung betreiben (*Nichtabschirmer*), gehen bei ihren Reaktionen auf beliebige Umwelten wenig selektiv vor. Ihre Aufmerksamkeit ist tendenziell diffus - sie hören, sehen, riechen und spüren auf andere Weise mehr Reize. Sie können Situationen weniger gut strukturieren, können ihre Bestandteile nicht nach Relevanz oder Bedeutung hierarchisieren, können schlechter Prioritäten setzen. Infolgedessen erleben Nichtabschirmer Umwelten sozialer und dinglicher Art, aber auch das Reizmuster einer Zeitschrift als komplexer und reizstärker. Sie können sich schlecht für den Kauf einer Zeitschrift entscheiden, blättern mal die eine, mal die andere durch und finden alles irgendwie interessant, fühlen sich aber gleichzeitig auch von der Vielfalt des Angebotes erschlagen.

Diejenigen dagegen, die mehr Reizabschirmung betreiben (*Abschirmer*), gehen mit Stimuli selektiver um. Sie zwingen die Elemente einer komplexen Situation unbewusst unter eine Bedeutungshierarchie oder Struktur und verringern dadurch wirksam ihr Reizvolumen. Sie konzentrieren ihre Aufmerksamkeit stärker auf ausgewählte Teile einer Umwelt, wobei die weniger relevanten Bestandteile vorher aussortiert werden. Sie stehen nicht vor dem Zeitungsstand und lassen sich von der Angebotsfülle beeindrucken, sondern wählen schnell und gezielt aus. Beim Lesen entscheiden sie nach der ersten Zeile, ob sie ein Artikel interessiert, lassen ganze Rubriken weg und selektieren die Informationen, die für sie von Interesse und Bedeutung sind.

Individuelle Unterschiede bei der Abschirmung treten am stärksten unmittelbar nach einer plötzlichen Zunahme der Reizdichte der Umwelt in Erscheinung. Die Nichtabschirmer zeigen dann im Vergleich zu den Abschirmern stärkere und länger anhaltende Erregungsreaktionen. Abschirmer gewöhnen sich sehr viel schneller an die irrelevanten oder weniger relevanten Reize in einer neuen Situation, obwohl sich beide schließlich auf relativ vergleichbare Erregungsniveaus einpendeln. Die höhere Erregbarkeit im Sinne kurzfristiger Erregungsspitzen, nicht ein typisch oder durchschnittlich höheres Erregungsniveau, ist also das signifikante Unterscheidungsmerkmal. Abbildung 3-3 zeigt die unterschiedlichen Reaktionen im Anschluss an einen neuen Reizimpuls, z.B. ein unerwartetes und lautes Geräusch.

Der Nichtabschirmer wird vor Schreck zusammenfahren, der Abschirmer lediglich den Kopf in Richtung des Geräusches drehen. Dabei ist der Nichtabschirmer nicht notwendigerweise grundsätzlich angespannter, sondern seine geringe Abschirmung ist lediglich ein Indiz für eine geringere Selektivität und daher verstärkte Erregungsreaktionen auf verschiedene Situationen - ob diese nun lust- oder unlustbetont sind. MEHRABIAN spricht von einem empfindlicher oder feiner eingestelltem „Gefühlsapparat", der schon auf geringe Variationen von Reizen reagiert und von relativ massiven „aus dem Gleis geworfen werden kann".

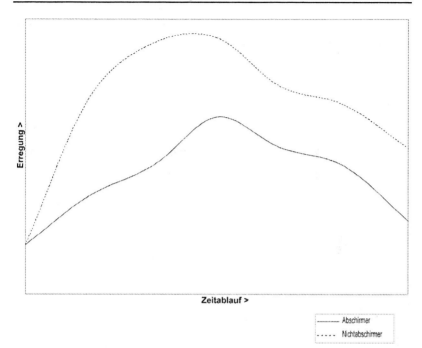

Abbildung 3-3

Was folgt aus dieser Unterteilung für die Umweltpräferenzen von Abschirmern und Nichtabschirmern? Aus der Abbildung 3-2 geht hervor, dass sich im Falle lustbetonter Umwelten jeder den erregenderen in stärkerem Maße nähert. Nichtabschirmer müssten sich dann zu lustbetonten und reizstarken Umgebungen noch stärker hingezogen fühlen, da sie in Situationen mit hoher Reizdichte noch stärker erregt werden als Abschirmer. Aus dem gleichen Grund müssten Nichtabschirmer auch reizstarke und unlustbetonte Situationen stärker meiden als Abschirmer. Die Nichtabschirmer besitzen also ein stärker polarisiertes Annäherungs-Meidungsverhalten bei lustbetonten und unlustbetonten Situationen.

Als Kunde oder Leser ist der Nichtabschirmer der unberechenbarere: Er ist leichter zu begeistern, aber schon durch kleine Änderungen aus dem Tritt zu bringen. Die Schwelle für den Kauf von alternativen

Zeitschriften ist niedriger als die beim Abschirmer, welcher auch schon mal einen Wechsel im Layout verzeiht.

Ein weiterer Unterschied zwischen den beiden Typen liegt darin begründet, dass häufige und sehr hohe Erregungszustände von niemanden sehr lange ausgehalten werden können, weil die Körpersysteme sonst überlastet werden würden. Es gibt daher auch Tendenzen, lustbetonte Umwelten zu meiden, wenn sie „zu erregend" sind. Herzklopfen, feuchte Hände etc. sind Signale, die vor einen solchen Überlastung warnen. Man nennt die Gesamtheit der körperlichen Reaktionen auf ein anhaltend hohes Erregungsniveau auch *Allgemeines Anpassungssyndrom*. Der Körper sabotiert sich in dem Bemühen, sich einer extrem erregenden Umwelt zu entziehen. Entsprechend weist die Kurve der. Abbildung 3-2 für die lustbetonten Situationen auch ab einem gewissen Erregungsgrad wieder nach unten in Richtung Meidung[2].

Nichtabschirmer erreichen diese maximal erträglichen Erregungszustände rascher und häufiger als Abschirmer. Das heißt, dass der längere Aufenthalt in unlustbetonten Umgebungen mit hoher Reizdichte die Nichtabschirmer stärker überfordert und dass sie dort schneller ermüden als Abschirmer. Andererseits gehen die Nichtabschirmer in lustbetonten und reizstärkeren Situationen eher freiwillig bis an die Grenze ihrer Leistungsfähigkeit.

MEHRABIAN führt noch weitere Befunde über die beiden Typen[3] auf. Nichtabschirmer haben ein hohes Einfühlsvermögen, sie reagieren empfindlicher auf Gefühlsreaktionen anderer und können sie empa-

---

[2]   Aus der unteren Kurve der Abbildung 3-2 geht auch hervor, dass von den unlustbetonten Situationen die weniger erregenden (reizärmeren) stärker gesucht werden, doch sinkt die Kurve für extrem niedrige Erregungsniveaus wieder ab. Es gibt also auch ein Maß an Reizarmut, das unabhängig von der Lustbetontheit nicht toleriert und gemieden wird.

[3]   Der Autor verweist auch auf die Möglichkeit den Abschirmungstypus mit Hilfe eines Fragebogens bzw. über physiologische Messungen zu bestimmen. Ein einfaches Indiz stellen die kalten Hände und Füße der Nichtabschirmer dar, die mit einer hohen Erregung einhergehen.

thisch verstehen. Sie sind empfänglicher für subtile Veränderungen ihrer Umwelt und reagieren heftiger auf diese Veränderungen. Der Autor beobachtete auch, dass bei Frauen im Vergleich zu Männern eine leichte Tendenz besteht sich weniger abzuschirmen.

Diese wissenschaftlichen Befunde decken sich mit gewissen kulturspezifischen und allgemeinen Vorstellungen über die Geschlechter: Frauen reagieren in gefühlsbetonten Situationen mit stärkerer Erregung und sprechen auf winzige Veränderungen der Umwelt, die Männer gar nicht wahrnehmen, gefühlsmäßig leichter an. Sie weinen leichter, sind anfälliger für Angst- und Ohnmachtsanfälle und bringen gegenüber anderen ein besseres Einfühlungsvermögen auf. Nichtabschirmer zeigen in unlustbetonten und stark erregenden Umgebungen schlechtere Leistungen. Sie sind also in angstbetonten und gefährlichen Situationen und in Umgebungen, in denen Stress und Konkurrenzdruck herrschen, nicht so leistungsfähig wie Abschirmer. Auch die letztgenannten Attribute werden gerne Frauen zugeschrieben, und es bestehen Versuche, die geschlechtsspezifische Abschirmungstendenz aus der Evolutionsgeschichte oder der Ontogenese zu erklären. Mit Sicherheit aber wäre die Gleichung „Frauen sind Nichtabschirmer mit den oben genannten Tendenzen" zu einfach.

MEHRABIANs Ansatz ist recht konsistent und genau bei der Abgrenzung des Gegenstandsbereichs. Oder mit HERRMANN gesprochen: Das Netzwerk empirischer und theoretischer Beziehungen ist bei ihm weniger weit ausgedehnt, dafür aber enger verknüpft als z.B. bei IZARD (1981). Dabei macht er zwar keine Aussagen über die Subsysteme der Gesamtpersönlichkeit, hält aber für sein Abbildungssystem emotionaler Reaktionen einen universellen Anspruch aufrecht und stellt für unser Vorhaben - es geht um eine ökonomische und handhabbare Messung von möglichst allen relevanten emotionalen Reaktionen auf eine Vielzahl von Emotionsgegenständen - den geeigneteren Ansatzpunkt dar.

3.2 Empirische Befunde zur Drei-Faktoren-Theorie der Emotionen

3.2.1 Validierung eines Semantischen Differenzials zur Messung und Klassifikation von Emotionen

Theoretisch-empirischer Hintergrund

In einem Aufsatz von 1977 stellen RUSSELL & MEHRABIAN eine Doppeluntersuchung vor, mit der belegt werden soll, dass die drei unabhängigen und bipolaren Dimensionen

◆   Valenz[4] („angenehm-unangenehm"),

◆   Erregung („ruhig-erregt) und

◆   Dominanz („dominant-unterwürfig")

im Sinne des Ansatzes von OSGOOD et al. (1957) notwendig und hinreichend sind, um den gesamten Bedeutungsraum emotionaler Zustände abzubilden. Jedes Gefühl lässt sich demnach als Kombination unterschiedlicher Ausprägungen dieser drei bipolaren Dimensionen beschreiben, es besitzt ein dreidimensionales Profil.

Emotionen sind hier im weitesten Sinne „adaptive Reaktionsmuster" auf bestimmte Stimuli (S-R Modell) bzw. Stimulusmuster (Umwelten). Das Forschungsinteresse gilt der Messung dieser Reaktionen. Aus interindividuellen Vergleichen sollen universelle Regelhaftigkeiten erschlossen werden (Allgemeine Emotionsforschung). Es sollen zu diesem Zwecke zuverlässige Einschätzungsskalen konstruiert werden, mit denen dann auch eine empirische Definition von Wörtern zur Beschreibung bestimmter Emotionen möglich wird, um

---

[4]   Die Dimensionsbezeichnung „pleasure" wird im deutschen Sprachraum sowohl mit „Lust-Unlust" als auch mit „Valenz" übersetzt. Die von HAMM & VAITL (1993) präferierte Bezeichnung Valenz (Bewertung) bezieht sich auf die Bewertung der „angenehm-unangenehm"-Komponente eines Gefühls und hat den Vorteil, dass sie - wie Erregung und Dominanz - aus einem Wort besteht und neutraler ist.

so zu einem Klassifikationssystem zu gelangen. Implizit ist dabei die Vorstellung, dass wir emotionale Zustände antizipieren können und dass sie mit einem solchen Bewusstseinsanteil ablaufen, dass wir über sie berichten können. Die brisante Frage, in welchem Verhältnis bei diesen Antizipationen und Selbstberichten Emotion und Kognition stehen, wird ausgeklammert.

Die von den Autoren in Anlehnung an OSGOOD et al. (1957) postulierte Existenz von drei unabhängigen Dimensionen, mit denen sich alle Gefühle beschreiben lassen, ist die zentrale Prämisse der nachfolgenden Überlegungen, d.h. auch die Voraussetzung für die Konstruktion des SAM-Messinstrumentes (s.u.). Deshalb müssen die empirischen Belege, die RUSSELL & MEHRABIAN (1977) für diesen Drei-Faktoren-Ansatz ins Feld führen, vorgestellt werden. Die beiden Autoren konnten sich bereits auf eine lange Forschungstradition berufen. Schon WUNDT (1896) unterschied zunächst noch theoretisch die Kategorien Lust-Unlust, Spannung-Lösung und Beruhigung-Erregung als Basisdimensionen zur vollständigen Beschreibung des Bedeutungsgehaltes von emotionalen Reaktionen auf Stimuli (Wörter, Objekte, Ereignisse). Die empirische Arbeit, die diesen theoretischen Überlegungen folgte (vgl. Feist i.d.B.), stieß wiederum auf drei Dimensionen - „pleasure" (angenehm-unangenehm), „arousal" (Grad der Erregung) und „dominance" (dominant-submissiv) -, die notwendig und hinreichend sein sollen, um die Organisation emotionaler Bewertungen einer großen Spannweite von unmittelbar wahrgenommenen und symbolischen Stimuli zu erfassen.

Obwohl unsere Sprache eine Vielzahl von Wörtern kennt um emotionale Erlebnisweisen zu beschreiben, wobei die sprachlichen Unterscheidungen zwischen den einzelnen Gefühlszuständen äußerst subtil ist, hatten OSGOOD, SUCI und TANNENBAUM (1957) – wie schon angedeutet – postuliert, dass sich auch der gesamte semantische Raum der natürlichen Sprache, einschließlich der gefühlsbezeichnenden Wörter, durch drei zentrale Dimensionen hinreichend beschreiben lässt. Die verbalen Stimuli (Wörter) wurden mit einem Semantischen Differenzial bewertet, das 50 bipolare Adjektiv-Gegensatzpaare enthielt. Die faktorenanalytisch aufgefundenen Dimen-

sionen, die den o.a. weitestgehend entsprachen, nannten die Autoren
(1) „evaluation" (Bewertung: angenehm-unangenehm), (2) „activity"
(Grad der Aktivierung: beruhigend-erregend) und (3) „potency"
(Potenz: stark-schwach). Es folgten Erweiterungen, indem diese
dreidimensionale Struktur für den Bereich der Reaktionen auf nonverbale Stimuli (Töne, Kunstwerke) und für andere Kulturen bestätigt wurde. Die drei Dimensionen ermöglichen somit eine adäquate
Beschreibung affektiver (emotionaler) Antworten auf alle Arten von
Stimuli.

BRADLEY & LANG (1994) liefern eine eingängige Erklärung dafür,
dass sich die Vielzahl emotionaler Reaktionen und Bedeutungen, die
sich auf eine möglicherweise noch größere Vielzahl von Stimuli beziehen, in der Tat mit nur wenigen zentralen Dimensionen universell
abbilden lässt. Geht man davon aus, dass Sprache sich entwickelt
hat, um wichtige Parameter des Verhaltens zu beschreiben, wird ein-
sichtig, dass ihre primären Bedeutungsdimensionen sich auf die Kontrolle von Handlungen beziehen. So beziehen sich Einschätzungen
der Angenehm-Unangenehm-Komponente eines Stimulus darauf, ob
der Beurteiler die Tendenz besitzt, sich diesem Stimulus anzunähern,
bzw. ihn zu vermeiden, sich der Situation zu entziehen. Der Erre-
gungsindex gibt dagegen an, mit welcher Intensität eine gegebene
Verhaltensentscheidung (Annäherung an den bzw. Vermeidung des
Stimulus) verbunden ist. Sie wächst mit der Intensität des Stimulus[5].

Selbstberichte über Gefühlsregungen sind also eng mit der Basis-
struktur unseres Verhaltenssystem verbunden, sie spiegeln Tendenzen
bezüglich der zentralen Dimensionen des Verhaltens (Richtung und
Intensität) wieder. Weil also die Basisdimensionen Valenz und Erregung so eng mit der Organisation unseres Verhaltenssystems verbunden sind, korrelieren Selbstberichte über diese Dimensionen
(Sprachebene) auch gut mit Messungen von emotionalen Reaktionen

---

[5]   Bezogen auf die Verhaltensrelevanz der Dominanzurteile könnte man
    schlussfolgern, dass sich das Urteil darauf bezieht, inwieweit ich eine
    Situation kontrollieren kann oder nicht: Habe ich bspw. überhaupt die
    Möglichkeit dem aversiven Stimulus auszuweichen, bin ich seiner Inten-
    sität ausgeliefert etc.?

in physiologischen (Herzrate, Hautwiderstand, EMG) und motorisch-expressiven Systemen (Gestik, Mimik, Körperhaltung).

Evidenz für die dreidimensionale Struktur verbaler Einschätzungsskalen des Gefühlserlebens

Im Bereich der Beschreibung nonverbaler Gefühlsausdrücke (Gesten, Körperhaltung, Gesichtsausdrücke etc.) konnte MEHRABIAN (1972) selbst mit diesen drei Dimensionen erfolgreich arbeiten. Mit der Studie von 1977 sollte nun ein weiterer Beweis für die Universalität dieser Dimensionen - für ihre Bedeutung bei der adäquaten Beschreibung affektiver (emotionaler) Reaktionen auf *alle* Arten von Stimuli - erbracht werden, indem der Bereich der verbalen Einschätzungen von Gefühlen, induziert durch schriftliche Situationsbeschreibungen, hinzugezogen wurde. Die Frage war, ob die Vielzahl kurzer und langer verbaler Selbstberichtsskalen zur Einschätzung emotionaler Reaktionen durch die Dimensionen erklärt bzw. durch eine einzige dreidimensionale Skala ersetzt werden konnte.

200 Studenten wurden als emotionale Stimuli 200 schriftliche Beschreibungen von Situationen vorgelegt, in die sie sich gefühlsmäßig hineinversetzen sollten, um dann ihre Gefühle mit insgesamt 43 verbalen Emotionsskalen einzuschätzen. Das Design war so angelegt, dass jede Person zwei Situationen zu bewerten hatte und jede Situation von zwei Personen bewertet wurde, so dass Reliabilitätsmessungen und Kreuzvalidierungen möglich waren (400 Bewertungen von 200 Personen). Die 200 Situationen sollten eine möglichst große Bandbreite emotionaler Reaktionen auslösen und reichten von entspannt-angenehm konnotierten Landschaftsbeschreibungen (Sonnenuntergang am Meer) bis hin zu extrem bedrückenden sozialen Situationen (Trennung). Eine von den 43 Skalen, die zum Teil aus einem, zum Teil aus mehreren Gefühlsbegriffen bestanden, war von MEHRABIAN & RUSSELL (1974) selbst konstruiert worden. Diese Referenzskala, die den Studenten zuerst vorgelegt wurde, um ihre emotionale Befindlichkeit während der Imagination der Situationen zu erfassen, bestand aus dreimal 6 Adjektiv-Gegensatzpaaren vom Typ des Semantischen Differenzials, welche die o.a. Dimensionen

„Angenehm-Unangenehm (Valenz)", „Erregung" und „Dominanz"
repräsentierten.

Valenz	
unzufrieden	zufrieden
unglücklich	glücklich
genervt	erfreut
verzweifelt	hoffnungsvoll
schwermütig	ausgeglichen
gelangweilt	entspannt
Erregung	
träge	rasend
unerregt	erregt
lahm	zappelig
schläfrig	hellwach
ruhig	aufgeregt
entspannt	stimuliert
Dominanz	
submissiv	dominant
kontrolliert	kontrollierend
beeinflusst	einflussreich
geführt	autonom
ehrfürchtig	wichtig
versorgt sein	in der Hand haben

Tabelle 3-1:   RUSSELL & MEHRABIAN-Skala[6]

Es mussten somit 18 Einschätzungen auf einer neunstufigen Skala
vorgenommen werden. Die bei verbalen Emotionsskalen oft berich-
tete Zustimmungsneigung, die die Ergebnisse insbesondere bei Antworten zu einzelnen Adjektiven verzerrt, wurde kontrolliert. Zentrale
Hypothese war nun, dass man mit Hilfe der Einschätzungen auf dieser Referenzskala die Einschätzungen auf allen anderen Skalen voraussagen kann.

---

[6]   Die 18 bipolaren Adjektivpaare wurden von HAMM & VAITL (1993) aus
dem Englischen ins Deutsche und von einem zweisprachigen Experten
wiederum vom Deutschen ins Englische zurückübersetzt.

Zunächst einmal konnten die Autoren feststellen, dass Emotionsmessungen über verbale Einschätzungsskalen sehr wohl hochreliabel, d.h. zuverlässig sein können. Für die Referenzskala lagen die Koeffizienten bei 0.93 (Valenz), 0.88 (Erregung) und 0.79 (Dominanz). Im nächsten Schritt wurden die Interkorrelationen zwischen den übrigen 42 Skalen berechnet. Die beobachtete Redundanz sprach dafür, dass sich hinter den Messergebnissen eine begrenzte Zahl von Faktoren verbarg, d.h., dass eine relativ einfache Beschreibung der Gefühlszustände möglich sein müsste.

Bevor jedoch mit Hilfe der Regressionsanalyse die Vorhersagbarkeit der Ergebnisse der 42 Skalen durch die Referenzskala geprüft werden konnte, mussten die Interkorrelationen zwischen den drei Dimensionen dieser Skala geprüft werden. Die Frage war, ob die Dimensionen wirklich unabhängig voneinander sind. Die Autoren formulierten, dass die gemessenen Interkorrelationen nicht gegen die postulierte Unabhängigkeit sprechen würden. Sie verwiesen jedoch darauf, dass fast in jeder Untersuchung dieser Art lineare und kurvilineare Zusammenhänge zwischen den drei Dimensionen aufgefunden werden. So ist in einigen Untersuchungen die „Angenehm-Unangenehm" - Dimension eine U-förmige Funktion der „Erregung", in anderen sind „Angenehm-Unangenehm" und „Dominanz" positiv linear miteinander verknüpft. Es muss also die postulierte Voraussetzung der Unabhängigkeit der drei Dimensionen in Abhängigkeit von der gewählten Operationalisierung, vom gewählten Sprachraum und von der gewählten Population jedesmal neu überprüft werden.

Für RUSSELL und MEHRABIANs Untersuchung galt nun die Voraussetzung der Unabhängigkeit der Dimensionen als erfüllt und es wurden Regressionsanalysen durchgeführt, bei denen die Werte der 42 Emotionsskalen als Kriterium dienten, während die Werte der drei Dimensionen des Semantischen Differenzials (Referenzskala) zuzüglich eines Wertes für die Zustimmungsneigung (Kennwert zur Antworttendenz) als Prädiktoren in die Regressionsgleichungen eingesetzt wurden. So konnte für jede Skala bestimmt werden, inwieweit sich ihre Werte durch die Werte der dreidimensionalen Referenzskala vorhersagen ließen.

Die multiplen Korrelationskoeffizienten, die den Zusammenhang zwischen den auf der Basis der Regressionsgleichungen vorhergesagten Werten und den Werten der 42 Skalen ausdrücken, waren hoch und lagen je nach Skala zwischen 0.51 und 0.88: Die drei inhaltlichen Variablen „Angenehm-Unangenehm", „Erregung", „Dominanz" und der Faktor „Zustimmungsneigung" erklärten den Großteil der Varianz der anderen Emotionsskalen, d.h. die dreidimensionale Referenzskala stellt eine sparsame und effiziente Möglichkeit dar den gesamten emotionalen Bedeutungsraum zuverlässig abzubilden. Bezogen auf die Beurteilung der Befindlichkeitseinstufungen mittels der Referenzskala klärte der Faktor Valenz (angenehm-unangenehm) 27%, der Faktor Erregung (ruhig-erregt) 23% und der Faktor Dominanz (dominant-submissiv) 14 % der Gesamtvarianz der Situationsbeurteilungen auf.

Bei der Erklärung der 42 Skalen durch die drei Dimensionen und die besagte Urteilsverzerrung in die positive Richtung wurden auch Interaktionseffekte zwischen Dimensionen in die Erklärung einbezogen. Die Frage dahinter lautete: Kann ich Gefühlszustände durch die additive Kombination der drei Dimensionen hinreichend definieren, indem ich die gewichteten Haupteffekte zusammenfüge, oder muss ich sie multiplikativ definieren, indem ich Haupteffekte und Interaktionseffekte kombiniere? Die erste, unkompliziertere Lösung wurde als adäquat bewertet, obgleich die zweite präziser wäre.

Klassifikation von Gefühlsbezeichnungen durch das Semantische Differenzial von RUSSELL & MEHRABIAN

In einer Nachfolgestudie, die im gleichen Aufsatz publiziert wurde, wurden nun Versuchspersonen darum gebeten, auf der Basis der oben beschriebenen RUSSELL & MEHRABIAN-Skala (Referenzskala), d.h. auf der Basis der drei Dimensionen, 151 gefühlsbezeichnende Begriffe zu „definieren". Wenn sich laut Prämisse jeder Gefühlszustand aus einer Kombination der Anteile „angenehm-unangenehm", „Erregung" und „Dominanz" zusammensetzt, so müsste man auf diese Weise jeden dieser Begriffe in einem dreidimensionalen emotionalen Bedeutungsraum verorten können. Man würde somit ein umfassendes emotionales Wörterbuch erhalten, in dem jeder Gefühlsbegriff durch eine spezifische Kombination von drei Werten gekennzeichnet würde, bzw. eine emotionale Landkarte, indem jedes Gefühl auf einen Punkt des dreidimensionalen Raumes transformiert werden könnte. Das Forschungsinteresse galt dabei zum einen der Frage, ob verschiedene Personen die verschiedenen Gefühlsbegriffe hinreichend ähnlich bewerten, ob die Bewertungen reliabel sind. Zum anderen stand offen, ob das Messinstrument diese Vielzahl von Begriffen hinreichend unterscheidet: Findet sich die Variation der emotionalen Bedeutungen auf der Ebene der Beurteilungen wieder (Trennschärfe)? Da viele der 42 Emotionsskalen der ersten Studie nur aus einer Gefühlsbezeichnung bestanden, konnten auch Vergleiche zwischen beiden Studien hinsichtlich der Reliabilität und Validität der Ergebnisse angestellt werden.

Es nahmen 300 Studenten an der Untersuchung teil. Die 151 Begriffe (Wörter oder kurze Phrasen) waren so ausgewählt, dass sie eine möglichst große Spannweite von emotionalen Bedeutungen umfassen sollten. Jeder Begriff wurde von 20 bis 30 Studenten bewertet, wobei 29 Personen dieselben 20 Begriffe bewerteten, so dass eine Reliabilitätsprüfung ermöglicht wurde.

Die drei Skalenmittelwerte pro Begriff wurden linear transformiert (Skala von -1 bis 1) und sind mitsamt ihren Standardabweichungen und zugrundeliegenden Fallzahlen in einer Tabelle (vgl. RUSSELL & MEHRABIAN 1977, S. 286f.) abzulesen.

Bezogen auf die 29 Personen, die dieselben Begriffe bewerteten, sprechen die Autoren von zufriedenstellenden Reliabilitätsschätzungen. In den Fällen, in denen sich Ergebnisse der zwei Studien vergleichen ließen, wurden zufriedenstellende Übereinstimmungen konstatiert: Die Bewertungen auf den drei Dimensionen wiesen in der Regel in dieselbe Richtung.

Fazit

So gelangten RUSSELL & MEHRABIAN zu folgendem Fazit:

♦ Die These, dass die drei Dimensionen „angenehm-unangenehm",
„Grad der Erregung" und „dominant-submissiv" notwendig und
hinreichend sind, um eine große Vielzahl emotionaler Zustände
zu beschreiben, hat sich bewährt. Die Dimensionen bilden die
Basis zur Beschreibung der Organisation menschlicher Erfahrung, sowohl was ihre emotionale als auch was ihre semantische
(Bedeutungs-)Komponente betrifft.

♦ Alle drei Dimensionen können mit einem Instrument reliabel,
d.h. zuverlässig gemessen werden.

♦ „Erregung" erklärt unabhängig von der ersten Dimension einen
signifikanten Varianzanteil einer großen Vielzahl von Gefühlszuständen, d.h. beide Dimension sind unabhängig. Ohne die
Dominanzdimension können viele Gefühlszustände nicht unterschieden werden (z.B. Wut vs. Angst, „entspannt" vs. „be-
schützt"). Alle acht möglichen Kombinationen von hohen und
niedrigen Werten auf den drei Dimensionen sind unter den 151
Gefühlsdefinitionen vertreten. Obwohl die Dominanzdimension
eine positiv lineare Korrelation mit der „angenehm-unangenehm" - Dimension aufweist - der Verlust von Kontrolle
scheint selten angenehm besetzt zu sein - kann Dominanz nicht
durch die beiden anderen Dimensionen erklärt werden und sollte
weiter als „logisch unabhängige" Dimension erhoben werden.

♦ Alle drei Dimensionen sind nicht nur notwendig zur Beschreibung von Gefühlen, ihre Erhebung mittels eines Instrumentes ist
auch hinreichend: Mit Hilfe der diesbezüglichen dreidimensionalen Skala konnten die Werte von 42 anderen Emotionsskalen
vorhergesagt werden.

3.2.2   Das Self-Assessment-Manikin (SAM) (LANG 1980, HAMM & VAITL 1993)

Verbale Einschätzungsverfahren und Bildverfahren zur Messung von Emotionen

Das Fazit von RUSSELL & MEHRABIAN ermutigt also dazu, den drei-dimensionalen Forschungsansatz weiterzuverfolgen. Die Anschluss-frage lautet nun, ob ihre Skala, die aus drei mal sechs verbalen Ad-jektiv-Gegensatzpaaren vom Typ des Semantischen Differenzials besteht, durch ein Bildverfahren ersetzt werden kann, das auf näm-lichen drei Dimensionen basiert, jedoch die Probleme der Ver-sprachlichung von Gefühlszuständen umgeht, d.h. noch direkter und ökonomischer ist. Auf der Basis eines solchen Verfahrens könnte dann parallel zu RUSSELL & MEHRABIAN ein deutschsprachiges „Gefühlswörterbuch" bzw. eine deutsche „Gefühlslandkarte" erstellt werden, um so die Basis dafür zu schaffen die emotionalen Bewer-tungen einer großen Vielzahl von Gegenständen (Stimuli) über die-ses Wörterbuch rückzuübersetzen. Emotionsgegenstände wären z.B. Medien bzw. Medienbestandteile, deren emotionale Bewertung ihre Wirkung moderiert, die Leser selbst und die „Leseumwelten", in denen das Produkt konsumiert wird bzw. dessen Bestandteil das Pro-dukt bildet. Empirische Belege zur Beantwortung der Frage, ob sich die RUSSELL & MEHRABIAN - Skala durch ein Bildverfahren ersetzen lässt, liefern HAMM & VAITL (1993).

Das Ziel ihrer Studie war es, eine standardisierte und normative Serie visueller Reize zur Induktion emotionaler Reaktionen zu entwickeln und eine Validierung dieser Stimulationsmethode auf allen drei emotionalen Reaktionsebenen (verbal, motorisch-expressiv, neuro-vegetativ) vorzunehmen. Während die Stimulationsmethode in unse-rem Zusammenhang nur mittelbar von Interesse ist, so sind es die verschiedenen Operationalisierungen emotionaler Reaktionen umso mehr.

In ihrer Begriffsklärung konstatierten die Autoren eine weitgehende Einigkeit darüber, dass Emotionen Reaktionsmuster auf diskrete, auslösende Ereignisse (interne oder externe) sind, die sich in wenigstens drei Indikatorbereichen manifestieren, nämlich

♦ in den verbalen Äußerungen über subjektive Erlebniswelten,

♦ im motorisch-expressiven Verhalten (Mimik, Gestik, Vokalisation) und

♦ in den vom autonomen Nervensystem gesteuerten vegetativen Veränderungen.

Leider kovariieren diese drei Reaktionssysteme häufig kaum oder gar nicht miteinander, sie besitzen neben der gemeinsamen Varianzquelle - der ausgelösten Emotion - ein hohes Maß an spezifischer Variation[7]. Einen entscheidenden Ansatz, um diese Kovarianz zu erhöhen, sahen die Autoren in der Konstruktion eines standardisierten Satzes visueller Reize zur Auslösung emotionaler Reaktionen, da sie vermuteten, dass gerade die mangelnde Kontrolle der emotionsauslösenden Bedingungen für einen Großteil des Kovariationsproblems verantwortlich war. Im Rahmen der Prüfung der Reliabilität und Validität ihrer Methode zur Emotionsinduktion (6 Experimente) sollte auch die Hypothese der dimensionalen Organisation affektiver Sprache überprüft werden. In zwei Untersuchungen wurden die Gefühlseinstufungen mit einem graphischen, sprachfreien Verfahren vorgenommen.

Zunächst ließen die Autoren zwei Gruppen (93 und 96 Studenten) 60 Farbdiapositive unterschiedlichster inhaltlicher und semantischer Kategorien mit der übersetzten RUSSELL & MEHRABIAN Skala (18 bipolare Adjektivpaare) bewerten. In beiden Fällen wurde die dreidimensionale Struktur faktorenanalytisch bestätigt. In der zweiten Gruppe klärte der Faktor Valenz 32,7%, der Faktor Erregung 18,3% und der Faktor Dominanz 9,6% der Gesamtvarianz auf.

---

[7] Diese Aussage teilen andere Autoren nicht. Richtig an der Kritik von HAMM & VAITL ist aber zweifellos, dass eine Standardisierung der Induktionsmethoden die konvergente Validität erhöht und dass sie die Voraussetzung für eine messbare Konvergenz der drei Indikatorbereiche darstellt.

Im Vergleich der amerikanischen und der deutschen Skalenform fällt auf, dass die Ladungsstruktur der 18 Items auf den drei Faktoren in hohem Maße stabil ist, obwohl die unterschiedlichen Stichproben, die Übersetzung und die unterschiedlichen Emotionsinduktionsmethoden (Imagination komplexer Situationsbeschreibungen vs. Betrachten farbiger Diapositive) potentielle Störvariablen darstellen. Die Struktur emotionaler Reaktionen auf verschiedene Stimuli scheint also gleich zu bleiben.

Die bisher vorgestellten Befunde sprechen also dafür, dass sich ein großer Teil der emotionalen Befindlichkeiten, die über verbale Äußerungen anhand verschiedenster Skalen erfasst werden, im Wesentlichen durch drei Basisdimensionen beschreiben lässt.

Die entscheidende Frage war nun aber, ob die dreidimensionale faktorenanalytisch gewonnene Struktur ausschließlich methodenabhängig sein könnte, ob sie also möglicherweise ein durch das Polaritätsprofil bedingtes methodisches Artefakt darstellt. Durch die im Instrument geforderte Versprachlichung der Affekte kann ein Teil des differenzierten, individuellen emotionalen Erlebens verwischt werden. Dieser Einwand gilt prinzipiell auch für die Klassifikation von Emotionswörtern. Die faktorenanalytisch hergestellte Struktur affektiver Sprache muss also nicht unbedingt gleichbedeutend sein mit der Organisation emotionalen Erlebens.

Wenn das so ist, liegt die Frage nahe, ob man das emotionale Erleben, welches durch diverse Stimuli induziert wird, nicht ebenso zuverlässig direkt und non-verbal auf den drei relevanten Dimensionen erfassen kann.

Das Self-Assessment-Manikin (SAM)

Ausgehend von diesen Überlegungen konstruierte LANG (1980) das sogenannte Self-Assessment-Manikin (SAM), ein sprachfreies Beurteilungsverfahren, welches direkt die Ausprägungen auf den drei Dimensionen Valenz, Erregung und Dominanz erfasst (vgl. Abbildung 3-4).

Die Valenzdimension wird dadurch repräsentiert, dass SAM seinen Gesichtsausdruck von einem Lächeln („angenehm") zu einem trübsinnigen Ausdruck („unangenehm") verändert. Bei der Darstellung der Erregungsdimension ist die Bauchregion mit Zacken und Punkten versehen, die an Zahl und Größe abnehmen, je weniger Erregung ausgedrückt werden soll. Gleichzeitig verändert sich die Augenpartie von weit geöffneten („erregt") bis hin zu geschlossenen Augen („ruhig"). Die Dominanzdimension („dominant vs. submissiv") ist über die Zunahme bzw. Abnahme der Größe der Figur repräsentiert. Die Probanden können ihren Gefühlseindruck mit einem Kreuz auf der entsprechenden Figur einstufen, woraus sich eine fünfstufige Skala ergibt. Nimmt man die Möglichkeit, zwischen den Figuren anzukreuzen, hinzu, entsteht eine neunstufige Skala.

Abbildung 3-4   Self-Assessment-Manikin

Vergleich Semantisches Differenzial versus SAM

Im nächsten Schritt untersuchten HAMM & VAITL nun, ob die Einstufungen mit Hilfe dieses sprachfreien, graphischen Verfahrens denen entsprechen, die mit dem Semantischen Differenzial vorgenommen worden waren. Beim Semantischen Differenzial wurde dazu der Mittelwert der sechs Items, die eine Dimension repräsentierten, gebildet und mit den SAM-Einstufungen korreliert. Beide Einstufungen wurden auf Grundlage der identischen Bildvorlagen (60 Diapositive) von zwei neuen Gruppen (121 Studierende bzw. 100 Studierende) vorgenommen.

Zunächst wurde die Reliabilität der Eindrucksurteile berechnet (Cronbach's Alpha): Werden die Bilder von den verschiedenen Personen und über die beiden Verfahren stabil beurteilt? Bis auf die Dominanzeinstufungen mit dem Semantischen Differenzial waren die Reliabilitäten aller Beurteilungen größer als r = 0.95. Es wurde somit belegt, dass das visuelle Reizmaterial trotz seiner inhaltlichen Heterogenität und Komplexität äußerst konsistente und stabile Eindrucksurteile hervorruft.

Die Korrelationen zwischen den mit Hilfe des SAM und des Semantischen Differenzials vorgenommenen Eindrucksurteilen auf den korrespondierenden Dimensionen variierten zwischen r = 0.84 und r = 0.95, wobei ähnlich wie bei den Reliabilitätsanalysen die Dominanzdimension die niedrigsten Koeffizienten aufwies. Die durch die Bilder induzierten emotionalen Erlebnisweisen auf den drei Basisdimensionen lassen sich also mit beiden Verfahren gleich gut erfassen.

Prüfung der Unabhängigkeit der drei Basisdimensionen der Emotion

Eine wesentliche Voraussetzung für eine zuverlässige und gültige Messung emotionaler Reaktionen ist die Unabhängigkeit der drei Basisdimensionen. Die in diesem Zusammenhang auftretenden Probleme (Interkorrelationen), die RUSSELL & MEHRABIAN eher vernachlässigten, werden bei HAMM & VAITL in einem eigenen Kapitel behandelt.

Insbesondere beim graphischen Verfahren (SAM) fanden sich ausgesprochen hohe Interkorrelationen zwischen den Valenz- und Dominanzurteilen. Auch die Faktorenanalysen zeigten, dass die Dominanzdimension nur einen geringen eigenständigen Varianzanteil der Eindrucksurteile erklärte, wobei auch die Reliabilität und Validität dieser Dimension deutlich geringer war als bei den Valenz- und Erregungsbeurteilungen. Die Schwierigkeit der konsistenten Identifikation einer dritten Basisdimension führen die Autoren u.a. auf ihren wenig handlungsorientierten Stimulationskontext zurück (Betrachten statischer Diapositive). Das Dominanzempfinden scheint eher mit den Voraussetzungen bzw. Konsequenzen von Emotionen als mit den Emotionen selbst in Verbindung zu stehen.

Relativ hohe Interkorrelationen fanden sich jedoch auch - insbesondere beim graphischen Verfahren - zwischen der Valenz- und Erregungsdimension. Es scheint problematisch zu sein den gesamten affektiven Bedeutungsraum durch die visuellen Stimuli zu füllen. Trägt man die mittleren Beurteilungen der Reize auf den zwei Achsen Valenz und Erregung ab, so häufen sich unangenehm bewertete Szenen im Quadranten[8] mit dem hohem Erregungsniveau. Stimuli werden selten als unangenehm und gleichzeitig wenig erregend erlebt, während für angenehm bewertete Reize die Erregungs- und Valenzdimension nahezu unkorreliert ist. Ebenso werden als neutral bewertete Reize nicht gleichzeitig als erregend eingestuft. Die Autoren erklären diese Effekte mit WATSON & TELLEGEN (1985). Diese unterscheiden eine positive von einer negativen Affektivitätsdimension. Negative Affektivität ist dabei immer mit einer Mobilisierung energetischer Ressourcen, d.h. mit einer erhöhten Erregung verbunden. Dagegen sind Trauer, Depression und Hilflosigkeit eher durch eine geringe positive Affektivität bei einem mittleren Erregungsniveau gekennzeichnet. Es gelingt demnach selten, alle

---

[8]   Bei einer zweidimensionalen Darstellung (Valenz X Erregung) wird der Raum aus Gründen der Anschaulichkeit der Ergebnisse in vier gleich große Quadranten (Felder) aufgeteilt.

Quadranten des affektiven Raumes gleich zu besetzen, was zu besagten Interkorrelationen führt.

Diese Ergebnisse unterstreichen die o.a. Forderung, bei der Konstruktion eines Messinstrumentes zur Erhebung emotionaler Befindlichkeiten neben den Gütekriterien der Zuverlässigkeit und Gültigkeit auch die Interkorrelationen der drei Basisdimensionen in jeder Untersuchung neu zu überprüfen, d.h. ihre Unabhängigkeit in Frage zu stellen. Die damit verbundene inhaltliche Frage, ob nämlich jeder der drei Werte auf den drei Dimensionen die gleiche Aussagekraft hat, muss auf der Grundlage der vorliegenden Ergebnisse für die Dimension Dominanz besonders kritisch gestellt werden.

Fazit

♦ Bezogen auf die Reliabilität der emotionalen Bewertungen mittels des Semantischen Differenzials und SAM kann konstatiert werden, dass visuelles Reizmaterial - auch wenn es inhaltlich heterogen und komplex ist - äußerst konsistente und stabile Eindrucksurteile hervorruft.

♦ Unsere Hauptfrage aber, ob das mit den drei Basisdimensionen konstruierte Semantische Differenzial durch das SAM-Verfahren ersetzt werden kann, muss eindeutig bejaht werden.

♦ Gefühle der Dominanz spielen eher in einem handlungsorientierten bzw. sozial determinerten Kontext eine Rolle. Nimmt man z.B. den Stimulationskontext beim Lesens einer Zeitschrift, so ist dieser weder besonders handlungsorientiert, noch kann man ihn als soziale Situation kennzeichnen. Der Leser liest i.d.R. alleine und verfügt über ein hohes Maß an Kontrolle über das Produkt. Daher werden die Schwierigkeiten bei der konsistenten Identifikation einer dritten und unabhängigen Dimension im Zeitschriftenwirkungszusammenhang eher verstärkt auftreten. Bei der Darstellung und Analyse der direkten emotionalen Wirkungen der Zeitschriften kann daher auf die - sehr viel anschaulichere - zweidimensionale Form zurückgegriffen werden.

♦ Die Dominanzdimension ist in diesem Beispiel relevant für die Beschreibung der Leser selbst und für die Beschreibung der sonstigen Umwelten des Lesers, welche in Beziehung zur Leseumwelt stehen.

Aus dem Emotionstypus des Lesers und aus seinen sonstigen Umwelten lassen sich die Motivations- und Nutzungsmuster des Lesers ableiten. Auf die forschungsökonomisch preiswerte Erhebung der Dominanzdimension sollte daher nicht verzichtet werden. Die Dominanzdimension ist zudem unverzichtbar bei der Konstruktion eines Emotionswörterbuches (s.u.).

3.2.3   Self-Assessment-Manikin und Semantisches Differenzial (BRADLEY & LANG, 1994)

Auch Experimente vom „Erfinder" des SAM P.J. LANG, die er zusammen mit M.M. BRADLEY durchführte (1994), unterstreichen die Befunde von HAMM & VAITL (1993). Dabei verglichen sie ebenfalls die RUSSELL & MEHRABIAN Skala vom Typ des Semantischen Differenzial (18 bipolare Adjektivpaare) mit SAM-Beurteilungen. Als Stimuli dienten wiederum Diapositive, die eine große Spannweite hinsichtlich ihrer affektiven Valenz und Intensität aufwiesen. Die Korrelationen zwischen den Messergebnissen der beiden Instrumente waren sehr hoch für die Dimensionen Valenz und Erregung. Unterschiede gab es bezogen auf die Dominanzdimension, wobei die Autoren argumentieren, dass das SAM-Instrument dem Semantischen Differenzial bei der Erfassung dieses Anteils der persönlichen emotionalen Reaktion überlegen sei.

Hinsichtlich der Beurteilungen des emotionalen Gehaltes der Diapositive mittels des Semantischen Differenzials (18 Items) erklärten die Basisdimensionen 24.6% (Valenz), 23.12% (Erregung) und 12.18% (Dominanz) der Gesamtvarianz, Ergebnisse, die mit denen von RUSSELL & MEHRABIAN (1977) vergleichbar sind, was insofern nicht so selbstverständlich ist, weil ja die Bewertungen von Diapositiven mit denen von imaginierten Situationen verglichen wurden.

Die Bewertungen mittels des Semantischen Differenzials wurden dann mit SAM-Bewertungen verglichen, wobei das SAM einmal als Paper-Pencil- und einmal als Computerversion verwendet wurde.

Normierungsstudie zur Einschätzung emotionaler Qualitäten visueller Stimuli via SAM

Da BRADLEY & LANG mit den SAM bereits eine Normierungsstudie zur Einschätzung der emotionalen Qualität visueller Stimuli (60 Diapositive) durchgeführt hatten, konnten sie auch in dieser Untersuchung auf standardisierte und bewährte Versuchsinstruktionen und Durchführungsvorschriften zurückgreifen (Präsentationszeiten, Größe der Bewertungsintervalle etc.), deren Dokumentation auch für weitere eigene Untersuchungen genutzt werden sollte.

So legen sie in der Versuchsinstruktion den Fokus darauf, dass es bei den SAM-Einschätzungen um die *persönlichen* Reaktionen des Urteilers auf die Bilder geht. Von besonderer Bedeutung sind ihre Hinweise bezüglich der Identifikation der Bedeutung der Dimensionen. Um die Vorteile der Sprachfreiheit nicht zu opfern, versahen sie die Pole der SAM-Bildreihen zwar nicht mit Adjektiven, sie erkannten aber sehr wohl das Problem, dass Urteiler sich über die Bedeutung der Männchen bzw. der drei Reihen im Unklaren sein können, was zu starken Messwertschwankungen zwischen den Urteilern führen kann. Deshalb geben sie in der der eigentlichen Bewertung vorangestellten Versuchsinstruktion Hinweise. Bezogen auf das am stärksten „lächende" Männchen (Valenzdimension) formulieren sie z.B.: „Kreuzen Sie die extrem glückliche Reaktion an, wenn ihre Reaktion so ist, dass man sie als glücklich, zufrieden, erfreut, hoffnungsvoll, ausgeglichen oder entspannt bezeichnen kann!" Sie verwendeten also zur Beschreibung für jedes Dimensionsende die entsprechenden sechs Adjektive aus der RUSSELL & MEHRABIAN Skala (3 X 6 bipolare Adjektivpaare, vgl. Tabelle 3-1). Ich werde weiter unten die Probleme diskutieren, die bei unseren eigenen Untersuchungen bezüglich der Bezeichnung der Pole (Dimensionsenden) auftraten, möchte aber schon jetzt auf die Bedeutung dieses Problems hinweisen.

Diskussion der Unabhängigkeit der drei Basisdimensionen der Emotion: Probleme bei der Messung der Dominanzdimension

Beim Vergleich der Bewertungen mit dem Semantischen Differenzial (SD) und den beiden SAM-Versionen konnten bezogen auf die ersten Dimensionen - Valenz und Erregung - sehr hohe Korrelationen festgestellt werden (Valenz: 0.97/0.96; Erregung 0.94/0.95). Die erstgenannten Werte für die Paper-Pencil-Version unterschieden sich kaum von denen der Computerversion. Beide Dimensionen waren auch voneinander unabhängig (keine Interkorrelationen). Bezogen auf die Dominanzdimension gab es keine signifikanten Korrelationen zwischen SD und SAM (0.23/0.18). Dagegen wurde bezogen auf SAM eine signifikante Korrelation zwischen den Dimensionen Valenz und Dominanz berechnet (0.86/0.79), eine Korrelation, die es bezogen auf das SD nicht gab (0.07).

Beim SD wurden also im Unterschied zum SAM sowohl angenehme Stimuli mit niedriger Dominanz assoziiert als auch unangenehme Stimuli mit hoher Dominanz. Was war nun für diese Unterschiede verantwortlich? Die Dominanzbewertung stellt immer die Bewertung einer Situation (z.B. einer Interaktionsbeziehung) zwischen einem wahrnehmenden Subjekt (Urteiler) und einem wahrzunehmenden Objekt (Stimulus: z.B. eine andere Person) dar. Hohe Dominanzwerte sollen nun darauf verweisen, dass das Subjekt in der Situation (Interaktionsbeziehung) ein höchstmögliches Maß an Kontrollmöglichkeiten wahrnimmt. Eine solche Bewertung ist aber immer relational, es kommt auf den Standpunkt der Betrachtung an. Bei der Präsentation des Diapositivs „Baby" kam es nun bei der Bewertung via SD dazu, dass die Bewerter quasi den Standpunkt wechselten und ihr Dominanzurteil aus der Position des Babies abgaben, was zu niedrigen Werten bei gleichzeitig hoher angenehmer Konnotation führte. SAM schien dieser Tendenz zur Identifikation mit dem Stimulusobjekt entgegenzuwirken. Die menschenähnliche SAM-Figur verdeutlichte, dass das Kontrollgefühl der bewertenden Person selbst das Dominanzurteil bestimmen soll, so dass es zu hohen Dominanzbewertungen kam. In der Relation Betrachter-Objekt ist der Betrachter derjenige, der Kontrollmacht über das Baby hat. SAM ist also hinsichtlich der Messung der Gefühle des Betrachters bezogen auf seine Kontrollüberzeugungen in Situationen überlegen und begünstigt konsistentere Urteile; das SD begünstigt die Tendenz die Situation aus der Warte des Objektes wahrzunehmen und z.b. einer Schlange als Bildobjekt die Kontrolle der Situation zuzuschreiben anstatt das eigene Gefühl des Ausgeliefert Seins der Schlange gegenüber zu bewerten. Das SD schafft somit Messartefakte.

Bei der noch einzulösenden Aufgabe der Klassifikation von Gefühlsbedeutungen muss ebenfalls auf den relationalen Charakter des Dominanzurteils geachtet werden. So sollte z.b. bei der Präsentation des Wortes „dominierend" nicht eine Situation vorgestellt werden, in der der Beurteiler sich einer dominierenden Person ausgesetzt sieht, sondern eine Situation, in der er selbst dominiert. Wörter bieten mehr noch als Bilder die Möglichkeit Situationen selber zu definieren, so dass hohe interindividuelle Urteilsschwankungen resultieren können.

Unabhängig von diesen Überlegungen muss jedoch darauf verwiesen werden, dass der Dominanzdimension aufgrund solcher Probleme und aufgrund der Korrelation mit der ersten Dimension von vielen Autoren und praktischen Anwendern (MORRIS, 1995) eine eher nachgeordnete Bedeutung zugemessen wird. Valenz und Erregung sind zuverlässiger zu erfassen, sie haben einen höheren Erklärungswert, ihre Unabhängigkeit ist besser belegt und sie lassen sich anschaulich - in einem zweidimensionalen Raum (Vierfeldermatrix) - darstellen. Betrachtet man die deutschen Übersetzungen der dominanzbezogenen Adjektiv-Gegensatzpaare der RUSSELL & MEHRABIAN Skala, so wird nachvollziehbar, dass angenehme Gefühle eher mit hoher Dominanz und unangenehme Gefühle eher mit niedriger Dominanz korrespondieren: „submissiv-dominant, kontrolliert-kontrollierend, beeinflusst-einflussreich, geführt-autonom, ehrfürchtig-wichtig, versorgt sein-in der Hand haben". Die Dominanzdimension ist zwar notwendig zur Beschreibung von Gefühlen - Kontrollüberzeugung, Handlungsspielraum, Autonomie sind zentrale Begriffe in psychologischen Theorien -, bezogen auf die von uns angezielte Messebene besitzen die Dimensionen Valenz und Erregung jedoch einen höheren Informationsgehalt. So wird in vielen SAM-Anwendungen auf die Analyse der Dominanzdimension verzichtet.

Bildung von Emotionstypen via SAM

So diskutieren BRADLEY & LANG bspw. die Möglichkeit Persönlichkeitstypen bzw. Emotionstypen mittels SAM zu bilden nur vor dem Hintergrund des Verhältnisses der Bewertungen auf der Valenz- und Erregungsdimension. Im klinischen Bereich konnte man mittels SAM-Bewertungen zwischen normalen und untypischen emotionalen Reaktionen auf standardisierte Bildstimuli unterscheiden. Ebenso fiel auf, dass ältere Frauen im Gegensatz zu Studentinnen hohe Erregung eher mit einem unangenehmen Gefühl verbinden.

Fazit

Wie lautet nun aber das Gesamtfazit des Vergleiches Semantisches Differenzial und SAM?

♦ Die Autoren unterstreichen, dass SAM eine sprachungebundene, preiswerte, ökonomische und leicht handhabbare Methode darstelle, um auf schnelle Weise zu Einschätzungen von persönlichen affektiven Reaktionen auf eine Vielzahl von Stimuli in mannigfaltigen Kontexten zu gelangen. Parallelen zu Emotionsmessungen auf anderen Messebenen (neuro-vegetativ/motorisch-expressiv) sprechen für die Validität des SAM.

Im Vergleich zwischen diesem Semantischen Differenzial und SAM betonen sie noch einmal die Probleme des SD: Die Auswertung von 18 Urteilen im Vergleich zu dreien ist aufwändiger, die Datenbasis erfordert Faktorenanalysen (Expertenwissen); die verbalen Bewertungen machen einen länder- bzw. kulturübergreifenden Vergleich und den Einsatz bei Kindern problematisch. SAM besitzt diese Nachteile nicht, es existieren sogar Computerversionen, die Durchführung und Auswertung der Bewertungen noch komfortabler machen. In einer dieser Computerversionen verändert sich für jede Bildreihe die Figur dynamisch entlang einer 20-Punkte Skala (COOK, ATKINSON, LANG 1987).

♦ Mit dem SAM-Messinstrument werden also auf direkte Weise die Komponenten eines persönlichen affektiven Reaktionsmusters - Valenz, Erregung, Dominanz - auf eine große Vielzahl von Stimuli erfasst.

♦ Durch die Erhebung der (unabhängigen) Basisdimensionen, die menschliches emotionales Erleben organisieren, bietet sich die Möglichkeit jede Messung in einen dreidimensionalen Bedeutungsraum einzuordnen und mit anderen Messungen dieser Art leicht und anschaulich zu vergleichen. Insbesondere bieten sich für diese Vergleiche geeichte Stimuli (Emotionswörter, standardisierte Diapositive) an, deren Positionen im dreidimensionalen Raum bekannt sind, d.h. bereits durch SAM-Messungen ermittelt wurden.

♦ Weiterhin können nicht nur Gefühlsregungen verglichen und klassifiziert werden, auch Beurteiler können via SAM nach typischen Gefühlshaltungen unterschieden werden.

♦ Natürlich können SAM-Messungen auch mit anderen Variablen in Beziehung gesetzt werden, die keine Emotionsmessungen darstellen. So können Gefühlshaltungen mit bestimmten konsumrelevanten Verhaltensmustern korrelieren (Kaufentscheidungs- und Nutzungsmustern in Bezug auf Zeitschriften).

Die Anwendungsmöglichkeiten sind quasi „unbegrenzt". Als Stimuli, die bewertet werden können, kommen in Frage: Objekte (z.B. Bilder), Töne, Schmerzreize, Situationen, Ereignisse, Werbekampagnen etc.. Zu all diesen Bereichen liegen Untersuchungen vor. Mit Hilfe von SAM wurde - für den klinischen Bereich - bereits affektives Bildmaterial standardisiert, seine Sprachfreiheit erlaubt einen Einsatz über Alters-, Sprach- und Kulturgrenzen hinweg, wobei durch diese mannigfaltigen Forschungskontexte auch die Validität des Instruments ständig kontrolliert und erhöht werden kann. Die Autoren geben in ihrem Aufsatz eine Literaturliste, in der die verschiedenen Anwendungen von SAM aufgeführt werden.

♦ Weil SAM eine so schnelle und effektive Methode darstellt, emotionale Zustände zu messen und diese Ergebnisse mit anderen Indikatoren emotionalen Erlebens in Beziehung zu setzen, eignet sich dieses Instrument in besonderer Weise für die Prozessbegleitung: kontinuierlich begleitende Kontrolle von Zeitschriftenwirkungen im Zeitverlauf, Transformationsprozesse in Organisationen etc..

In einem Bereich, welcher besonders sensibel auf Veränderungen reagiert, stellt SAM eben jenes Frühwarnsystem dar, das über die

vorgelagerten emotionalen Reaktionen erste Hinweise auf die Wirkungen von Interventionen (Änderungen an der Zeitschrift), von
Änderungen im Bereich der Rahmenbedingungen (Lesegewohnhei-
ten), der Zusammensetzung der Leserschaft und anderer Kontext-
variablen aufspürt und somit weitere Untersuchungen im Rahmen
einer Antwortstrategie anstößt.

In einem nächsten Schritt soll nun auf die Konstruktion des schon
angesprochenen deutschsprachigen Emotionswörterbuches zur Klas-
senzuordnung von Gefühlszuständen auf der Basis des SAM-Verfahrens eingegangen werden, um nach einer methodologischen Diskussion graphischer Messverfahren den Einsatz des SAM-Verfahrens
und des korrespondierenden Emotionswörterbuches in verschiedenen
Anwendungskontexten vorstellen zu können.

4   Die Entwicklung eines SAM-Wörterbuches

Dieter Brauns und Lorenz Fischer

4.1   Ausgangspunkt und Zielsetzung

Ausgangspunkt unserer Studie war die bereits angeführte Doppeluntersuchung von RUSSELL & MEHRABIAN (1977), die belegen sollte, dass sich ein großer Teil emotionaler Befindlichkeiten, welche dort über verbale Äußerungen anhand verschiedener Skalen erfasst werden können, im Wesentlichen anhand der drei zentralen Basisdimensionen Valenz (angenehm-unangenehm), Erregung (erregt-ruhig) und Dominanz (dominant-submissiv) beschreiben lässt. Die von den Autoren entwickelte dreidimensionale Skala vom Typ des Semantischen Differenzials (18 Adjektiv-Gegensatzpaare) konnte in einer ersten Studie die Varianz von 42 anderen verbalen Gefühlsskalen fast vollständig aufklären: Die Dimensionen erwiesen sich als notwendig und hinreichend zur Beschreibung von Emotionen.

In der im gleichen Aufsatz veröffentlichen Anschlussstudie verfolgten die Autoren das Ziel, auf der Basis ihrer Drei-Faktoren-Theorie ein Klassifikationssystem für emotionale Bedeutungen zu schaffen. 300 Studenten wurden 151 englische (amerikanische) gefühlsbezeichnende Wörter (Einzelbegriffe oder Phrasen) vorgelegt, die sie mit der bewährten 18er Skala „definieren" sollten. Im Idealfall sollte so jede der mit diesen Begriffen verbundenen 151 Gefühlsbedeutungen in einem dreidimensionalen semantischen Raum (trennscharf) abzubilden sein. Die Autoren zeigten sich mit der Reliabilität ihrer Messungen zufrieden (ca. 20-30 Studenten bewerteten einen Begriff) und stellten fest, dass der Vergleich ihrer beiden Studien[9] für ihre Theorie, d.h. für die Suffizienz der drei Dimensionen sprach.

---

[9]   Ein Vergleich der beiden Studien war zwar prinzipiell in den Fällen möglich, in denen die Emotionsskalen von Studie 1 aus <u>einem</u> gefühls-

Unser Ziel war es nun, die Ergebnisse dieser Studie für den deutschen Sprachraum mit den entsprechend übersetzten Gefühlsbezeichnungen zu replizieren. Dabei sollte allerdings das Semantische Differenzial, auf dem die RUSSELL & MEHRABIAN Klassifikation beruhte, durch das forschungsökonomischere graphische Beurteilungsverfahren SAM ersetzt werden. HAMM & VAITL (1993) sowie BRADLEY & LANG (1994) hatten ja belegt, dass die Einstufungen auf beiden Skalen stark konvergieren, und zudem wurde die (relative) Sprachfreiheit des SAM-Verfahrens von LANG (1980) für den Bereich der Erfassung emotionaler Reaktionen als Vorteil eingeschätzt. Zur Anwendung kam eine SAM-Mischform, bei der die Einschätzungen anhand der Graphiken erfolgte, bei denen jedoch an den Polen die verbalen Bezeichnungen „angenehm-unangenehm", „aufgeregt-ruhig" und „klein, hilflos-groß, mächtig" eingefügt worden waren.

4.2   Erste Untersuchungsphase

4.2.1   Anlage der Untersuchung

Aus dem vorhandenen Pool von 151 englischen Gefühlsbezeichnungen wurden 143 ins Deutsche übersetzt. Zwei Begriffe (Nr. 40 und 75) wurden in zwei Versionen übersetzt, so dass letztlich 145 deutsche Gefühlsbezeichnungen auf 15 Fragebogenversionen[10] verteilt und dargeboten wurden. Jede Version enthielt 10 andere Gefühlsbe-

---

bezeichnenden Begriff bestanden, er war aber erschwert dadurch, dass in der Studie 1 der Anteil der Dimensionen an einem Gefühl in Beta-Gewichten ausgedrückt wurde (Regressionsanalysen), während in Studie 2 jedes Gefühl durch die Mittelwerte der drei Dimensionen gekennzeichnet wurde.

[10]   Diese 15 Fragebogenversionen unterschieden sich nur durch die ausgewählten Gefühlsbezeichnungen, nicht durch die Art der Präsentation dieser Begriffe (Ausnahme Version 11!).

zeichnungen[11] und wurde von 19-25 Vpn ausgefüllt. Insgesamt waren an der ersten Befragung 329 Vpn beteiligt.

Die Erhebungsbögen wurden in Veranstaltungen des Institutes für Wirtschafts- und Sozialpsychologie der Universität zu Köln an StudentInnen (überwiegend BWL, VWL, Psychologie) verteilt. Auf dem Deckblatt befand sich eine einheitliche schriftliche Kurzinstruktion. Unter jeder der zehn Gefühlsbezeichnungen waren die drei SAM-Bildreihen mit jeweils 5 Bildern platziert. Pro Dimension (Bildreihe) waren fünf Ankreuzmöglichkeiten vorgesehen. Die Polbeschriftungen der drei Dimensionen (Valenz, Erregung, Dominanz) lauteten: 'angenehm vs. unangenehm', 'aufgeregt vs. ruhig' und 'klein, hilflos vs. groß mächtig'. Zwar wäre im Sinne des theoretischen Konzeptes der Begriff „erregt" möglicherweise angemessener gewesen; wegen seiner stark sexuellen Konnotation im Deutschen wurde aber „aufgeregt" vorgezogen. Im Unterschied zu HAMM & VAITL wurde also bei der Ersterhebung nicht auf eine Beschriftung der SAM-Pole verzichtet, so dass eine Mischform aus verbaler und graphischer Skala vorlag. Der ökonomische Nutzen (drei anstelle von 18 Items pro 'Gefühl') blieb aber erhalten.

Auf der letzten Seite wurden zusätzlich die Demographia Geschlecht, Alter (4 Kategorien) und Studienrichtung (5 Kategorien) erhoben.

Die Kurzinstruktion auf dem Deckblatt lautete:

„Wir möchten Sie bitten, sich in das jeweils oberhalb der (SAM-) Abbildungen bezeichnete Gefühl hineinzuversetzen

---

[11] Fragebogenversion 11 enthielt als einzige 11 Items. Im Gegensatz zu allen anderen Versionen wurde das Deckblatt anders gestaltet: Nach der Instruktion wurde das erste Item mit einer übergroßen SAM-Abbildung dargeboten.
Sechs Begriffe tauchten in zwei Fragebogenversionen auf (25 meisterhaft, 32 egoistisch, 52 überrascht, 61 bescheiden, 73 ehrfürchtig, unzufrieden): 143 englische Begriffe wurden in 145 deutsche übersetzt, welche 151 mal dargeboten wurden.

und dann das Bild in jeder der drei Bildreihen anzukreuzen, das diesem Gefühl am ehesten entspricht."

Jede Person bewertete also 10 Gefühlsbegriffe, und jeder Begriff wurde von ca. 19-25 Personen bewertet. Es waren fünf Ankreuzmöglichkeiten zugelassen. Die Skalenausprägungen wurden entsprechend dem amerikanischen Vorgehen bei RUSSELL & MEHRABIAN (1977) linear transformiert auf eine Skala, die von -1 bis 1 reicht und den Mittelwert 0 besitzt.

4.2.2   Ergebnisse der ersten Untersuchungsphase

Bei einem Vergleich der Bewertungen der amerikanischen Gefühlsbegriffe mit denen der ersten deutschen Untersuchung fiel auf, dass

◆ die Mittelwerte der amerikanischen und deutschen Begriffe sich z.t. deutlich unterschieden, insbesondere auf der Dimension „Erregung"[12] und

◆ die Standardabweichungen der deutschen (SAM)-Messungen deutlich über denen der korrespondierenden amerikanischen Begriffe lagen.

Im Vergleich gelangten also die deutschen Studierenden bei dem Versuch auf der Basis von Begriffen Gefühle zu imaginieren und diese Vorstellungen in Kreuzen auf den SAMs zu repräsentieren zu Urteilen mit größeren Standardabweichungen; zum anderen unterschieden sich auch die standardisierten Durchschnittswerte dieser Urteile bei vielen Emotionen von den amerikanischen Einschätzungen.

Es stellte sich nun die Frage, wie sich diese zwei Arten von Messwertunterschieden einschließlich ihrer dimensionsspezifischen Kom-

---

[12]   Unter Verwendung des t-Tests (Welch-Test, $\alpha = 0.01$) ergaben sich 43 signifikante Abweichungen bezogen auf die Valenz, 61 Abweichungen bezogen auf die Erregung und 42 Abweichungen bezogen auf die Dominanz. Bei 41 Begriffen waren die Mittelwerte bezogen auf alle drei Dimensionen *nicht* signifikant verschieden; legte man einen „strengeren" Maßstab an ($t < 1,8$), so traf das nur auf 21 Begriffe zu.

ponente erklären lassen. Dabei kam dem Aspekt der Messzuverläs-
sigkeit (die natürlich bei einer höheren Standardabweichung in Frage
gestellt werden kann) die vorrangige Bedeutung zu, ist die Reliabilität doch in der Hierarchie der Gütekriterien eine notwendige Bedingung für die Konstruktion eines validen Instrumentes.
Als mögliche Quellen für die Unterschiede in den Untersuchungen
kommen in Frage:

♦ Die *Mittelwertunterschiede* könnten durch die *Übersetzungspro-
blematik* bedingt sein: Durch die Übersetzung werden die mit
den Begriffen verbundenen Konnotationen (Bedeutungen) verschoben, so dass sich auch die Einschätzungen bezogen auf die
Dimensionen verschieben. Geht man davon aus, dass der Faktor
Valenz den größten Einfluss auf die Erklärung von Bedeutungs-
unterschieden hat, die Ebene „angenehm-unangenehm" also eine
zuverlässige und aussagekräftige Grobgliederung der Gefühle
gestattet, so wird diese Grobgliederung von der Übersetzungs-
problematik weniger stark berührt als die Einschätzung der in ihrer Bedeutung nachgeordneten Ebenen Erregung und Dominanz,
die quasi eine Feineinstufung des Gefühles ermöglichen. Eine
solchermaßen differenzierte Einstufung von Gefühlsbedeutungen
lässt sich dagegen schwerlich in einer Übersetzung konservieren,
d.h. für das mit dem amerikanischen Begriff verbundene dreidimensionale Gefühlsprofil besteht u.U. gar keine adäquate deutsche Bezeichnung. Die Bedeutungsräume der korrespondierenden Begriffe sind nicht identisch, sie bilden nur mehr oder
weniger große Schnittmengen.

♦ Mit dem angedeuteten semantischen Problem korrespondiert
auch eine unterschiedliche *kulturelle Bedeutungszuschreibung*
(vgl. die unterschiedliche Bedeutung von Einsamkeit in Amerika
und Deutschland bei HOFSTÄTTER 1963), die die Unterschiede
der Mittelwerte verursacht haben könnte.

♦ Die *Streuungsunterschiede* konnten durch das SAM-Instrument
bzw. durch die Notwendigkeit einer Verknüpfung von sprachlichen Begriffen mit *graphischen Repräsentationen* von Emotionen bedingt sein.

Es ist bei der Bewertung dieser Unterschiede zu berücksichtigen,
dass die Aufgabe für unsere Vpn keineswegs trivial war. Das Gefühl

entsteht bei dieser Aufgabe nicht als unmittelbare Reaktion auf mehr oder weniger „natürliche" Stimuli, wie z.B. auf emotionsinduzierende Diapositive (LANG et al. 1997, HAMM & VAITL 1993) oder auf Talkshows (FEIST i.d.B.). Das Gefühl muss vielmehr erst durch Analogieschlüsse auf Situationen, in denen man selbst oder (vikariierend) andere solche Gefühle hatten, die mit den vorgegebenen Begriffen (traurig, sorglos etc.) sinnvollerweise beschrieben werden, kognitiv hergestellt werden. Dann muss eine Rückübersetzungsarbeit auf eine Repräsentationsebene erfolgen, die sowohl graphischen als auch (minimal) verbalen Charakter trägt. Orientierungspunkte für die Einschätzung sind dabei verbale Informationen (die Bezeichnungen der Pole) und die Manikin mit ihren visuellen Merkmalen. Vergleicht man diese Aufgabe mit derjenigen von RUSSELL & MEHRABIAN (1977), so drängt sich die Vermutung auf, dass bei deren Vorgaben die semantische Ebene der Sprache erst gar nicht verlassen werden musste. Die Vpn hatte gewissermaßen lediglich die Aufgabe, die subjektive „Korrelation" z.B. von „liebenswürdig" mit „kontrollierend" oder „zappelig" etc. herzustellen. Dies erscheint erheblich einfacher als ein Wechsel der „repräsentierenden Medien" von „verbaler Imaginierung" einer Emotion hin zu ihrer Repräsentation in graphischen Comics (vgl. auch den folgenden Beitrag von FISCHER i.d.B.).

Es erfolgt bei den – unseren Vpn abverlangten – Urteilen im Grunde eine kognitiv dominierte sprachliche Etikettierung der Affekte, welche einen Teil des differenzierten emotionalen Erlebens verwischt: Es werden keine Gefühle, sondern es werden zuerst Begriffe und dann Comics bewertet. Selbst wenn Personen sich in Gefühle „hineinversetzen" und Anknüpfungspunkte zu ihrem Erleben suchen, so können sie dabei sehr unterschiedliche Situationen imaginieren und bei der Einschätzung dieses Gefühles die sprachlichen und visuellen Informationen des SAM unterschiedlich nutzen. Ergebnisse sind möglicherweise hohe Streuungen und Mittelwertsunterschiede. Die geringeren Streuungen bei Verwendung des semantischen Profils dürften u.E. primär durch die Identität des Repräsentationsmediums Sprache auf Seiten der vorgegebenen Emotion einerseits und den Urteilen in den drei Affekt-Dimensionen andererseits bewirkt worden sein. Damit ist allerdings noch wenig über die externe Validität gesagt. Immerhin konvergierten – wie erwähnt – bei HAMM & VAITL

(1993) die Ergebnisse des von RUSSELL & MEHRABIAN (1977) verwendeten Semantischen Differenzials und die SAM-Ergebnisse (zwischen r=.84-.95). Dies spricht für eine hohe Paralleltest-Reliabilität. Zu ganz ähnlichen Werten gelangten wir, indem wir die arithmetischen Mittel, die die einzelnen Emotionen in den unterschiedlichen – hier und im Folgenden geschilderten – Forschungsetappen erzielten, miteinander korrelierten. Auch hier schwankten die Korrelationen zwischen .83 und .93. Es kann also davon ausgegangen werden, dass ungeachtet der größeren Streuungen eine robuste Reliabilität vorliegt (zumindest soweit man die SAMs als Gruppentest verwendet).

Allerdings waren eine Reihe von anderen Details der Präsentation zu problematisieren:

♦ Eine Hypothese bezogen auf den Zusammenhang zwischen Polbezeichnung und Einschätzungsprozess stellten wir für die Dimension „Erregung" auf. In den meisten von uns verwendeten Versionen wurde der Begriff „aufgeregt" verwendet, um die üblicherweise assoziierten sexuellen Konnotationen bei dem Begriff „erregt" zu vermeiden. Möglicherweise in Folge dessen gab es kaum deutsche Gefühlsbezeichnungen, die gleichzeitig als sehr angenehm und sehr aufregend eingeschätzt wurden. Wir vermuteten, dass die Polbezeichnung „aufgeregt" mit einer negativen Bedeutung (Angst) versehen ist, so dass bei „angenehmen" Gefühlszuständen die Wahrscheinlichkeit sinkt, sie mit einem hohen oder mittleren Erregungsgrad in Verbindung zu setzen. Durch die Art der Dimensionsbezeichnung könnte so eine verzerrende Korrelation zwischen den beiden Dimensionen induziert worden sein, die auch einige Mittelwertsunterschiede zwischen der Erregungsdimension und der amerikanischen „Arousal"-Dimension erklären würde.

♦ Wie bereits angesprochen stellt die Aufgabe, mit der die Versuchspersonen konfrontiert waren, einen sehr komplexen Übersetzungs- und Einschätzungsprozess dar. Deshalb musste auch die Möglichkeit geprüft werden, dass unsere Versuchsinstruktion gegenüber der von RUSSELL & MEHRABIAN (1977) verwendeten nicht hinreichend ausführlich war. Hatten die Studierenden wirklich einheitlich verstanden, was von ihnen verlangt wurde?

Würde diese Frage verneint werden, hätte das unerwünschte Streuungseffekte zur Folge.

♦ Die für die Untersuchung verwendeten SAM-Abbildungen waren so klein kopiert worden, dass einige der oben beschriebenen visuellen Differenzierungsmerkmale der Figuren (Gesichtszüge etc.) nicht mehr hinreichend deutlich zu unterscheiden waren. Es war auch die Möglichkeit beschnitten worden, zwischen den Bildern anzukreuzen.

4.3   Die zweite Untersuchungsphase

4.3.1   Anlage der Untersuchung

Für zehn Gefühlsbezeichnungen, welche die größten Mittelwertsunterschiede zu den amerikanischen bezüglich der Dimension „Erregung" aufwiesen, wurden in einer zweiten Untersuchungsphase folgende Veränderungen am SAM-Messinstrument systematisch variiert und kontrolliert:

♦ Es wurde eine SAM-Version mit Polbezeichnungen mit einer Version ohne Polbezeichnungen verglichen.

♦ Polbezeichnungen wurden variiert: „aufgeregt" vs. „erregt"

♦ Die Größe und Differenziertheit der SAM-Figuren wurde variiert.

♦ Die Länge und Art der schriftlichen Instruktion wurde in Anlehnung an die ausführliche Instruktion bei HAMM verändert in der Erwartung, dass hierdurch die Standardabweichungen reduziert werden könnten.

♦ Es sollte die Möglichkeit eröffnet werden auch zwischen den Bildern anzukreuzen (Fünfer- vs. Neunerskala).

Es wurde ein zweifaktorieller Versuchsplan aufgestellt und die o.a. Variationen so kombiniert, dass vier Versionen des SAM-Messinstrumentes mit jeweils 25 neuen Vpn getestet wurden. Die Faktoren waren Polbeschriftung (mit/ohne) und SAM-Größe (kombiniert mit einer umfangreicheren Instruktion und einer Neunerskala). Für zehn Begriffe lagen so 100 neue Bewertungen vor.

4.3.2 Ergebnisse der zweiten Untersuchungsphase

In einer vorgezogenen varianzanalytische Prüfung des Faktors „Polbeschriftung" (einfaktoriell) schien die Variation „aufgeregt" versus „erregt" keinen konsistenten Einfluss auf die Mittelwerte der Gefühlseinschätzungen zu haben. Es war allerdings für die Variante „erregt" bei einer Reihe von Items eine leichte Verschiebung in Richtung der Werte der Untersuchung von RUSSEL & MEHRABIAN (1977) zu beobachten, weshalb diese Polbezeichnung in der zweifaktoriellen Untersuchung präferiert wurde.

Die zweifaktorielle Varianzanalyse unter Einschluss der Faktoren Polbeschriftung (mit/ohne) und SAM-Größe (kombiniert mit einer umfangreicheren Instruktion und einer Neunerskala) führte zu dem Ergebnis, dass die durchgeführten Veränderungen zwar eine Wirkung hatten (es wurden nur bei zwei der zehn Begriffe keine Effekte festgestellt), aber keine Systematik der Wirkungen erkennbar war. Es traten drei Haupteffekte „Polbeschriftung" auf der Valenzdimension auf, einer auf der Erregungs- und einer auf der Dominanzdimension, vier Interaktionseffekte (disordinal) auf der Erregungsdimension und einer (hybrid) auf der Valenzdimension sowie ein Haupteffekt „Bildgröße" auf der Dominanzdimension. So ließen sich die Frage, ob überhaupt Polbeschriftungen gewählt werden sollten und wie die weiteren Merkmale des Instruments gestaltet werden sollten, nicht eindeutig beantworten. Die Variation „mit/ohne Polbeschriftung" bewirkte zwar signifkante Mittelwertsunterschiede, jedoch nicht in systematischer Weise, sondern in Abhängigkeit von Begriff und Dimension. Zusätzlich interagierte die Polbeschriftung mit der Bildgröße bzw. mit den mit ihr verbundenen Variationen. Aus Gründen der Forschungspragmatik wurde im weiteren Untersuchungsverlauf die Polbeschriftung beibehalten[13] und den größeren und differenzierteren SAM-Abbildungen, der Neunerskala sowie der

---

[13] Wird das SAM in größere, schriftliche Befragungsinstrumente integriert, so sind die Möglichkeiten für eine ausführliche Instruktion begrenzt. Polbezeichnungen erleichtern in diesem Kontext den Befragten das Verständnis der Dimensionen und beugen so hohen Verweigerungsquoten vor.

längeren Instruktion der Vorzug gegeben. Die im Rahmen dieser Varainzanalyse aufgetretenen Forschungsfragen bezüglich der Gestaltung des Instrumentes mussten zunächst zurückgestellt werden und bieten zu weiteren Analysen Anlass.

4.4   Die dritte Untersuchungsphase

4.4.1   Die Untersuchungsanlage

In einer dritten Untersuchungsphase sollte nun die neue Form des Messinstrumentes (große SAM-Abbildungen, Polbezeichnungen, lange Instruktion, Neunerabstufung) auf eine breitere empirische Basis gestellt werden, um eine hinreichend große Anzahl von Bewertungen für das Gefühlswörterbuch zu erhalten. Es wurden von den 145 eingeschätzten Gefühlsbezeichnungen der ersten Untersuchungsphase die 50 ausgewählt, die von den jeweils 19-25 Personen am „stabilsten" bewertet wurden und gleichzeitig gute „Repräsentanten" für den gesamten dreidimensionalen (emotionalen) Bedeutungsraum waren. Es erschien uns illusionär mit unserem Messinstrument 145 Emotionen trennscharf zu erfassen. Deshalb wurde die Selektion von 50 Items vorgenommen, die sich in ihrer Bewertung möglichst unterscheiden und über den gesamten Varianzraum der drei Dimensionen streuen sollten. Während das Auswahlkriterium für die Stabilität die Standardabweichung darstellte, wurden für die Erfüllung des zweiten Kriteriums die 145 Begriffe aufgrund ihrer drei Mittelwerte in 50 Cluster aufgeteilt. Auf der Grundlage von Distanzmaßen wurden dabei die Cluster so gewählt, dass sich die ihnen zugeordneten Begriffe bezüglich ihrer Werte auf den drei Dimensionen möglichst ähnlich waren und dass sich andererseits die Cluster untereinander möglichst stark unterschieden (Clusteranalyse). Diese möglichst zuverlässig bewerteten, sich möglichst stark unterscheidenden und *für den Bedeutungsraum repräsentativen 50 Begriffe* (gleichmäßige Streuung über die Dimensionen) sollten dann in einem SAM-Messinstrument zusammengefasst und ca. 100 Personen zur Einschätzung vorgelegt werden.

4.4.2   Ergebnisse der dritten Untersuchungsphase

Im Vorfeld der dritten Erhebung waren die ausgesuchten 50 Begriffe aufgrund der Mittelwerte der ersten Untersuchung einer graphischen Analyse unterzogen worden (vgl. Abbildung 4-1 bis Abbildung 4-3).

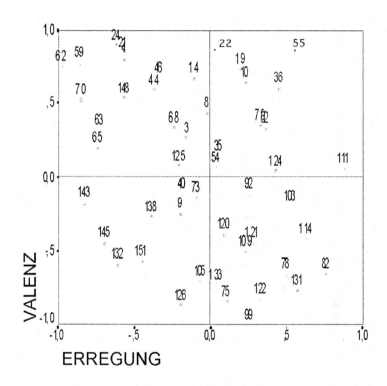

Abbildung 4-1   *Die Verteilung der 50 Emotionswörter auf den Dimensionen Valenz und Erregung*

Die Zuordnung der Itemnummern zu den entsprechenden Emotionswörtern kann über das Dendrogramm in Kapitel 5.3 erfolgen. Bei der Betrachtung der Items über die Dimensionen Valenz und Erregung zeigt sich ähnlich wie bei der oben gezeigten Verteilung des IAPS (LANG et al. 1997), dass die Kombination von niedriger Valenz und niedriger Erregung durch zu wenige Begriffe abgedeckt ist. Ebenso ergibt sich eine „freie Fläche" im Bereich hoher Erregung und mittlerer Valenz. Lediglich das Item 111 (aufgeregt) ist hier zu finden. Insgesamt erscheint die Verteilung aber eher besser zu sein als in der Darstellung von LANG et al. (1997).

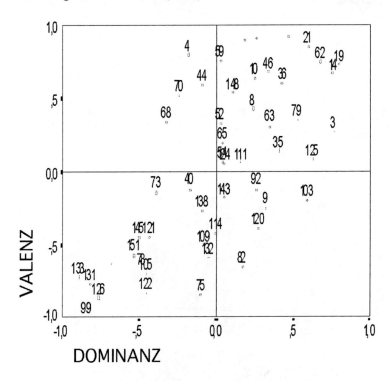

Abbildung 4-2   Verteilung der 50 Emotionswörter auf den Dimensionen Valenz und Dominanz

Die Dimensionen Valenz und Dominanz weisen eine unverkennbare Korrelation auf. Insbesondere im Bereich hoher Valenz und niedriger Dominanz fehlen Emotionsbegriffe, in geringerem Maße auch bei niedriger Valenz und hoher Dominanz.

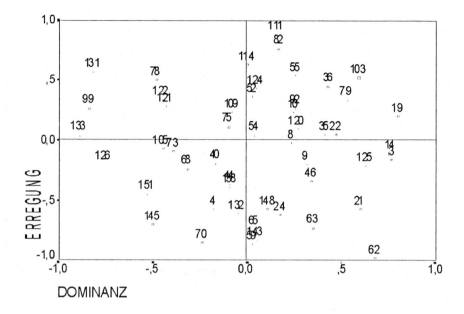

Abbildung 4-3   Verteilung der 50 Emotionswörter auf den Dimensionen Erregung und Dominanz

Hier gibt es kleinere Lücken bei niedriger Erregung und niedriger Dominanz. Ansonsten ergibt sich eine brauchbare Verteilung.

Ein Ergebnis bestand also darin, dass die ausgewählten Begriffe den dreidimensionalen Raum nicht vollständig abdeckten. Während bezogen auf die Dimensionen Valenz und Erregung sowie Erregung und Dominanz alle Ausprägungsarten in etwa gleichmäßig vertreten waren, was für ihre Unabhängigkeit spricht, gab es kaum Gefühle, die gleichzeitig als „angenehm" und „klein, hilflos" erlebt wurden bzw. als „unangenehm" und „groß, mächtig". Die Ergebnisse[14] sprachen für eine Korrelation zwischen den Dimensionen, d.h. gegen ihre Unabhängigkeit (siehe HAMM & VAITL 1993). Diese Befundlage

---

[14]   Durch Dichotomisierung wurden vier Gruppen gebildet (Valenz+, Dominanz +; Valenz +, Dominanz -; etc.). Ein Chi-Quadrat-Test ergab eine signifikant ungleiche Zellenbesetzung.

führte dazu, dass die Polbezeichnungen noch einmal umgestellt wurden, bevor das Instrument den 100 Vpn vorgelegt wurde: „klein, hilflos" wurde durch „klein, nicht mächtig" ersetzt, um die unangenehme Konnotation von „hilflos" zu umgehen. Der Kompromiss „erregt vs. ruhig" wurde zudem noch durch „aktiviert, erregt" vs. „nicht aktiviert, ruhig" ersetzt, in der Hoffnung mehr angenehme *und* erregte Bewertungen zu erhalten.

Ein Vergleich der Ergebnisse der ersten Erhebung (n=20-30) mit denen der dritten Untersuchungsphase (n=100) zeigt, dass sich die Streuungsmaße bezogen auf die drei Dimensionen nicht verbesserten. Bei 18 von 50 vergleichbaren Begriffen sind signifikante Unterschiede bezüglich mindestens einer Dimension festzustellen und bei nur 14 Begriffen sind die Mittelwertunterschiede so klein, dass sie in allen drei Fällen unter das gewählte Kriterium (t < 1,8) fallen. Bei einer dimensionsspezifischen Aufteilung der Mittelwertvergleiche fällt auf, dass 10 bedeutsame Unterschiede auf der Erregungsdimension, 7 auf der Dominanzdimension und 5 auf der Valenzdimension gegenüberstehen. Da diese Unterschiede zunächst nur durch die am Instrument vorgenommenen Veränderungen erklärt werden können, bleibt festzustellen, dass es nicht so robust ist, dass man seine weitere Entwicklung und Prüfung als vernachlässigbar bzw. als abgeschlossen betrachten kann. Auffällig ist auch, dass sich die Spannweiten bei den Bewertungen auf den Dimensionen Erregung und Dominanz verringerten. Auch hier stellt sich die Frage nach der Idealform des Messinstrumentes: Die Erweiterung der Polbezeichnungen (z.B. „aktiviert, erregt"), die es dem Beurteiler erleichtern sollte, den Bedeutungsraum der Kategorien Erregung und Dominanz zu erfassen, führte – vielleicht in Kombination mit den vergrößerten Manikin und der Möglichkeit zwischen den Manikin anzukreuzen – zu einer Beschneidung extremer Einschätzungen. Die Vielzahl von Info<rmationen zu den Dimensionen schien eine Tendenz zu Kompromisseinschätzungen Richtung Mitte zu begünstigen. Auch bei der graphischen Analyse fiel auf, dass der dreidimensionale Bedeutungsraum mit den 50 Itmes nicht gleichmäßig und vollständig besetzt werden konnte. Die Erregungs- und Dominanzwerte überstiegen die (+/-) 0.8-Grenze nicht. Es besteht keine Korrelation zwischen diesen Dimensionen, aber die Verteilung über den verbleibenden Raum ist

nicht gleichmäßig. Die Dimensionen Valenz und Dominanz korrelieren wie in den vorherigen Untersuchungen positiv. Beim Vergleich von Valenz und Erregung fiel auf, dass es keine Items mit niedriger Erregung und mittlerem Ausprägungsgrad von Valenz gibt.

4.5 Die vierte Untersuchungsphase

4.5.1 Die Untersuchungsanlage

Das in der dritten Untersuchungsphase verwendete Messinstrument erbrachte keine Verbesserungen bezogen auf die Streuungen der Bewertungen der Items. Ebenso waren die einbezogenen 50 Items nicht optimal im dreidimensionalen emotionalen Bedeutungsraum verteilt. Außerdem irritierten die signifikanten Bewertungsunterschiede bezogen auf identische Items in der ersten und dritten Untersuchung. Deshalb entschlossen wir uns zu einer vierten Untersuchungsphase. Die Instruktion wurde in Anlehnung an die Version der Greifswalder Forschungsgruppe um Prof. HAMM auf eine Seite verlängert und insbesondere der Umgang mit der Einstiegsdimension (Valenz) sehr genau beschrieben. Aufgrund der Erfahrungen der dritten Untersuchung und um das Vorgehen dem der ersten Untersuchung anzugleichen, entschieden wir uns für die Polbezeichnungen: „angenehm-unangenehm", „aufgeregt-ruhig" und „klein-groß". Die Reproduktion der SAMS wurde nochmals verbessert (maßstabsgetreue Vergrößerung, Differenziertheit des Ausdrucks) und die vorgelegten 66 Items pro Fragebogen wurden permutiert, um Sequenzeffekte zu vermeiden.

Bezogen auf die Auswahl der Items (bewertet von ca. 38 Vpn, darunter viele hochmotivierte aus dem Bekannten- und Mitarbeiterkreis), die in die vierte Staffel eingehen sollten, wurde folgendes Vorgehen gewählt. Die 50 bewerteten Items der dritten Staffel wurden mit den alten Items der ersten Untersuchung in eine Datei integriert. Für 50 Items standen jetzt also zwei Bewertungen zur Verfügung (195 Bewertungen). Mit diesen 195 Bewertungen wurde bezogen auf die drei Dimensionen eine Clusteranalyse durchgeführt mit der Option 50 Cluster zu bilden. Es wurde erwartet, dass sich konnotativ gleiche Emotionswörter dann jeweils in einem gemeinsamen Cluster finden würden. Dies war allerdings aufgrund der signifikanten Unterschiede, die sich beim Vergleich der beiden Bewertungen identischer Wörter mitunter ergaben, nicht immer der Fall. Wiederum sollte aus jedem Cluster ein repräsentatives und stabiles Item bestimmt werden; gleichzeitig sollten möglichst viele Items, die bereits in der ersten und dritten Untersuchung enthalten waren, wieder aufgenommen werden, um den Einfluss der vorgenommenen Veränderungen am Instrument zu prüfen. Nur wenn sich zwei oder mehr der bereits zweifach verwendeten Items in einem Cluster befanden, wurde selektiert. Ein Zusatzkriterium für die Auswahl war die „Bewährung" eines Items in anderen anwendungsbezogenen Untersuchungen (vgl. FISCHER i.d.B.). Auf diese Weise wurden bezogen auf die dritte Untersuchung acht Begriffe aussortiert und acht hinzugefügt.

Um blinde Flecken im dreidimensionalen Bedeutungsraum „aufzuhellen", wurden weitere Items aus der ersten Untersuchung und solche aus einer Eigenschaftswörterliste hinzugefügt. Ziel war es, die Kombinationen „geringe Erregung, geringe Dominanz" sowie „hohe Valenz, geringe Dominanz" aufzufüllen. Die Kombination „geringe Valenz, hohe Dominanz" erschien plausiblerweise nicht auffüllbar.

Es wurden also nochmals 14 Items hinzugenommen, um so die nicht abgedeckten Felder der 50-Item-Lösung zu erfassen. Dieser 64er Lösung liegt implizit die Vorstellung zugrunde, ausgehend von den jeweils fünf Männchen jede Dimension folgendermaßen in vier Kategorien unterteilen zu können. Die Kategoriengrenzen lauten: -1 – -0,5 – 0 – 0,5 – 1. Für jeden der so entstehenden 64 Sektoren des dreidimensionalen Bedeutungsraumes (4 x 4 x 4) müsste im Idealfall ein Item als Bedeutungsrepräsentant gefunden werden. Die Aufgabe bestand also darin, den durch die Itemwahl abgedeckten Bedeutungsbereich möglichst auszuweiten und innerhalb des abgedeckten Raumes die Items möglichst gut, d.h. gleichmäßig zu verteilen.

Im vorherigen Analyseschritt war eine Vielzahl von Items entdeckt worden, die kritische Randbereiche des Bedeutungsraumes oder Leerstellen in der 50er Lösung repräsentierten und somit für die 64er

Lösung in Frage kamen. Um das Kriterium Reliabilität im Auge behalten zu können, wurden für alle 195 Itembewertungen Indikatoren für die Güte der Standardabweichungen neu berechnet. Dann wurde eine 60er Clusterung vorgenommen. Es wurden nicht 64 Cluster gewählt, da noch Raum für Items gewährt werden sollte, die in der 145er Itemliste nicht enthalten sind und die bisherige „terra incognita" abdecken sollten (z.b. „Geborgen"). Für die Besetzung dieser letzten vier freien Bedeutungsraumstellen wurden die ausgewählten Items wiederum graphisch mit den vorliegenden 195 Bewertungen abgeglichen. Von den im vorherigen Analyseschritt ausgewählten Aufnahmekandidaten wurden die gestrichen, die jetzt in den 60 enthalten waren und die dem Kriterium Standardabweichung nicht genügten. Adjektive, die bezogen auf alle drei Graphiken (Valenz- Erregung, Valenz-Dominanz, Erregung-Dominanz) kritische Lücken füllten, wurden in die engere Auswahl für die vier offenen Plätze genommen. Da schlussendlich ein klares Selektionskriterium für die Feinabstimmung der Auswahl fehlte, wurden 66 Begriffe getestet, wobei 64 aus dem alten Itempool stammten und die Begriffe „betäubt" und „geborgen" neu eingeführt wurden.

4.5.2   Ergebnisdiskussion

Bezogen auf die Mittelwertsvergleiche der unterschiedlichen Untersuchungsstaffeln wurde die Tendenz festgestellt, dass sich die Ergebnisse der vierten Untersuchung wieder denen der ersten annäherten. Beide Staffeln benutzen bezogen auf die Valenz- und Erregungsdimension gleiche Polbezeichnungen: „angenehm/unangenehm" sowie „aufgeregt/ruhig". Vielleicht bewirkte die Rückkehr zur Bezeichnung der Erregungsdimension („aufgeregt") diese Tendenz. Bezogen auf die Dominanzdimension wurden „klein, hilflos vs. groß, mächtig" in der dritten Staffel durch „klein vs. groß" ersetzt. Der Einfluss der weiteren Unterscheidungsmerkmale (Instruktionsart und -länge, Skalendifferenzierung, Bilddarstellung bzw. –größe, Permutation) erwies sich als nicht sehr bedeutsam. Daher erschien es uns angemessen, die Ergebnisse beider Untersuchungsstaffeln in einer Datei zu bündeln.

Diese Datei, die die aktuelle Grundlage für das Emotionswörterbuch bildet (vgl. Tab. 5-1 i.d.B.), setzt sich also nur aus Bewertungen der ersten und vierten Untersuchungsstaffel zusammen. Während die zweite Untersuchung ohnehin nur für eine varianzanlytische Betrachtung von Variationen des Messinstrumentes verwendet wurde, wurden alle Bewertungen der dritten Untersuchungsphase aus dieser Datei eleminiert, da sich diese dritte Untersuchung (n = 100) von der ersten und vierten u.a. durch die Polbezeichnung „erregt" unterschied. Die zwei Begriffe, die in der vierten Staffel zum erstenmal getestet wurden, verblieben im Datensatz. Durch diese Prozeduren lag schlussendlich für 146 Begriffe je eine vollständige Bewertung vor: Für 64 Begriffe war dies die zusammengeführte Bewertung von ca. 58 Vpn aus der ersten und vierten Staffel, für zwei Begriffe die Bewertung von 38 Vpn der vierten Staffel und für die restlichen 80 Begriffe die Bewertung von ca. 20 Vpn der ersten Staffel.

Um für die 66 Begriffe der vierten Untersuchung, für die bis auf zwei Begriffe zusammengesetzte Bewertungen vorlagen, nun Äquivalente (verwandte Emotionen) aus der ersten aufzusuchen, wurde mit dem aus beiden Untersuchungen zusammengeführten Datensatz eine Clusteranalyse bezogen auf die drei Dimensionen durchgeführt mit der Anweisung 66 Cluster zu bilden. Die Clusterzuweisung wurde als Variable gespeichert. Die Datei wurde nach dieser Clusterlösung neu sortiert und sodann folgendermaßen aufbereitet (vgl. Tab. 5-1):

Begriffe der ersten Staffel, die mit einem der 66 Begriffe der vierten Staffel in einem Cluster lagen, wurden neben diesem Begriff in eine eigene Zeile geschrieben (Bsp.: Im Cluster 1 wurden „dreist" und „wachsam" aus der ersten Untersuchung dem Clusterrepräsentanten „nachdrücklich" zugeordnet, der in der ersten *und* vierten Untersuchung bewertet wurde.). Waren mehr als ein Begriff der vierten Staffel in einem Cluster und zusätzlich noch ein Begriff aus der ersten Staffel, so wurde letzterer dem Begriff mit der größten numerischen Ähnlichkeit zugeordnet (Bsp.: „Begeistert" und „sexuell erregt" aus der ersten und vierten Untersuchung liegen beide im Cluster 9. „Verliebt" aus der ersten Untersuchung gehört auch in dieses Cluster und wurde „sexuell erregt" zugeordnet.). Wurden

Cluster nur aus Begriffen der ersten Staffel gebildet, so wurde ein typischer Vertreter des Clusters ausgewählt und die anderen Begriffe neben ihm angeordnet (Bsp.: „Arrogant", „blasiert" und „verächtlich", die nur in der ersten Staffel bewertet wurden, bilden das Cluster 8 mit „arrogant" als typischem Vertreter.).

Als Endergebnis liegt somit ein Emotionswörterbuch vor, das gestattet die SAM-Bewertungen, die Personen für beliebige Emotionsgegenstände oder –umwelten (Diapositive, Talkshows, Aktienkauf, Organisation, e-commerce etc.) durchführen, in anschauliche Emotionswörter zu übersetzen.

4.6   Ein kritischer Rückblick

Ungeachtet der durchaus beachtlichen Reliabilitäten, die durch die Korrelationen zwischen den Beurteilungen der Emotionen in den verschiedenen – unter recht unterschiedlichen Versuchsanordnungen durchgeführten – Untersuchungen errechnet wurden und der in den weiteren Ausführungen dargelegten Anwendungsmöglichkeiten muss auf einige Unzulänglichkeiten hingewiesen werden:

◆ Die Frage, ob auf Polbezeichnungen verzichtet werden kann oder sollte, bedarf weiterer Forschungsaktivitäten. Das Weglassen von Polbezeichnungen scheint die Bewertung zu erschweren, zumindest dann, wenn nicht gleichzeitig ausführlich instruiert wird. Die Verwendung von Polbezeichnungen führte in einigen Analysen (bei verschiedenen Dimensionen und Emotionen) dazu, dass die Spannweite möglicher Bewertungen besser genutzt wurde (geringerer Mitteneffekt). Die verbale Ergänzung scheint das Urteil zu erleichtern und präziser werden zu lassen.

◆ Andererseits ist bislang noch nicht ausreichend geklärt, welche Polbezeichnung als optimal angesehen werden kann. Dies trifft insbesondere auf die Erregungsdimension zu.

◆ Man könnte außerdem argumentieren, dass die Polbezeichnung die interkulturelle Verwendbarkeit des Messinstrumentes einschränke und den kognititven Anteil der Bewertung erhöhe. Andererseits – und dies wird noch im Folgenden diskutiert – gibt es im Umfragekontext bei Einsatz der SAMs ohnehin nicht unerhebliche Ausfälle, die insbesondere bei Personen mit wenig „Comic-Erfahrung" festzustellen sind. Im Unterschied zu den Laboruntersuchungen brauchen u.E. Personen im Umfragekontext Antworthilfen, wie sie die Polbezeichnungen darstellen.

♦ Weiter ist auch offen, ob die verwendeten Dimensionen nicht selbst kulturellen Regeln unterliegen. So war die Empfindung „mächtig" (mighty) in der amerikanischen Version mit einer recht starken positiven Erregung (0,5) verbunden, während dieser Ausdruck bei der deutschen Version nur mit einer durchschnittlichen Aktivierung verbunden war (-0,09). Sehen Deutsche Machtausübung eher als einen „technischen" Prozess? Wegen der möglichen interkulturellen Differenzen konnte die Vorlage von RUSSELL & MEHRABIAN (1977) nicht ohne Einschränkungen als Prüfstein verwendet werden.

♦ Die gegenüber dem Vorbild von RUSSELL & MEHRABIAN deutlich größeren Streuungen bleiben unbefriedigend. In zwei Fällen gab es signifikante Unterschiede zwischen zwei Erhebungen, ohne dass sich die Reizgrundlage geändert hatte.

5 Das SAM-Emotionswörterbuch und seine Anwendung

Lorenz Fischer, Dieter Brauns und Frank Belschak

In diesem Beitrag soll das SAM-Wörterbuch und der praktische Umgang mit diesem näher beschrieben werden. Die folgende Tabelle stellt das Wörterbuch komplett mit den für die Anwendung erforderlichen Kennwerten dar.

5.1 Das Wörterbuch

Term	Nr.	N	Valenz Mittelwert	SD	Erregung Mittelwert	SD	Dominanz Mittelwert	SD	Cluster/verwandte Emotionen		
nachdrücklich	35	60	0,06	0,36	0,08	0,41	0,21	0,38	1	dreist	wachsam
llebenswürdig	4	58	0,76	0,3	-0,44	0,48	0,12	0,46	2	nützlich	
mächtig	3	59	0,47	0,48	-0,04	0,6	0,83	0,3	3	kraftvoll	
kompetent	21	58	0,87	0,24	-0,5	0,46	0,66	0,32	4	selbstzufrieden	
in gehobener Stimmung*	17	20	0,85	0,24	0,13	0,56	0,55	0,33	5	bewundert	glücklich
verantwortlich	23	57	0,35	0,31	0,04	0,53	0,49	0,35	6	stolz	einflussreich
interessiert	8	60	0,55	0,35	0,03	0,45	0,25	0,39	7		
angeregt	10	60	0,58	0,36	0,22	0,39	0,26	0,35	7	feierlich	
arrogant*	9	22	-0,25	0,53	-0,2	0,65	0,32	0,57	8	blasiert	verächtlich
begeistert	11	61	0,92	0,18	0,62	0,42	0,46	0,39	9		
sexuell erregt	53	58	0,85	0,27	0,72	0,34	0,39	0,52	9	verliebt	
aggressiv	13	58	-0,43	0,42	0,75	0,43	0,34	0,56	10		
erbost	82	58	-0,56	0,42	0,72	0,42	0,22	0,49	10		

			Valenz		Erregung		Dominanz		Cluster/verwandte Emotionen		
stark	14	61	0,7	0,32	-0,16	0,6	0,8	0,31	11	meisterhaft	
würdevoll	15	48	0,48	0,39	-0,65	0,39	0,49	0,47	12		
lässig	63	62	0,35	0,41	-0,54	0,43	0,34	0,37	12		
aktiviert	36	57	0,58	0,29	0,39	0,38	0,37	0,28	13		
fasziniert	55	61	0,78	0,34	0,45	0,46	0,27	0,4	13	voller Hoffnung	
triumphierend	19	58	0,7	0,37	0,28	0,6	0,77	0,31	14	euphorisch	
freundlich	24	63	0,85	0,25	-0,5	0,44	0,19	0,35	15	sorglos	liebevoll
schwach	133	61	-0,74	0,3	-0,11	0,59	-0,83	0,29	16	unterwürfig	abseits
kontrollierend	39	61	0,09	0,51	-0,19	0,57	0,46	0,52	17	dominierend	
hochmütig	125	62	-0,02	0,63	-0,07	0,47	0,5	0,48	17	spöttisch	
gespannt	124	58	0,22	0,44	0,52	0,37	0,1	0,33	18	erregt	
sich konzentrierend*	30	20	0,18	0,29	-0,53	0,47	0,18	0,47	19	ernsthaft	
Vergnügen*	41	20	0,98	0,11	0,1	0,68	0,35	0,33	20	fröhlich	
Verachtung*	85	23	-0,3	0,42	0,04	0,72	0,24	0,42	21	egoistisch	leicht
stolz aber einsam	40	59	-0,2	0,51	-0,16	0,49	-0,11	0,53	22		verärgert
skeptisch	91	58	-0,19	0,35	-0,07	0,42	0,01	0,42	22		
dankbar	44	61	0,62	0,36	-0,27	0,46	-0,1	0,37	23	besonders dankbar	
respektvoll	45	59	0,14	0,41	-0,16	0,43	0,01	0,51	24	erstaunt	
verwundert	54	61	0,07	0,36	0,04	0,49	-0,05	0,28	24		
anerkennend	46	60	0,59	0,33	-0,25	0,46	0,3	0,39	25	unverzagt	
geliebt	47	58	0,97	0,16	0,22	0,67	0,65	0,43	26		
bang	131	60	-0,7	0,29	0,49	0,41	-0,7	0,37	27	ängstlich	
überrascht	52	77	0,36	0,37	0,41	0,41	0,08	0,38	28	beeindruckt	überwältigt
angstvoll *	101	23	-0,8	0,36	0,65	0,57	-0,65	0,38	29	furchtsam	zutiefst verängstigt

			Valenz		Erregung		Dominanz		Cluster/verwandte Emotionen	
entspannt	59	59	0,79	0,27	-0,89	0,25	0,21	0,39	30	
geborgen	153	38	0,92	0,18	-0,89	0,24	0,11	0,67	30	
unbeschwert	60	61	0,85	0,25	-0,5	0,54	0,43	0,37	31	
unvorein-genommen	148	61	0,48	0,36	-0,51	0,4	0,14	0,34	32	bescheiden
sicher	62	58	0,77	0,31	-0,91	0,2	0,49	0,45	33	
gemächlich	65	63	0,14	0,47	-0,69	0,37	-0,06	0,37	34	
uninteressiert	147	61	-0,33	0,39	-0,63	0,37	-0,08	0,26	35	reserviert
geschützt	70	61	0,66	0,4	-0,73	0,35	-0,02	0,5	36	behütet
getröstet	68	57	0,43	0,48	-0,33	0,5	-0,29	0,4	37	
ruhig	69	61	0,64	0,39	-0,91	0,27	0,27	0,39	38	sanftmütig
ehrfürchtig	73	83	-0,09	0,41	-0,05	0,49	-0,41	0,46	39	schüchtern
angewidert	75	60	-0,83	0,29	0,23	0,61	-0,06	0,38	40	anwidernd
herausfordernd	79	58	0,31	0,41	0,41	0,43	0,42	0,33	41	unverschämt
grausam	77	59	-0,7	0,45	0,58	0,5	0,06	0,8	42	Hass feindlich
irritiert	78	60	-0,52	0,32	0,29	0,4	-0,38	0,35	43	
verdächtig	90	61	-0,57	0,41	0,49	0,44	-0,39	0,43	43	
verwirrt	121	58	-0,52	0,36	0,32	0,38	-0,47	0,35	43	unsicher
in Rage	84	57	-0,34	0,44	0,92	0,25	0,38	0,51	44	
unerfreut	109	58	-0,61	0,3	0,09	0,44	-0,16	0,42	45	tadelnswert
beladen mit Verantwortung	92	59	-0,22	0,46	0,33	0,44	0,19	0,51	46	
kalte Wut *	93	22	-0,3	0,7	0,59	0,65	0,27	0,63	47	
beschämt*	108	22	-0,8	0,37	0,18	0,45	-0,66	0,39	48	erdrückt
frustriert*	96	25	-0,9	0,25	0,28	0,63	-0,66	0,47	49	Schmerz
belastet	130	61	-0,59	0,36	0,34	0,46	-0,27	0,5	50	beunruhigt
erniedrigt	99	57	-0,96	0,14	0,43	0,62	-0,88	0,25	51	

		Valenz		Erregung		Dominanz			Cluster/verwandte Emotionen	
hilflos	104	61	-0,87	0,25	0,42	0,55	-0,82	0,29	51	unfähig	
kampfbereit	103	60	-0,03	0,53	0,57	0,56	0,51	0,44	52		
bekümmert	105	61	-0,64	0,33	-0,13	0,48	-0,42	0,43	53	peinlich berührt	
aufgeregt	111	63	0,07	0,45	0,74	0,33	0,01	0,39	54		
traurig	151	58	-0,71	0,35	-0,32	0,54	-0,53	0,4	55	besiegt	
entrüstet*	114	19	-0,42	0,45	0,63	0,4	0	0,44	56		
unbefriedigt	122	59	-0,76	0,31	0,21	0,53	-0,36	0,39	57	unzufrieden	bereuend
sündig *	116	23	-0,28	0,58	0,43	0,43	-0,33	0,54	58		
schuldig	118	61	-0,9	0,2	0,44	0,51	-0,61	0,45	59	verzweifelt	abgelehnt
gelangweilt	132	60	-0,6	0,37	-0,63	0,48	-0,15	0,42	60	Langeweile	der Verantwortung müde
gedämpft	138	59	-0,36	0,34	-0,36	0,41	-0,24	0,35	61	voller Bedauern	
deprimiert	126	63	-0,9	0,24	-0,25	0,59	-0,77	0,32	62		
einsam	128	57	-0,81	0,34	-0,27	0,61	-0,69	0,43	62		
ermüdet	145	58	-0,37	0,41	-0,71	0,37	-0,44	0,35	63	müde	
hochmütig und einsam*	142	22	-0,2	0,57	-0,41	0,53	0,16	0,52	64		
teilnahmslos*	143	20	-0,18	0,41	-0,83	0,37	0,05	0,33	65		
betäubt	152	38	-0,59	0,56	-0,49	0,62	-0,63	0,51	66	deaktiviert	

*Diese Begriffe konnten nur mit einer Fallzahl < 25 überprüft werden, bilden jedoch ein eigenes Cluster.

Tabelle 5-1   Das SAM-Emotionswörterbuch

5.2   Auswertungshilfen

5.2.1   Zur Vorgehensweise bei der Auswertung

RUSSEL & MEHRABIAN (1977) hatten keine konkreten Handlungs-
anweisungen für den Umgang mit den Emotionswerten ihres Wörterbuches gegeben. Der praktische Umgang zeigt aber, dass

♦   ein exakter Fit von SAM-(Mittel-)Werten, die sich auf einen
    Emotionsgegenstand beziehen, mit den standardisierten Mittel-
    werten der Emotionswörter eher selten ist,
♦   „motivationale" Interpretationen der Emotionswörter durch den
    Forscher unter Berücksichtigung der Untersuchungssituation in-
    terpretativ angepasst werden müssen,
♦   es sinnvoll ist zur näheren Charakterisierung der Bewertung ei-
    nes Emotionsgegenstandes durch eine Gruppe die aufgefundenen
    korrespondierenden Emotionswörter mittels ihrer theoretischen
    Bedeutungspostulate psychologisch näher zu beschreiben (vgl.
    dazu die folgenden Bedeutungspostulate von Emotionsbegrif-
    fen).

In der oberen Tabelle unseres Wörterbuchs (Tab. 5-1) finden sich für
die unterschiedlichen Emotionswörter die zugehörigen Kennwerte
auf den drei SAM-Dimensionen. Diese umfassen insbesondere die
Mittelwerte und die Standardabweichungen (SD), die empirisch in
der ersten und vierten Untersuchungsphase ermittelt wurden. Die
Werte in der Tabelle beziehen sich dabei auf eine linear transfor-
mierte Antwortskala, die von −1 bis +1 reicht und den Mittelwert 0
besitzt. Mit Hilfe dieser Kennwerte können die Bewertungen eines
Probanden oder einer Probandengruppe, die mit den SAM-Skalen
bezogen auf beliebige Emotionsgegenstände durchgeführt wurden, in
die zugehörigen Emotionen „rückübersetzt" werden. Dazu werden
die drei Dimensionsmittelwerte der SAM-Bewertungen einer Probandengruppe mit den Mittelwerten der verschiedenen Emotionswörter verglichen. Der praktische Umgang zeigt – wie schon angedeutet – dass ein exakter Fit der SAM-Bewertungen von
Emotionsgegenständen mit den SAM-Werten der Emotionswörter

eher selten ist. Daher wird die Emotion gewählt, deren drei Dimensions-Mittelwerte dem Antwortverhalten der Probanden (ihren SAM-Bewertungen) nahe kommen.

Ausgangspunkt unserer Erläuterungen zur Vorgehensweise bei der Auswertung ist die Bewertung eines beliebigen Emotionsgegenstandes (Talkshows, Organisationsumwelten, Aktien etc.) mit dem SAM-Instrument (vgl. Abbildung 3-4). Kodiert man die Ausprägungen auf den drei Dimensionen analog der Anzahl und Reihenfolge der Manikin von 1 bis 5 (angenehm = 1 und unangenehm = 5, erregt = 1 und ruhig = 5 sowie klein = 1 und groß = 5), so ist zunächst eine lineare Transformation erforderlich, um die (Mittelwerts-)Konfiguration, die den Emotionsgegenstand bezogen auf die drei Dimensionen beschreibt, einem Gefühlswort aus dem Wörterbuch zuzuordnen. Die Vorschrift lautet: Standardwert = +/- (x-3) / 2, wobei je nach Richtung der Polung der Dimension das Vorzeichen verändert werden muss (vgl. Tab. 5-2).

Valenz/Erregung	5	4,75	4,5	4,25	4	3,75	3,5	3,25	3	2,75	2,5	2,25	2	1,75	1,5	1,25
Dominanz	1	1,25	1,5	1,75	2	2,25	2,5	2,75	3	3,25	3,5	3,75	4	4,25	4,5	4,75
Std.-Wert	-1	-0,88	-0,75	-0,63	-0,5	-0,38	-0,25	-0,13	0	0,13	0,25	0,38	0,5	0,63	0,75	0,88

Tabelle 5-2   Umrechnungstabelle der SAM-Werte in standardisierte Werte

Die erhaltene Standardwertkonfiguration kann aber besonders einfach einem Gefühlswort zugeordnet werden, wenn die Emotionswörterbuchkennwerte als Datei einem Computerprogramm vorliegen. Das Vorgehen soll kurz beispielhaft für das Statistikprogramm SPSS erläutert werden. Mittels des Befehls „Fälle auswählen/ select cases" kann das Programm bestimmte Emotionswörter (Fälle) aus der Datei auswählen, die eine bestimmte Bedingungskombination erfüllen. Als Bedingungskombination wird dabei festgelegt, dass die Dimensionsausprägungen des auszuwählenden Gefühlswortes in bestimmten Intervallen liegen müssen, die auf der Basis der empirisch ermittelten SAM-Konfiguration, die sich auf den bewerteten

Emotionsgegenstand bezieht, gebildet werden. BELSCHAK (2001) ging beispielsweise so vor, dass er für die Auswahl eines Gefühlswortes zunächst die Bedingung stellte, dass sein Valenzwert in einem Intervall liegen müsse, das mit einer Ausdehnung von einer Standardabweichung um den empirisch ermittelten Valenzwert[15] des Emotionsgegenstandes (x) gebildet wird (select if valenz $< x + 0.5\ s^x$ and valenz $> x - 0.5\ s^x$). Diese Bedingungskomnination für die Valenzdimension wurde dann mit analogen Bedingungen für den Erregungswert und den Dominanzwert verknüpft. So erhält man insgesamt drei mal zwei verschiedene Bedingungen, die jeweils mittels des logischen UND miteinander verbunden sind. Der SELECT-Befehl wählt nun alle Emotionswörter aus, die diese Bedingungen erfüllen. Sollte sich dabei ergeben, dass mehrere Emotionen gleichzeitig die Anforderungen erfüllen, können die Bedingungen verschärft werden, indem die Intervalle enger gefasst werden. So kann. z.B. von (x +/- 0.5 Standardabweichung) übergegangen werden zu (x +/- 0.4 Standardabweichung). Dies kann solange wiederholt werden, bis nur noch ein Emotionswort bei der anschließenden Auswahl übrig bleibt. Umgekehrt kann das Intervall auch weiter gefasst werden (indem der Wert von +/- 0.5 höher gesetzt wird z.B. auf +/- 0.6), falls keine Emotion die geforderten Bedingungen erfüllt.

Zu beachten ist bei dieser Art des Vorgehens allerdings, dass der Auswertende hiermit Entscheidungen trifft. So wird bei der oben beschriebenen Prozedur jede Dimension gleich gewichtet und damit gleiche Wichtigkeit unterstellt, indem alle Bedingungen gleichzeitig erfüllt sein müssen und die Intervalle für die drei SAM-Dimensionen jeweils gleich definiert werden: (x +/- 0.5 Standardabweichung). Eine andere Möglichkeit bestünde darin, dass man den drei SAM-Dimensionen ein unterschiedliches Gewicht einräumt. Hierbei könnte beispielsweise die unterschiedliche Fähigkeit der Dimensionen, zwischen verschiedenen Emotionen zu differenzieren, berücksichtigt werden: Daraus ergibt sich als Reihenfolge Valenz (mit der höchsten Differenzierungsfähigkeit), gefolgt von Erregung sowie

---

[15] Der Valenzwert ist in der Regel ein Mittelwert aus mehreren Bewertungen.

schließlich von Dominanz (mit der geringsten Differenzierungsfähigkeit). Die Gewichtung könnte praktisch so umgesetzt werden, dass bei der Bedingungsaufstellung zuerst allein das Intervall für die Valenzdimension betrachtet wird, danach zusätzlich das der Erregungsdimension und erst hieran anschließend – wenn dies immer noch zu keiner Übereinstimmung mit einer einzelnen Emotion führt – auch das der Dominanzdimension.

Neben der Betrachtung der SAM-Mittelwertskonfiguration der emotionalen Bewertung eines Emotionsgegenstandes durch eine Gruppe und dem Versuch, diese in ein korrespondierendes Gefühlswort rückzuübersetzen, besteht auch noch die Möglichkeit, die in der Gruppe am häufigsten gewählten SAM-Bewertungskonfigurationen auszählen zu lassen und in Gefühlswörter zu übersetzen (vgl. BELSCHAK & GRIMMER i.d.B.). Durch mehrere Emotionswörter erhält man eine Art emotionalen Bedeutungsraum für den betreffenden Gegenstand sowie eine emotionale Bedeutungsdifferenzierung, die durch die alleinige Betrachtung der drei Mittelwerte verwischt werden könnte.

Unsere Erläuterungen zur Vorgehensweise bei der Auswertung zeigen, dass die Rückübersetzung von SAM-Antwortprofilen in Emotionen mittels des SAM-Emotionswörterbuches kein rein objektives Verfahren ist. Das Vorgehen hängt zu einem großen Teil auch von normativen Entscheidungen des Auswertenden ab. Andererseits bietet dies dem Anwender die Freiheit, mit verschiedenen Auswertungsmethoden vorzugehen, um auf diese Weise zu einem für seine Untersuchungsfrage angemessenen Ergebnis zu kommen.

5.2.2   Bedeutungspostulate zentraler Emotionen

Die Aussagekraft emotionaler Begriffe hängt in hohem Maße von dem – natürlich möglichst theoretisch begründetem – psychologischen Verständnis dieser Begriffe ab.

Zur Explikation verschiedener Emotionen finden sich in der Literatur einige theoretische Ausführungen für die sogenannten „Grundemotionen" (vgl. LAZARUS 1991; insbesondere SCHEELE 1990; WEINER

1986; 1995). Diese Bedeutungspostulate greifen zur näheren Beschreibung der Emotionen auf die Selbstbetroffenheit (ULICH 1995) bzw. Art der „Selbst-Umwelt-Relation" und ihre Bewertung (SCHEELE 1990) der Person zurück. Die wichtigsten verschiedenen Attribute, durch die Grundemotionen charakterisiert wurden, sollen im Folgenden tabellarisch wiedergegeben werden.

Emotion	Bedeutungspostulat

Ärger/ Zorn
 	
(Anger)
	♦ unkontrollierbares Ereignis
	♦ Verletzung moralischer Normen (insbes. Gerechtigkeitsnormen) des Subjekts
	  (SCHEELE 1990)
	
	♦ Verletzung der Selbst- oder sozialen Achtung des Subjekts;
	♦ Verantwortungszuschreibung der Verletzung auf andere „alter"
	♦ Überzeugung des Subjekts, andere „alter" hätte das verletzende Ereignis kontrollieren können
	  (LAZARUS 1990)
	
	♦ negatives Ereignis für das Subjekt
	♦ Verantwortungszuschreibung der Ereignisursache auf Andere „alter"
	  (WEINER 1995)

Angst
 	
(Anxiety)
	♦ Antizipation einer potentiellen Schädigung des Selbst (Bedrohung)
	♦ keine Vermeidungsmöglichkeit für das Subjekt
	  (SCHEELE 1990)
	
	♦ existentielle Bedrohung von (persönlichkeitszentralen) Bedeutungsstrukturen oder des Selbstkonzepts des Subjekts
	♦ unsicheres Bewältigungspotential
	  (LAZARUS 1991)

Furcht	♦ Antizipation einer potentiellen Schädigung des Selbst (Drohung) ♦ Vermeidungsmöglichkeiten nicht ausgeschlossen (SCHEELE 1990)

Ekel
(Disgust)
	♦ intensive Verletzung (persönlichkeitszentraler) ästhetischer Normen
	♦ Motivation zur Kontaktvermeidung als Folge
	        (SCHEELE 1990)
	
	♦ Bedrohung (persönlichkeitszentraler) Werte oder Ziele des Subjekts durch „vergiftende Gedanken" von Anderen „alter"
	        (LAZARUS 1991)

Scham
(Shame)
	♦ Verletzung positiver Selbstkonzept-Postulate
	        (SCHEELE 1990)
	
	♦ Versagen des Subjekts, sein Ego-Ideal zu erreichen
	♦ Verantwortungszuschreibung des Subjekts auf sich selbst
	♦ Überzeugung des Subjekts, Kontrolle hierüber gehabt zu haben
	        (LAZARUS 1991)
	
	♦ negatives Ereignis für das Subjekt
	♦ internale Ursachenzuschreibung durch das Subjekt
	♦ Überzeugung des Subjekts, keine Kontrolle über die Ursache gehabt zu haben
	        (WEINER 1986)

Schuld (Guilt)	◆ Verletzung moralischer Normen des Subjekts ◆ Überzeugung des Subjekts, Kontrolle hierüber gehabt zu haben (SCHEELE 1990) ◆ Verletzung moralischer Werte ◆ Verantwortungszuschreibung des Subjekts auf sich selbst ◆ Überzeugung des Subjekts, Kontrolle hierüber gehabt zu haben (LAZARUS 1991) ◆ negatives Ereignis für das Subjekt ◆ internale Ursachenzuschreibung durch das Subjekt ◆ Verantwortungszuschreibung des Subjekts auf sich selbst (WEINER 1995)
Traurigkeit (Sadness)	◆ bedürfniskonträre Veränderung der Situation ◆ Unkontrollierbarkeit der Veränderung durch das Subjekt (SCHEELE 1990) ◆ Verlust/ Schädigung des Subjekts ◆ keine Verantwortungszuschreibung/ Kontrollierbarkeit ◆ Irreversibilität des Verlusts, ansonsten tritt zusätzlich Hoffnung auf (LAZARUS 1991)

Verachtung	♦ intensive Verletzung (persönlichkeitszentraler) moralischer Normen ♦ Motivation zur Kontaktvermeidung als Folge (SCHEELE 1990)
Neid (Envy)	♦ Bedürfnisse/ Ziele des Subjekts sind nicht befriedigt ♦ Ein Anderer „alter" besitzt etwas, das das Subjekt hoch bewertet und intensiv anstrebt (LAZARUS 1991)
Eifersucht (Jealousy)	♦ Drohung eines Verlustes oder tatsächlicher Verlust der Zuneigung von Anderen „alter" durch Dritte ♦ Zuneigung von Anderen „alter" ist wichtig für das Subjekt ♦ externale Verantwortungszuschreibung für den (drohenden) Verlust (LAZARUS 1991)
Schreck (Fright)	♦ Eintreten unerwarteter Ereignisse ♦ bedürfnisbezogen negative Bewertung der Ereignisse (SCHEELE 1990) ♦ Bedrohung der körperlichen Integrität ♦ plötzliche, konkrete Quelle der Bedrohung ♦ unsicheres Bewältigungspotential (LAZARUS 1991)
Überraschung	♦ Eintreten unerwarteter Ereignisse ♦ bedürfnisbezogen neutrale oder positive Bewertung der Ereignisse (SCHEELE 1990)

Liebe (Love/ Affection)	◆ gegenseitige Übereinstimmung (persönlich-keitszentraler) Wertungen und subjektiver Theorien zwischen Subjekt und Anderen „alter" ◆ Übereinstimmung ist für das Subjekt von erheblicher Bedeutung (SCHEELE 1990) ◆ Befriedigung des Bedürfnis des Subjekts nach tiefer Bestätigung persönlichkeitszentraler Aspekte (LAZARUS 1991)
Freude (Happiness/ Joy)	◆ tatsächliche oder antizipierte Befriedigung (persönlichkeitszentraler) Leistungs-, Interaktions- und moralischer Bedürfnisse/ Bewertungen des Subjekts (SCHEELE 1990) ◆ Bedürfnisse/ Werte des Subjekts werden befriedigt ◆ positive/ optimistische Zukunftserwartungen des Subjekts (LAZARUS 1991)
Zufriedenheit	◆ Befriedigung persönlichkeits*marginaler* Leistungs-, Interaktions- oder moralischer Bedürfnisse/ Bewertungen des Subjekts (SCHEELE 1990)
Erleichterung (Relief)	◆ Situationsveränderung von Bedürfniskontrarität in Richtung besserer Bedürfnisbefriedigung für das Subjekt (LAZARUS 1991)
Hoffnung (Hope)	◆ bedürfniskonträre Situation für das Subjekt ◆ Erwartungen bezüglich einer Konstanz der Situation sind unsicher (LAZARUS 1991)

Stolz (Pride)	◆ Bedürfnisse/ Werte des Subjekts werden befriedigt ◆ Selbstwertgefühl und soziale Achtung des Subjekts steigen ◆ Verantwortungszuschreibung/ Kontrollierbarkeit der Befriedigungssituation durch das Subjekt (Lazarus 1991) ◆ positives Ereignis für das Subjekt ◆ internale Ursachenzuschreibung durch das Subjekt (WEINER 1986)
Mitleid (Compassion)	◆ bedürfniskonträre Situation für Andere „alter" ◆ Betroffenheit des Subjekts von der Situation von Anderen „alter" (z.B. wegen moralischer Normen, Altruismus, hoher Empathie) ◆ keine Verantwortungszuschreibung auf das Subjekt selbst oder auf Andere „alter" (LAZARUS 1991)

Tabelle 5-3   Theoretische Bedeutungspostulate zentraler Emotionen

Eine empirisch begründete Explikation der Bedeutung einiger Emotionen (gewonnen mittels des SAM-Emotionswörterbuchs; vgl. BRAUNS & FISCHER i.d.B.) lässt sich aus BELSCHAK (2001) entnehmen. Zur Emotionsbeschreibung wird hierbei das Vorliegen oder Fehlen bedeutsamer organisationspsychologischer Stressoren gewählt: (1) das Ausmaß der Befriedigung der Bedürfnisse des Subjekts, (2) die Wichtigkeit der Situation für das Subjekt zur Erreichung seiner Ziele, (3) die Dauer der Situation sowie (4) die Unsicherheit des Subjekts, die Fortentwicklung der Situation einschätzen zu können. Im Sinne der oben angeführten Emotionsdefinitionen (insbesondere derjenigen von SCHEELE 1990) zielt (1) unmittelbar auf die Bedürfnisbefriedigung des Subjektes; auch die Unsicherheit der Person bei der Beurteilung der Situation hat Bedürfnisqualitäten (Kontrollerlebnis); (2) und (3) sind Parameter zur Beschreibung der Situation (Relevanz) für die eigene Bedürfnis-befriedigung.

Emotion	Bedeutungspostulat
anerkennend	♦ Bedürfnisse des Subjekts werden befriedigt ♦ niedrige Wichtigkeit der Situation ♦ kurze Dauer der Situation ♦ niedrige Unsicherheit des Subjekts
unverzagt	♦ Bedürfnisse des Subjekts werden befriedigt ♦ kurze Dauer der Situation ♦ niedrige Wichtigkeit der Situation ♦ hohe Unsicherheit des Subjekts
feierlich	♦ Bedürfnisse des Subjekts werden befriedigt ♦ niedrige Wichtigkeit der Situation ♦ lange Dauer der Situation
interessiert	♦ Bedürfnisse des Subjekts werden befriedigt ♦ hohe Wichtigkeit der Situation ♦ kurze Dauer der Situation ♦ hohe Unsicherheit des Subjekts
triumphierend	♦ Bedürfnisse des Subjekts werden befriedigt ♦ hohe Wichtigkeit der Situation ♦ kurze Dauer der Situation ♦ niedrige Unsicherheit des Subjekts
aktiviert	♦ Bedürfnisse des Subjekts werden befriedigt ♦ hohe Wichtigkeit der Situation ♦ lange Dauer der Situation

skeptisch	◆ bedürfniskonträre Situation
	◆ niedrige Wichtigkeit der Situation
	◆ kurze Dauer der Situation
	◆ niedrige Unsicherheit des Subjekts
tadelnswert	◆ bedürfniskonträre Situation
	◆ niedrige Wichtigkeit der Situation
	◆ kurze Dauer der Situation
	◆ hohe Unsicherheit des Subjekts
verärgert (aber objektiv)	◆ bedürfniskonträre Situation
	◆ hohe Wichtigkeit der Situation
	◆ lange Dauer der Situation
	◆ niedrige Unsicherheit des Subjekts
verdächtig	◆ bedürfniskonträre Situation
	◆ hohe Wichtigkeit der Situation
	◆ lange Dauer der Situation
	◆ hohe Unsicherheit des Subjekts

Tabelle 5-4   Empirische Bedeutungspostulate einiger Emotionen

Die dargestellten theoretischen und empirischen Bedeutungspostulate von Emotionen bieten die Möglichkeit, die mittels des Emoti-
onswörterbuchs durch Rückübersetzung von SAM-Antwortmustern
gefundenen Emotionen inhaltlich näher zu beschreiben. Dies ist insbesondere hilfreich bei der Herstellung eines Handlungsbezugs zu
den Emotionen. So steigert die konkrete Benennung eines emotionalen Erlebens durch ein Gefühlswort mittels des Wörterbuchs zwar
das Verständnis für die inneren Vorgänge des Befragten und ihre
Anschaulichkeit. Oft ist es jedoch nicht ohne weiteres möglich, hieraus abzuleiten, welcher Aspekt eines Reizes für das emotionale Erleben ausschlaggebend ist und durch Veränderung welcher Faktoren
das Erleben gegebenenfalls verändert werden kann. Die Bedeutungspostulate liefern hierfür wichtige Anhaltspunkte; sie leisten erhebliche Hilfe bei der Interpretation der Gefühlswörter und der Ableitung

von Handlungsempfehlungen. Allerdings besteht jedoch bezüglich empirisch gewonnener Bedeutungen von Emotionen noch erheblicher Forschungsbedarf.

5.3   Eine hierarchische Clusteranalyse von Emotionswörtern unter Verwendung der SAMs

Das folgende Dendrogramm einer hierarchischen Clusteranalyse lässt Rückschlüsse auf die relative Ähnlichkeit emotionaler Begriffe unter Verwendung der SAMs zu:

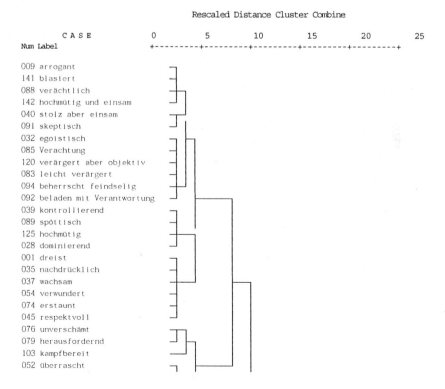

```
* * * * * * H I E R A R C H I C A L    C L U S T E R    A N A L Y S I S * * * * * *


Dendrogram using Average Linkage (Between Groups)

                    Rescaled Distance Cluster Combine

        C A S E       0         5         10        15        20        25
Num Label             +---------+---------+---------+---------+---------+

009 arrogant
141 blasiert
088 verächtlich
142 hochmütig und einsam
040 stolz aber einsam
091 skeptisch
032 egoistisch
085 Verachtung
120 verärgert aber objektiv
083 leicht verärgert
094 beherrscht feindselig
092 beladen mit Verantwortung
039 kontrollierend
089 spöttisch
125 hochmütig
028 dominierend
001 dreist
035 nachdrücklich
037 wachsam
054 verwundert
074 erstaunt
045 respektvoll
076 unverschämt
079 herausfordernd
103 kampfbereit
052 überrascht
```

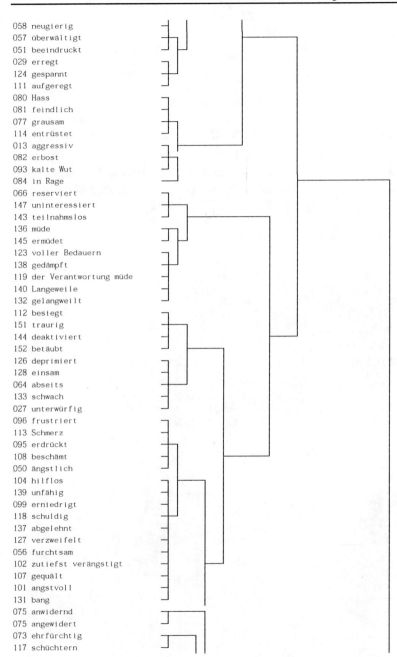

058 neugierig
057 überwältigt
051 beeindruckt
029 erregt
124 gespannt
111 aufgeregt
080 Hass
081 feindlich
077 grausam
114 entrüstet
013 aggressiv
082 erbost
093 kalte Wut
084 in Rage
066 reserviert
147 uninteressiert
143 teilnahmslos
136 müde
145 ermüdet
123 voller Bedauern
138 gedämpft
119 der Verantwortung müde
140 Langeweile
132 gelangweilt
112 besiegt
151 traurig
144 deaktiviert
152 betäubt
126 deprimiert
128 einsam
064 abseits
133 schwach
027 unterwürfig
096 frustriert
113 Schmerz
095 erdrückt
108 beschämt
050 ängstlich
104 hilflos
139 unfähig
099 erniedrigt
118 schuldig
137 abgelehnt
127 verzweifelt
056 furchtsam
102 zutiefst verängstigt
107 gequält
101 angstvoll
131 bang
075 anwidernd
075 angewidert
073 ehrfürchtig
117 schüchtern

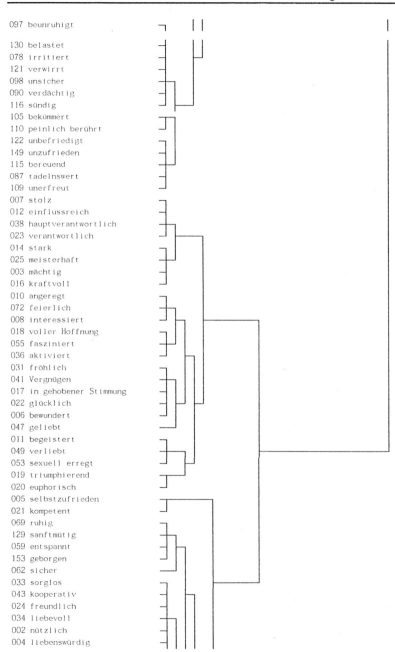

097 beunruhigt
130 belastet
078 irritiert
121 verwirrt
098 unsicher
090 verdächtig
116 sündig
105 bekümmert
110 peinlich berührt
122 unbefriedigt
149 unzufrieden
115 bereuend
087 tadelnswert
109 unerfreut
007 stolz
012 einflussreich
038 hauptverantwortlich
023 verantwortlich
014 stark
025 meisterhaft
003 mächtig
016 kraftvoll
010 angeregt
072 feierlich
008 interessiert
018 voller Hoffnung
055 fasziniert
036 aktiviert
031 fröhlich
041 Vergnügen
017 in gehobener Stimmung
022 glücklich
006 bewundert
047 geliebt
011 begeistert
049 verliebt
053 sexuell erregt
019 triumphierend
020 euphorisch
005 selbstzufrieden
021 kompetent
069 ruhig
129 sanftmütig
059 entspannt
153 geborgen
062 sicher
033 sorglos
043 kooperativ
024 freundlich
034 liebevoll
002 nützlich
004 liebenswürdig

```
060 unbeschwert
067 behütet
070 geschützt
061 bescheiden
148 unvoreingenommen
044 dankbar
048 besonders dankbar
068 getröstet
030 sich konzentrierend
042 ernsthaft
065 gemächlich
046 anerkennend
135 unverzagt
015 würdevoll
063 lässig
```

6 Zur Methodologie: Graphische Messverfahren aus modelltheoretischer Sicht

Lorenz Fischer

6.1 Die Fragestellung

Die Verwendung von SAMs in den verschiedenen empirischen Kontexten kann aus unterschiedlichen theoretischen und pragmatischen Gründen in Erwägung gezogen werden. Dazu gehören aus pragmatischer Sicht zuallererst die außerordentliche Sparsamkeit der Erhebungsmethode sowie die vergleichsweise hohe Paralleltestvalidität, die HAMM & VAITL (1993) in Relation zu den ausführlicheren Verbaltests von RUSSEL & MEHRABIAN (1977) hatten aufweisen können. Eine solche Rechtfertigung der Verwendung dieses Instrumentes entspricht der üblichen „Messung mit Werkzeugfunktion" (GIGERENZER 1981), bei der es im Prinzip letztlich völlig unerheblich ist, *was* nun genau gemessen wird, wenn es nur einer *zulänglichen Prognose* bzw. Erklärung des Kriteriums dienlich ist (vgl. SCHEUCH & ZEHNPFENNIG 1974). Letztlich ist die „Zuordnung von Zahlen zu Objekten" (STEVENS 1959) immer noch das übliche Messverfahren in den Sozialwissenschaften.

Wir sind allerdings der Auffassung, dass das hier verwendete graphische Messverfahren wegen seiner „Nicht-Sprachlichkeit" oder Sprachfreiheit darüber hinaus geeignet erscheint, im Sinne einer „Messung mit Modellbildung" weitergehende, zusätzliche Informationen über den Gegenstandsbereich der Emotionen zu gewinnen. Graphische Symbole, die *bildbezogen* sind und eine phänomenale Ähnlichkeit mit dem Gegenstand haben, werden auch Piktogramme genannt. Sie sind in Unternehmen mit multinationaler Belegschaft (Sicherheitshinweise), im internationalen Reiseverkehr und grundsätzlich im Zusammenhang der Verkehrsregulierung zu einem verbreiteten Standard geworden. Hintergrund für diese starke Verbreitung ist die *schnellere und wirksamere Kommunikation der repräsentierten Inhalte aufgrund dieser „Bildbezogenheit"* oder der gewissen „*Strukturgleichheit"* von Modell und Gegenstandsbereich in modelltheoretischer Sprache (vgl. MODLEY 1972).

In Arbeiten, die sich mit Bildsprache beschäftigen, wird synonym auch der Begriff „Ikon" verwendet. Das Ausmaß der Übereinstimmung mit dem Vorbild wird als *Ikonizitätsgrad*, die Abweichung von ihm als *Abstraktionsgrad* bezeichnet (KERNER & DUROY 1985). Man wird vermuten können, dass mit einer höheren Ikonizität ein schnelleres intuitives Verständnis einhergeht, gleichzeitig aber auch eine Spezifität verbunden ist, die solche Menschen von der Kommunikation ausschließt, die die abgebildeten Objekte noch nicht kennen und die deshalb auch keine Strukturgleichheit mit dem Modell „sehen".

Messung mit Modellbildung erfordert eben eine solche Strukturgleichheit der Elemente des Abbildungssystems mit demjenigen des Gegenstandsbereichs. Idealerweise wird zumindest eine homomorphe Abbildung im Sinne der Repräsentationstheorie gefordert, die eine Wiedergabe der im Gegenstandsbereich vorfindbaren Elementrelationen auch im numerischen System garantiert. Dies ist allerdings nur als Idealfall anzusehen. Grundsätzlich hat jeder Messansatz modellbildende Wirkungen (d.h. die Art der Messung beeinflusst auch das Messergebnis), deren (übliche) Nichtbeachtung zu Artefakten führen können (vgl. z.B. die Erörterung zum Divergenzartefakt bei GIGERENZER 1981, S. 98f.). Hier stellt sich die recht umstrittene und relativ unterentwickelte Theoriekonzeption des Emotionsparadigmas als Problem der Entwicklung von Messverfahren dar: Was sind die theoretisch begründbaren relevanten Merkmale des Gegenstandsbereiches Emotion, und wie sollen sie gemessen werden? Welche Rolle spielt in diesem Zusammenhang die graphische Konzeption der SAMs?

6.2   Der modelltheoretische Grundgedanke

An dieser Stelle soll keine – über die Skizze in Kap. 2 hinausgehende – Diskussion der Emotionstheorie und der unterschiedlichen Messverfahren geleistet werden, da es hier ausschließlich um die Auseinandersetzung mit einem konkreten Verfahren geht.

Unübersehbar ist jedoch die Bedeutung der jeweils verwendeten Messverfahren auf die unterschiedlichen Theoriekonzeptionen. Hier sei insbesondere an die Auseinandersetzungen zur Ausdruckspsychologie (EKMAN & FRIESEN 1975, RUSSEL & BULLOCK 1986, EKMAN et al. 1987) erinnert, die zunächst die Zahl der unterscheidbaren mimischen Ausdrucksmöglichkeiten von Emotionen behandelt, indirekt aber auch die Frage nach Zahl und Funktion von Emotionen betrifft. SCHEELE (1990) verknüpft den empirischen Begriff der Emotion mit dem Bericht des Subjektes, während die psychophysiologischen Ansätze darin eine völlig unnötige Einengung ihres Gegenstandsbereiches sehen würden. Insoweit bestimmen theoretische Grundpositionen sowohl die empirische Methodologie als auch den Gegenstandsbereich. Wir hatten in Kap. 2 – wie auch z.b. SOKOLOWSKI (1993) - die Ansicht vertreten, dass auch oder gerade die vorbewussten Emotionen ein wichtiges Thema des Gegenstandsbereiches Emotion sei. In diesem Zusammenhang ist die Frage zu stellen, was die graphische Repräsentation von Emotionen durch die SAMs in dieser Hinsicht zu leisten in der Lage ist.

Das Problem der Verknüpfung von Gegenstandsbereich und Abbildung wird in der *Modelltheorie* thematisiert. Grundsätzlich ist für das Verständnis der Modellfunktionen die Unterscheidung von SARRIS (1971) hilfreich. Demnach kann man unter Modell zum einen die sichtbare Repräsentation von etwas bereits Bekanntem in Miniaturform – seltener in Vergrößerungsform – verstehen (Modelltyp 1); dagegen kennzeichnet den Modelltyp 2 der Bezug auf eine oder mehrere unbekannte Dimensionen. Als Beispiel für den Modelltyp 1 wird der Globus oder die Landkarte genannt, die die Weltoberfläche repräsentieren. Im Fall des Modelltyps 2 stellt der Gegenstand etwas noch Unbekanntes dar, das mittels der Modellmethode „über den Analogieschluss" von den bekannten Modellrelationen auf die unbekannten, empirisch erst noch nachzuweisenden Objektrelationen erkennbar werden soll (SARRIS 1971, S. 331). Dieser Modelltyp 2 wird in besonderer Weise veranschaulicht durch die Phantombilder, mit denen in der Kriminalistik durch Rekon-

struktion vieler einzelner Merkmale ein vorläufiger Schluss auf das
Gesamtporträt des gesuchten Täters ermöglicht werden soll.

Die ausführlichen Analysen und Diskussionen über die prinzipielle
Messbarkeit von Emotionen und die beste Art der Operationalisierung (Gesichtsausdruck, verbale und nonverbale und schließlich psy-
cho-physiologische Tests) lassen eindeutig erkennen, dass die Messverfahren in der Emotionspsychologie nicht einfach etwas
„Bekanntes" messen sollen. Der Gegenstandsbereich soll vielmehr
im Sinne des Modelltyps 2 erst über unterschiedliche Messverfahren
erkundet werden. Gerade in diesem Sinne gewinnen die hier diskutierten SAMs einen besonderen Stellenwert.

Nun erinnert diese Situation an die Erzählungen des Freiherrn von
Münchhausen, der sein Pferd und sich selbst vor dem Versinken im
Moor bewahrt, in dem er sich selbst beim Schopfe packt und mitsamt
dem Pferd hoch und aufs Trockene zieht. Wie kann die Abbildungs-
qualität einer Messung geprüft werden, wenn es keine methoden-
unabhängige Erkenntnis des Gegenstandsbereiches gibt? Dieses Problem wird im Folgenden durch den Nachweis der reflexiven
Bedingtheit im Modellbildungsprozess erläutert.

6.3   Der modellbildende Forschungsprozess

6.3.1   Ein allgemeines Modell

Die Implikationen des Konzeptes Modellbildung durch Messung
sollen im folgenden im Wesentlichen an GIGERENZER (1981) orientiert dargestellt werden, so wie es vom Autor schon früher (FISCHER
1989) im Hinblick auf das Konzept der Arbeitszufriedenheit durchgeführt wurde. Demnach kann die Modellbildung durch Messung
folgendermaßen dargestellt werden:

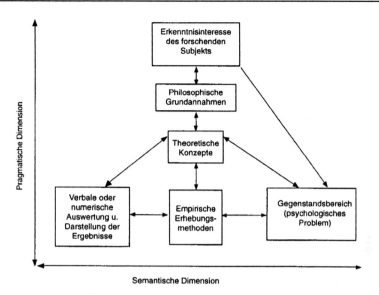

Abbildung 6-1   Elemente des empirischen Forschungsprozesses und ihre Verknüpfungen

Die *pragmatische Dimension* beschreibt die Relation des erkennenden Subjektes und seiner Zielsetzung zum Gegenstandsbereich und zum Modell: *Welche Zielsetzung verfolgt das forschende Subjekt, und ist die theoretische Konzeption der Zielsetzung angepasst?* Ausgangspunkt sind die Erkenntnisinteressen des Forschungssubjektes, die in der Regel auf mehr oder minder reflektierten philosophischen Grundannahmen basieren und eine Festlegung auf bestimmte theoretische und empirische Konzepte implizieren. Dabei kann man sich z.B. vorstellen, dass eine klinisch orientierte Analyse von Emotionen andere Theorien, Methoden und Emotionssegmente im Gegenstandsbereich – z.B. insbesondere Depressivität etc. – in den Vordergrund stellt als Analysen von Emotionen im wirtschaftlichen Bereich, bei denen es auf eine größere Differenzierung eher positiver Stimmungslagen ankommt. Insoweit ist damit zu rechnen, dass die Zielsetzungen der forschenden Subjekte auch die Abgrenzung des Gegenstandsbereichs, die Präferenz für ein bestimmtes empirisches System und seine Repräsentation in dem Berichtssystem beeinflussen. Eine weitere Differenzierung der pragmatischen Situation trägt der modellbildenden Konsequenzen unterschiedlicher theoretischer Konzepte Rechnung, die vom Forscher im Hinblick auf seine Zielsetzung gewählt werden. Diese theoretischen Konsequenzen definieren das empirische System, d.h. also den Fragebogen oder die psychophysiologischen Messverfahren etc.. Wenn man etwa der Zwei-Komponenten-Theorie von SCHACHTER (vgl. SCHACHTER & SINGER 1972) folgt, dann wären psychophysiologische Messverfahren im Zusammenhang mit verbalen Auskünften erforderlich, während andere, z.b. Fragebogenmethoden zwei- oder dreidimensionale Konzepte verfolgen.

Die *semantische Dimension* beschreibt die Relationen des Modells zu seinem Original, d.h. hier konkret: die interaktiven Relationen der von den Befragten empfundenen Emotionen zu dem, was der Forscher über diese Emotionen berichten kann. Hier ist das Problem zu behandeln, wie differenziert und präzise ein gegebenes empirisches Instrument diese Emotionen abzubilden in der Lage ist. *Sind die empirischen Erhebungs- und Analyseverfahren geeignet, den Gegenstandsbereich angemessen abzubilden?*

Dieser semantischen Dimension kommt in der folgenden Diskussion die zentrale Position zu.

6.3.2　Im Fokus: Das semantische Problem bei der Messung

Grundsätzlich können also unterschiedliche Instrumente (Medien) – z.b. ausgehend von unterschiedlichen Theorien – mit unterschiedlichen Begriffs-Implikationen zur Darstellung desselben semantischen Modells herangezogen werden. Als Beispiel führt GIGERENZER den alltagssprachlich organisierten Inhalt an:

„Das Gastarbeiterkind kann sich nicht benehmen."

In lerntheoretischer Sprache kann dieser Satz als:

„nicht erlernte Kontrolle der erwünschten Reaktionen durch jene diskriminativen Reize" dargestellt werden, „welche beim anstoßnehmenden Gastgeber die erwünschten Reaktion kontrollieren" (GIGERENZER 1981, S. 18f.).

Eine andere Möglichkeit böte sich in einer numerischen Abbildung – z.b. durch eine GUTTMAN-Skala –, die den angedeuteten Konflikt als Wert in einer Rangfolge hierarchisch gegliederter Verhaltensreglementierungen darstellen würde. Die Situation kann aber auch analog *sprachlich* als „Elefant im Porzellanladen" oder als „Opfer gesellschaftlicher Zwänge" beschrieben werden oder aber *vollständig analog* durch Mimik und Gestik eines Pantomimen kommuniziert werden.

Ein klassisches Beispiel für die modellbildende semantische Funktion von Medien stellt die bekannte These der sprachlichen Determinierung des Denkens dar (WHORF 1940). Zwischen Objekt und Subjekt vermittelt also die Sprache (vgl. z.B. LEINFELLNER 1967). Dass die Differenziertheit von Sprache in unterschiedlichen Kulturen den funktionalen Erfordernissen des jeweiligen Volkes Rechnung trägt, ist ein klassisches Thema nicht nur der Sozialpsychologie, sondern auch der Ethnologie. So fand schon HOCART (1912), dass ein Reitervolk in Zentralasien für die verschiedensten Arten von Pferden in Abhängigkeit von ihrer Farbe und ihren sonstigen Merkmalen viele spezifische Namen hatte, ohne einen Gesamtbegriff für die Kategorie Pferd im Allgemeinen zu besitzen. Er erklärte dies mit der hervorragenden Bedeutsamkeit der Pferde und ihrer unterschiedlichen Eigenschaften im Alltag dieses Stammes (zu ähnlichen Ergebnissen in anderen kulturellen Kontexten kamen MERKER 1904, BARTON 1930, MALINOWSKI 1930). Es kann also die Schlussfolgerung gezogen werden, dass unterschiedliche Medien eine unterschiedliche Funktionalität möglicherweise auch Leistungsfähigkeit für die Abbildung von Objekten haben, die untersucht werden sollen. In jedem Fall prägen sie in einem interaktiven Verhältnis das Ergebnis mit.

Deshalb erscheint gerade im Hinblick auf die Repräsentation von Emotionen eine Klassifikation von semantischen Modellen der Medien durch GIGERENZER (1981) von besonderer Bedeutung.

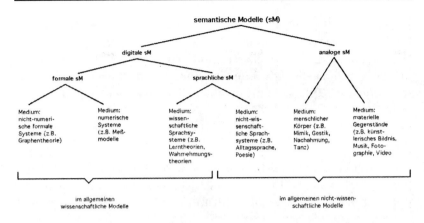

Abbildung 6-2   Semantische Modelle (aus: GIGERENZER 1981, S. 19)

Die Abbildung gibt eine hierarchische Klassifikation von semantischen Modellen wieder. Der erste Split, der digitale von analogen
Modellen unterscheidet, bezieht sich auf die Art des Mediums, in
dem die Modellbildung erfolgt. Digitale semantische Modelle haben
die Eigenart der „Grammatikalität". Das bedeutet primär, dass bei
ihnen die Relationen zwischen den Elementen durch Regeln ausgedrückt werden können. Analoge Modelle verwenden Medien, die
keine oder nur eine geringe Auflösbarkeit in elementare Formationseinheiten besitzen, die also keine explizite Grammatik haben. Dafür
zeichnen sie sich durch eine besonders hohe Anschaulichkeit aus
(„ein Bild sagt mehr als tausend Worte"!). Bei den digitalen Modellen werden wiederum sprachliche und formale Modelle unterschieden, wobei die sprachlichen sich in wissenschaftliche und in alltagssprachliche Systeme aufteilen. Zu den stärker formalisierten
„formalen semantischen Modellen" gehören die numerischen Systeme, z.B. im Sinne von Messmodellen und die nicht-numerischen
formalen Systeme, z.B. die Graphentheorie, wie sie insbesondere
HEIDER (1958), NEWCOMB (1953) bzw. CARTWRIGHT & HARARY
(1956) verwendet haben.

Welche Repräsentation im Hinblick auf Emotionen als besonders
geeignet erscheint, erfordert eine weitere vertiefende Diskussion

insbesondere der pragmatischen Implikationen des Forschungsprozesses.

6.3.3 Das Semantische Problem bei der Abbildung von Emotionen durch die SAMs

Für die wissenschaftliche Verwendung semantischer Modelle ist der
Organisationsgrad des Mediums bedeutsam. Digitale Systeme im
Allgemeinen und numerische im Besonderen sind weitgehend
strukturierte Systeme. Ihr Potential für die Psychologie liegt zunächst
in der reinen Zuordnung von Zahlen, die eine Messung überhaupt
erst ermöglicht; wichtiger noch erscheint aber die Möglichkeit einer
Parallelisierung der Strukturen des Modells einerseits und der psychischen Prozessen andererseits. Eine solche Parallelisierung würde
im fiktiven Idealfall eine eindeutige Abbildung der „tatsächlichen
Emotionen" der Befragten in den Berichtssystemen des Forschers
bedeuten. Alltagssprachlich würde man so eine besonders exakte
Abbildung erreichen, weil die Struktur des Gegenstandsbereiches
sich vollständig in der Struktur der Abbildung wiederfindet. Dies ist
allerdings ein von der Forschungsrealität weit entferntes Ziel.

Dabei sind nämlich zunächst die semantischen Stufen der Modellbildung (STACHOWIAK 1973, GIGERENZER 1981) zu berücksichtigen,
die letztlich als starke Hürden einer solchen optimalen Abbildung
anzusehen sind.

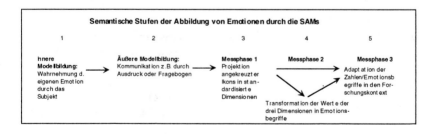

Abbildung 6-3   Semantische Stufen der Abbildung

Die Abbildung des Gegenstandsbereichs erfolgt in einem mehrstufigen Prozess. So muss der Befragte den Gegenstand zuerst selbst gedanklich abbilden, dann dem Forscher gegenüber artikulieren; die Artikulation des Befragten wiederum muss beispielsweise durch Skalierungstechniken numerisch aufbereitet werden. Es finden somit auf mehreren Stufen "Übersetzungen" des Ursprungsgegenstandes in ein jeweils anderes Medium statt.

Das semantische Modell der ersten Stufe: die Wahrnehmung der eigenen Emotionen

Dementsprechend stellte schon das *semantische Modell* der *ersten Stufe* (innere Modellbildung) im Forschungsprozess der Emotionen eine erste Hürde dar, bei der es darum geht, dass die Befragten sich selbst eine wie auch immer geartete Vorstellung über ihre eigene emotionale Befindlichkeit machen.

Rückblickend sei noch einmal daran erinnert, dass wir hier einen Mittelweg zu gehen versuchen. SCHEELE (1990) macht die prinzipiell menschliche Fähigkeit zur Reflexion der eigenen Emotionen (im Sinne des „Forschungsansatzes Subjektive Theorien" [FST]) zum Ausgangspunkt ihrer Überlegungen. Sie fragt – unter Rückgriff auf das epistemologische Subjektmodell des sprach- und kommunikationsfähigen, potenziell reflexiven und rationalen Menschen – nach der Rolle der Reflexivität beim emotionalen Erleben. „Dabei ist auf der Grundlage der rezenten Theorieentwicklung im Sinne einer 'Kognitivierung der Emotionstheorien' das Konstrukt der Reflexivität in diesem Zusammenhang zu präzisieren als 'kognitive Prozesse des Selbst- und Weltbezugs', die mit 'awareness' ablaufen, über die das reflexive Subjekt also Auskunft geben kann oder zumindest könnte" (S. 61).

Wenn wir diese Position als ausschließlichen Ausgangspunkt der Analyse wählen würden, wären solche Ergebnisse wie die in Kap. 2 zitierten von LANG et al. (1997) über die Framing-Wirkungen von emotionsauslösenden Bildern auf den Schreck-Reflex mangels 'awareness' nicht verwertbar. Wir müssten also einen weites Feld psychologischer Forschung von den weiteren Betrachtungen ausschließen. Tatsächlich gehen wir hier von der schon in Kap. 2 ausgeführten Konzeption aus, dass es vorbewusste affektive und kognitive Elemente von Emotionen neben den bewussten gibt. Die Erwartung besteht, dass die graphische Repräsentation von Emotionen eine geringere 'awareness' impliziert als verbale.

Andererseits muss darauf verwiesen werden, dass die Erstellung des Wörterbuchs für die SAMs nur über außerordentliche Bemühungen einer kognitiven Emotions-Analyse möglich war, d.h. es können durch das SAMs Wörterbuch nur solche Emotionen erfasst werden, die den von uns befragten (Studenten-)Experten auf eine (kognitive) Anweisung hin unter „awareness-Bedingungen" tatsächlich (nicht nur prinzipiell) zugänglich waren.

Schon diese erste semantische Stufe ist für die methodenkritische Bewertung der SAMs insoweit von Bedeutung, als es viele Situationen gibt, in denen Menschen ihre Gefühle zu disziplinieren oder auch der Situation „angemessen" (z.B. im Sinne sozialer oder politischer Korrektheit) zu interpretieren suchen, und die Erwartung besteht, dass bei einem eher „spontanen" Messverfahren diese Kontrolle schwächer ausfällt. Diese Frage ist allerdings unmittelbar mit der zweiten Stufe der Modellbildung verknüpft.

Das semantische Modell der zweiten Stufe: die äußere Modellbildung

Damit kommen wir zu dem Problem der *zweiten Stufe* der Modellbildung von Emotionen, nämlich der *äußeren Modellbildung*. Hier geht es also um die Frage des *Ausdrucks der subjektiven emotionalen Empfindungen* in einer solchen Weise, dass sie dem Forscher oder ganz allgemein anderen Menschen zugänglich wird.

Bevor wir auf die Befragungssituation im Speziellen eingehen, sind kurz grundsätzliche Aspekte der Darstellung von Emotionen nach außen zu erörtern. Innere und äußere Modellbildung sind angesichts der sozialen Natur des Menschen – wie sie insbesondere der Symbolische Interaktionismus betont (vgl. zur Übersicht FISCHER & WISWEDE 2001) – nur akzentuierend voneinander zu trennen.

Schließlich ist zu erwarten, dass zur Selbstbeschreibung Kategorien oder Bilder verwendet werden, die auch für die Beschreibung außenstehender Personen verwendet werden und im sozialen Kontext erlernt wurden (vgl. auch den Ansatz der Selbstwahrnehmung von BEM [1972], bei dem das Subjekt für die Selbsteinschätzung die Position von außenstehenden Beobachtern einnimmt).

Allerdings gibt es eine ausgedehnte Diskussion darüber, inwieweit Selbstwahrnehmung von Emotionen tatsächlich dieselben Strukturmerkmale aufweist wie die Wahrnehmung der Emotionen Anderer (und vice versa). Die nach außen erkennbare Verzweiflung eines Subjekts kann, aber muss nicht notwendig eine ähnliche Verzweiflung bei einem Beobachter auslösen (Ideo-Realgesetz v. HELLPACH 1952 bzw. Carpenter-Effekt). Dies dürfte vor allem von der sozialen Beziehung der Kommunikationspartner abhängig sein, die z.B. entweder eine *ähnliche Lagerung* beinhaltet, bei der dann eine Ansteckungswirkung der Emotion durchaus wahrscheinlich ist, oder aber im Falle einer *komplementären Relation* eine ausgleichende Handlung (z.B. Mitleid, Fürsorge) initiieren dürfte.

Grundsätzlich mag das betrachtete Subjekt also vor dem Problem stehen, wie eine Emotion auszudrücken ist. Man kann dies mit SCHEELE (1990) als ein Repräsentationsproblem bezeichnen. Damit ist die Schwierigkeit gemeint, das subjektive Erleben für sich und die Umwelt zu symbolisieren. Diese Frage stellt sich insbesondere dann, wenn es sich *nicht* um solche Emotionen handelt, deren Ausdruck relativ universal auch in anderen Kulturen üblich ist (z.B. weinen aus Trauer). Bei anderen, meist weniger basalen Emotionen (z.B. Nervosität) bestehen Spielräume, die oft adressatenorientiert genutzt werden.

Ein klassischer Strang der Emotionspsychologie beschäftigt sich mit der Symbolisierung von Emotionen durch die Mimik (SCHLOSBERG 1957). Dennoch ist die sprachliche Repräsentation sehr viel differenzierter und umfassender. Auf die Bedeutung der Sprache war schon oben verwiesen worden. Konkret verweist SCHEELE (1990) auf Beispiele dafür, dass Ausländer erst im Umgang mit der Alltagssprache des Gastlandes für spezifische Konnotationen einzelner Worte sensibilisiert wurden.

> „So berichten zum Beispiel 'native speakers' des Englischen/Amerikanischen, die längere Zeit im deutschsprachigen Raum gelebt haben, dass für sie mit dem Deutschen "ich bin böse auf dich" bzw. "bist du böse auf mich?" eine neue, andere Gefühlsqualität als beim Englischen 'I am angry with you' bzw. 'Are you angry with me?' verbunden ist. 'Angry' fühlt sich heller, aktiver im Sinne von ausleben an, während 'böse' dunkler, mehr nach innen wirkt und wegen der Assoziationen zu gut/böse auch irgendwie moralischer ist" (S. 68).

Dieses Zitat macht auch deutlich, dass die Semantik von Worten in ihrer vollkommeneren Differenzierung erst in der Interaktion erlernt wird. Wenden wir diesen Gedanken auf die Anwendung der SAMs an, dann wird deutlich, dass diese Ikons ebenfalls eine gewisse Lernerfahrung voraussetzen dürften. Andererseits ist zu erwarten, dass bei subjektiver Unsicherheit über die soziale Bedeutung der eigenen Auskünfte – d.h. der möglichen Interpretation durch die Rezipienten/Forscher – mit höheren Verweigerungsraten zu rechnen ist.

Dies hängt natürlich davon ab, wie die Befragungssituation von den Befragten sozial interpretiert wird. Dies und weitere mögliche Vor- und Nachteile des Comic-Stils der SAMs werden noch im folgenden Abschnitt behandelt.

Das semantische Modell der dritten Stufe: die Projektion angekreuzter Ikons in standardisierte Dimensionen

Eine *dritte Stufe* der semantischen Abbildung ist in der Zuordnung von (standardisierten) numerischen Werten zu den von den Befragten ausgewählten bildlichen Ikons zu sehen. Im vorliegenden Fall sind dies die numerischen Werte, die den Antworten der Befragten zugeordnet werden, und die Bildung von Mittelwerten bzw. Werteklassen innerhalb von empirisch gebildeten Clustern.

Modelltheoretisch setzt dieser Schritt voraus, dass die graphischen Repräsentationen der Intensitäten in den drei Dimensionen intervallskaliert und normal verteilt sind.

Das semantische Modell der vierten Stufe: die Transformation von Wertkonfigurationen in Emotionsbegriffe

Eine *vierte semantische Stufe* ist wiederum in der Interpretation dieser numerischen Ausdrücke durch den Forscher bzw. die Zuordnung von sprachlichen Begriffen zu diesen numerischen Werteklassen zu sehen. Diese vierte semantische Stufe ist modelltheoretisch besonders voraussetzungsvoll. Die in den drei Dimensionen unabhängig kontinuierlich skalierten Werte sollen in ihren unterschiedlichen Kombinationen *sinnvolle Emotionen* erkennbar werden lassen, obwohl Emotionsbegriffe verschiedentlich eher als *diskrete Merkmale* verstanden werden. Die Untersuchungen von RUSSEL & MEHRABIAN (1977) hatten zwar schon gezeigt, dass dies auf der Basis sprachlicher Skalen in den drei Dimensionen möglich ist, auch die durch emotionale Bilder hervorgerufenen Emotionen bei LANG et al. (1997) bestätigten diese Annahme. Eine relativ genaue Positionierung von Emotionswörtern auf der Basis der SAMs lag allerdings im deutschen Sprachraum bislang noch nicht vor.

Die meisten Untersuchungen, die lediglich Ausprägungen von Personen/Populationen in den drei Dimensionen verwenden (z.B. auch FEIST i.d.B.) überspringen die Umsetzung in Emotionsbegriffe und verwenden lediglich die Skalenwerte zur vergleichenden Interpretation der untersuchten Populationen. Der Inhalt spezifischer Wertekombinationen kann i.d.R. nicht interpretiert werden.

Das semantische Modell der fünften Stufe: die Adaptation der Emotionsbegriffe aus dem Wörterbuch an die inhaltliche Fragestellung

Diese verbalen Begriffe können in unterschiedlichen theoretischen oder anwendungsbezogenen Kontexten auf einer *fünften semantischen Stufe* eine spezifische Bedeutung erlangen.

Wie schon im vorangegangenen Kapitel erwähnt, stellt die Verwendung des Wörterbuches ein heuristisches Prozedere dar, das häufig nur näherungsweise passende Begriffe zur Verfügung stellen kann. Die Anpassung muss unter Berücksichtigung des Forschungskontextes durch den Forscher vorgenommen werden. Interpretationshilfen stellen die Spalte der durch Clusteranalyse als ähnlich ausgewiesenen sonstigen Emotionsworte in der Tabelle sowie die Zusammenstellung der Bedeutungspostulate (vgl. FISCHER, BRAUNS & BELSCHAK i.d.B.) dar.

Die These, die hinter dem hier entwickelten Wörterbuch der Emotionen und seinem pragmatischen Nutzen für Forschung und Anwendung steht, ist darin zu sehen, *dass der komplizierte Umweg über eine zunächst analoge, dann numerische und schließlich sprachliche Abbildung von Emotionen dem Forscher im Vergleich zu verbalen Bekundungen und deren Skalierung eine inhaltlich spezifiziertere Emotionsbestimmung ermöglicht, die zudem in geringerem Maße von sozialer Erwünschtheit und anderen Artefaktquellen verzerrt wird.*

6.3.4 Der Comic-Stil der SAMs und seine modellbildenden Implikationen

Sowohl LANG (1980, 123f.) wie auch HAMM & VAITL (1993) beschreiben lediglich ein großes Interesse der Befragten im Umgang mit den SAMs im Unterschied zu Antworten auf verbale Fragebögen. Man könnte demnach eine relativ hohe Akzeptanz dieses Messinstruments im Vergleich zu Befragungsinstrumenten und entsprechend niedrige Verweigerungsquoten erwarten. Dies ist sicherlich – neben der schon erwähnten Sparsamkeit und der Paralleltest-Reliabilität zu den verbalen Tests von MEHRABIAN & RUSSEL (1978) - ein weiteres sehr wichtiges Qualitätskriterium von Messinstrumenten.

Allerdings ging unsere Erwartung weiter. Die Imagery-Forschung betont, dass Gedächtnisinhalte nicht nur digital sondern auch bildhaft gespeichert werden. Man könnte nun vermuten, dass durch die SAMs ein solcher bildgesteuerter Emotionsabruf ermöglicht wird, der geringeren kognitiven Kontrollen unterliegt als verbale Äußerungen. Man könnte sich also vorstellen, dass die graphischen Präsentationen der SAMs eine schnelle und analoge Messung unterhalb der kognitiven Kontrolle erlauben.

Wenn wir uns den Prozess der Entwicklung des Wörterbuches wie auch seiner folgenden Anwendung (vgl. die folgende Abbildung 6-4) vor Augen führen, dann würde durch ein bildgesteuertes Urteil die Artefaktgefahr deutlich vermindert.

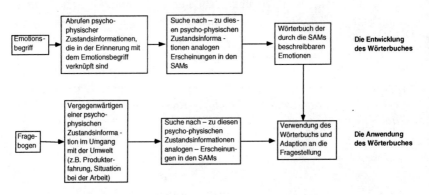

Abbildung 6-4   Abfolge von Modellbildungen bei Entwicklung und Anwendung des Emotionswörterbuches

Zur inneren Modellbildung: Die Imagery-Forschung und ihre Konsequenzen

Das Imagery-Konzept beschäftigt sich mit einer Frage, die an der Schnittstelle von innerer und äußerer Modellbildung liegt. Insoweit man unterstellen kann, dass „innere Bilder" bei der Beantwortung der SAMs eine Rolle spielen, könnte man von einem besonders einfachen, eher spontanen Übergang von der inneren zur äußeren Modellbildung ausgehen.

Die Vermutung liegt nahe, dass die Verwendung von Graphiken bzw. Bildern als Messinstrument Vorteile bietet gegenüber verbalen Tests. KROEBER-RIEL (1993) hebt unter Bezugnahme auf die Imagery-Forschung die besondere Bedeutung der Bildverarbeitung im Zusammenhang der Werbung hervor. Die einfache Grundidee wäre im Zusammenhang der graphischen Emotionsmessung darin zusehen, dass in Analogie zur Wirksamkeit der Bildkommunikation in der Werbung (picture superiority) *die Messung von Emotionen durch ein graphisches Instrument schneller und wirksamer wäre, insbesondere wenn die innere Modellbildung über „graphische Repräsentationen" verfügen würde. Unter Umständen sind auch bei der internen Repräsentation geringere Kontrollprozesse denkbar.* Sollte sich eine solche Annahme bestätigen lassen, wäre prinzipiell einer graphischen Messmethode gegenüber einer verbalen der Vorzug zu geben.

Die These der „Bild-Überlegenheitswirkung", die wesentlich auf PAIVIO (1971) zurückgeht, besagt im Einzelnen, dass Bilder besser als konkrete Wörter erinnert werden und konkrete Wörter besser als abstrakte. Darüber hinaus scheinen Bilder ganzheitlich-analog nach einer räumlichen Logik verarbeitet zu werden, während Sprachinformationen dagegen *sequenziell* und *logisch-analytisch* verarbeitet werden. Der relative Vorteil der Bildkommunikation im Hinblick auf die schnelle Wirksamkeit und geringe kognitive Kontrolle beruht auf der analogen Struktur des Bildes. Das Bild eines Baumes weist eine ähnliche Gestalt auf wie der Baum in der natürlichen Wirklichkeit. Farben, Formen, Größenbeziehungen etc. sind ähnlich wie in der Wirklichkeit. Das Wort Baum hat dagegen keine Ähnlichkeit mit der objektiven Wirklichkeit.

Ein zentrales Axiom der Imagery-Forschung ist also die Feststellung, dass die Gedächtnisleistung für konkretes, bildhaftes Material derjenigen für abstrakte, verbale Leistungen überlegen ist. PAIVIO (1971, 1977) nahm an, dass bildliche Informationen einerseits und verbale Informationen andererseits auch in unterschiedlichen Speicher-Systemen verarbeitet würden (Zwei-Speicher-Modell), die zudem auch in unterschiedlichen Hirnregionen verortet werden können. Das *non-verbale System* (imaginales System; linke Hemisphäre) würde bildliche Informationen in analoger Form verarbeiten und räumliche Strukturen zur Repräsentation der Wirklichkeit entwickeln. Das *verbale System* (rechte Hemisphäre) dagegen arbeite sequenziell und verwende entsprechend auch sequenzielle Strukturen höherer Ordnung. Dabei nimmt PAIVIO durchaus referenzielle Verbindungen zwischen beiden Repräsentationssystemen an, die sich gegenseitig in ihrer Wirkung verstärken können. Die besondere Leistungsfähigkeit der *Bilderinnerung* sieht er darin begründet, dass bei ihr (im Gegensatz zu verbalen Objekten) beide Repräsentationssysteme gleichzeitig zur Wirkung kommen können. Für die These einer typischerweise in der linken Hemisphäre stattfindenden Bildrepräsentation gibt es zahlreiche stützende Befunde. Allerdings ist die Art des Zusammenwirkens beider Hemisphären vorläufig noch unzureichend geklärt (vgl. RICHARDSON 1990), und sie erscheint zudem im gegebenen Zusammenhang nicht von zentraler Bedeutung.

Zur Untermauerung der heuristischen Plausibilität der gedächtnismäßigen Wirksamkeit bildhafter Informationen wird z.B. folgendes Experiment zitiert:

> Fordert man Vpn auf, sich gegenwärtig nicht vorhandene, prinzipiell aber erfahrbare Objekte oder Szenen vorzustellen, können diese introspektiv über Vorstellungen in wahrnehmungsähnlicher Form berichten, die gegenüber unmittelbar sinnlich erfahrenen Objekten als prinzipiell ähnlich, nur etwas schwächer und blasser bezeichnet werden.
>
> SHEPARD (1981) bat Vpn, die Zahl der Fenster ihrer Wohnung aufzuschreiben. Die meisten Vpn berichteten, sie hätten dies getan, indem Sie sich das Bild ihres Hauses innerlich vor Augen geführt hätten. Die so exemplifizierte, prinzipiell unbestrittene Möglichkeit der gedanklichen Entstehung, Verarbeitung und Speicherung von inneren Bildern wird als Imagery bezeichnet (vgl. LEVEN 1995).

Inhalte des Gedächtnisses können demnach also auch in einer nichtverbalen Form gespeichert werden.

Als weiteres typisches Beispiel für die Wirkung von Bildern dient KROEBER-RIEL eine Anzeige, in der ein sportlich gekleidetes Mädchen neben einem Auto abgebildet ist. Die räumlich enge Beziehung zwischen Auto und Mädchen (Kontingenz) führe dazu, dass beide Elemente als zusammengehörende Einheit wahrgenommen werden. Eine solche Assoziation wäre bei einer sprachlichen Umschreibung dieses Sachverhaltes (neben dem Auto steht ein sportlich gekleidetes Mädchen) kaum möglich, weil bei ihrer gedanklichen Verarbeitung logische Kontrollen ausgelöst werden und sie als wenig sinnvolle Aussage erscheinen lassen (1993, S. 28). Tatsächlich ist aus der Werbewirkungsforschung bekannt, dass Informationen, die durch Bilder repräsentiert werden, schneller aufgenommen und besser behalten werden als verbale Informationen. Ihr Informationsgehalt ist allerdings in der Regel auch geringer, weshalb sie auch eher für die periphere Route der Informationsverarbeitung (sensu PETTY & CACCIOPPO 1986) geeignet sind als für die zentrale Route.

Die ursprünglichen Formulierungen von PAIVIO wurden teilweise heftig kritisiert (PYLYSHYN 1973) und dann von ihm revidiert (PAIVIO 1977). Die Kritik bezieht sich insbesondere auf den Tatbestand und das Ausmaß der Transformierbarkeit mentaler Bilder und verbaler Begriffe.

Nach KOSSLYN (1981) werden die internen Vorstellungsbilder in einem analogen Arbeitsspeicher auf der Basis abstrakter Wissensbestände des Langzeitgedächtnisses wie auf einem Bildschirm aufgebaut und dann vom Wahrnehmungssystem in gleicher Weise verarbeitet wie Objekte aus der Außenwelt. Nach anderen Auffassungen verfügen die Befragten über ein „stillschweigendes Wissen" (*tacit knowledge*) hinsichtlich der abgefragten Wahrnehmungen, das ihnen solche Beschreibungen erlaubt, ohne die analogen Bilder tatsächlich zu reproduzieren (PYLSYSHYN, 1981). Jedoch wird gegenwärtig von der überwiegenden Zahl der Forscher der Position von KOSSLYN die größere Tragfähigkeit zugeschrieben (GLASER 1998).

KOSSLYN (1975, 1978) hat zeigen können, dass visuelle Vorstellungen für die Informationsverarbeitung funktional sind, und für einen bestimmten Zweck unter Zeitaufwand „konstruiert" werden. Diskretkategoriale Prozesse und analog-imaginale Wissensinformationen werden bei bestimmten Aufgaben (hier Vergleichsaufgaben) gleichermaßen aktiviert.

Zieht man eine erste Bilanz zur Imagery-Forschung (vgl. WIPPICH 1984), dann kann die Bedeutung der Vorstellungen (Images) für die Informationsverarbeitung nicht übersehen werden. Allerdings ist bislang noch unklar, wie diese Vorstellungen genau zu Stande kommen. Es erscheint sinnvoll, eine abstrakte Wissensbasis anzunehmen, aus der unterschiedliche Formen der Repräsentation gespeist werden können.

LANG (1977, 1980) hat sich in seinen eigenen Ausführungen zum „Emotional Imagery" eher von der Vorstellung einer analogen Repräsentation (Bild im Kopf) von Emotionen distanziert. Er sieht sie eher als ein propositionales Konstrukt an, das aus *stimulus propositions* und *response propositions* besteht. Diese kann man sich als Schemata oder Hypothesen im Sinne der Hypothesentheorie (POSTMAN 1963) darüber vorstellen, wie die physische Welt erfahren wird und welche Reaktionen zur Verfügung stehen. So könnte die Imagestruktur einer Furchtszene aus einem schlagenden Herz, Flucht und Schreien bestehen. Diese Reaktionen könne man dann durch verschiedene psychophysiologische Maße erfassen. Man könnte nun vermuten, dass die SAM-Bilder solchen hypothetischen response propositions entsprechen (z.B. speziell in der Bauchregion erlebte Erregung). Hierzu finden sich bei LANG allerdings keine expliziten Äußerungen.

Für die Anwendung der SAMs bietet das Konzept der Imagery-Forschung bislang nur sehr grobe Hinweise. Es erscheint wahrscheinlich, dass Abbildungen die Informationsverarbeitung erleichtern und deshalb eine zutreffende Beantwortung der Frage nach emotionalen Qualitäten möglich ist. Im Übrigen bleiben allerdings zahlreiche Fragen offen.

Sicherlich ist das Ankreuzen der Bilder der SAMs nicht zu vergleichen mit der Wiedererkennungsrate zuvor gesehener Bilder. Es ist sogar denkbar, dass sie einigen Befragten als „sinnlose Graphiken" erscheinen können. Für solche Stimulus-Vorgaben haben RAFNEL & KLATZKY (1978) zeigen können, dass verbale Etikettierungen von schwer begreiflichen Bildern einer sinnvollen Interpretation hilfreich sind. In solchen Fällen beruht die gedankliche Rekonstruktion sowohl auf bildlichen Vorstellungen wie auf verbalen Verknüpfungen.

Eine Wiedererkennung der Graphiken – die als eine Voraussetzung einer besonders schnellen und fehlerfreien inneren Modellbildung angesehen werden könnte – würde eine Kenntnis (Speicherung) von analogen Bildern erfordern. In dieser Hinsicht muss man die drei Bildreihen differenziert betrachten.

Man könnte sich zum Beispiel vorstellen, dass die Affekt-Bewertung bei den SAMs eine wirksame Analogie zu dem Mienenspiel in der Person-Wahrnehmung darstellt. Das innere Welt eines vergnügten Menschen würde also auf Grund der noch oben gerichteten Mund-winkel etc. wieder erkannt, wie dies für die Untersuchungen von SCHLOSBERG (1952) typisch war.

Strittig ist dabei allerdings die Frage, ob Emotionen eine mehr oder minder starke Verbindung zu ihrem mimischen Ausdruck aufweisen oder nicht und ob man den so hergestellten Zugang zu den eigenen Emotionen über den Emotionsausdruck eines (graphischen) virtu-ellen „Gegenüber" erleichtert wird. Möglicherweise ist nämlich das Eigenerleben von 'Lachen' eher verknüpft mit dem Schema einer gewissen Anspannung der Gesichtsmuskulatur.

Natürlich ist bekannt, dass beklemmende Gefühle einen Druck in der Magengegend verursachen, und dass sich die meisten Menschen in einer für sie aussichtslosen Situation so klein vorkommen, dass sie sich „in ein Mauseloch verkriechen" möchten. Beide introspektiven Erfahrungen werden bei den SAMs zur Repräsentation von *Erregung* und *Dominanz* verwendet. Andererseits entstammt die Graphik für die Messung des *Affekts* wie erwähnt eindeutig der Fremdwahrnehmung. Die Variation des Mundes in Abhängigkeit von guter oder schlechter Laune dürfte den wenigsten Menschen von ihrem eigenen Verhalten her bewusst sein; vielmehr sind wir gewöhnt, diese Variationen im Ausdrucksverhalten anderer Menschen als emotionale Hinweise zu interpretieren. Man wird also davon ausgehen können, dass lediglich im Hinblick auf die Affekt-Dimension ein verbreitetes Image vorliegt, auf das Befragte mit großer Geschwindigkeit und Genauigkeit zugreifen können, während die introspektiven Erfahrungen in den Dimensionen Erregung und Dominanz bei weitem nicht die gleiche Prägnanz erreichen dürften.

Eine erste empirische Annäherung an das Problem wurde versucht durch die Frage, ob Bilder sprachlich oder imaginal kodiert sind. MECKLENBRÄUKER u.a. (1992) stellten fest, dass Bildhaftigkeit und Konkretheit von Worten sich zum Beispiel sehr stark auf die Leistung beim Paar-Assoziations-Lernen (PAL) auswirkten. Wenn es darum geht, wie gut zum Beispiel das Wortpaar "Haus, Bleistift" gelernt werden kann, dann wird üblicherweise ein zusammengesetztes Vorstellungs-Bild generiert, auf dem ein Haus und ein Bleistift in räumlicher Beziehung stehen (PAIVIO 1971, S. 247). In ähnlicher Weise könnte man sich vorstellen, dass bildliche Vorstellungen von Emotionen, die durch sprachliche Begriffe codiert werden, sich besonders leicht auf die SAMs übertragen lassen. Unter dieser Voraussetzung wäre zu erwarten, dass die Standardabweichungen der Urteile unserer an der Entwicklung des Wörterbuches beteiligten Vpn bei den Emotionsbegriffen besonders niedrig sind, die einen besonders bildhaften Charakter aufweisen.

WIPPICH & BREDENKAMP (1979) haben empirisch basierte Wortlisten erstellt, in denen die durchschnittliche Bildhaftigkeit und Konkretheit der Worte festgehalten ist. Unter den 450 Adjektiven konnten wir leider allerdings nur 14 Adjektive finden, die auch in unserer eigenen Emotionsliste mit 150 Items enthalten waren. Die Korrelationen zwischen der Bildhaftigkeit und den Standardabweichungen bei unseren emotionalen Beschreibungen haben zwar alle das richtige Vorzeichen, werden aber aufgrund der geringen Stichprobengröße nie signifikant.

Korrelierte Variablen: Bildhaftigkeit der Adjektive und Stdabw. der Beschreibungsurteile in den SAM-Dimensionen (N=14 Adjektive)	
Valenz	-,047; n.s.
Erregung	-,26; n.s.
Dominanz	-,40; n.s.

Tabelle 6-1   Übertragbarkeit bildlicher Adjektive auf die SAMs

Ein Vergleich der Bildhaftigkeit der emotionale Befindlichkeiten beschreibenden Adjektive mit anderen Adjektiven in der Liste von WIPPICH & BREDENKAMP (1979) zeigt, dass Emotionen eher zu den bildhaften Items zu zählen sind.

Über die 14 Adjektive hinaus konnten noch 19 weitere Substantive gefunden werden, deren Wurzel mit denen der Adjektive der Emotionsliste übereinstimmt. Auf der Basis der nunmehr 33 gemeinsamen Worte hatten zwar die Korrelationen mit der Standardabweichung unserer Pbn-Urteile wieder das richtige Vorzeichen, waren aber in der Regel vollkommen unbedeutend. Aufgrund des geringen Stichprobenumfanges wäre an dieser Stelle jedoch noch weitere Forschung wünschenswert.

Man wird also davon ausgehen können, dass sich eine mögliche Überlegenheit graphischer Verfahren zur Repräsentation von Emotionen – zumindest noch – nicht ausreichend über das Konzept der dualen Kodierung begründen lässt.

Die kurz skizzierte Diskussion lässt deutlich werden, dass zwar eine Reihe von Indizien aus der Imagery-Forschung die Annahme plausibel erscheinen lassen, dass eine graphische Darstellung von Emotionen in Kombination mit verbalen Vorgaben Vorzüge für die innere Modellbildung und damit die „Zugänglichkeit" zu inneren Zuständen aufweisen kann. Grundsätzlich ist jedoch die Imagery-Forschung selbst noch sehr umstritten und lässt keine zuverlässigen Rückschlüsse über die Art der inneren Repräsentationen von Gefühlen zu. Die geringfügigen empirischen Daten reichen zudem bei weitem nicht aus, um einen denkbaren „Bild-Überlegenheits-Effekt" als gewährleistet ansehen zu können. Es ist auch durchaus wahrscheinlich, dass die Kodierung von Emotionen durch die SAMs genauso erlernt werden muss wie diejenige durch das Medium Sprache (vgl. hierzu den folgenden Abschnitt). Diese Überlegung wird in der weiteren Diskussion noch eine Rolle spielen. In jedem Fall scheinen empirische Untersuchungen unter unmittelbarer Verwendung der SAMs zu einer endgültigen Klärung dieser Frage erforderlich.

Die äußere Modellbildung

Auch die Bewertung der äußeren Modellbildung ist u.a. abhängig von den theoretischen Annahmen über Emotionen. Wie in Kap. 2 dargelegt, nehmen verschiedene Autoren für die Basisemotionen genetisch bestimmte, universale Ausdrucksmuster an (z.B. IZARD 1971, EKMAN et al. 1971), die im Zusammenhang der Evolution möglicherweise arterhaltende Funktionen hatten. Schon sehr kleine Kinder können ihrem Wohlbefinden und insbesondere ihrem Unbehagen unmittelbar Ausdruck geben, ohne dass hier differenzierte Attributionsprozesse (im Sinne von SCHACHTER & SINGER 1962) unterstellt werden könnten und ohne dass sie diesen Zustand in irgendeiner Form sprachlich wiedergeben könnten. Tatsächlich wären die Eltern ohne diesen emotionalen Ausdruck zu einer ausreichenden Versorgung ihrer Kinder nicht in der Lage.

Ein weiteres Argument für eine natürliche Verknüpfung ist die Tatsache, dass auch blinde Kinder weinen können. Gerade dieser nicht erlernte, eher unkontrollierte Ausdruck emotionaler Befindlichkeiten wird von vielen Forschern als das besonders typische Charakteristikum von Emotionen angesehen. Die Mimik stellt zunächst ein sehr unreflektiertes und authentisches Medium der Darstellung einer inneren Befindlichkeit dar.

Es gibt allerdings auch viele Indizien gegen eine biologisch fest „verdrahtete" Verbindung von Erfahrungen und emotionalem Ausdruck; so z.B. die Tatsache, dass verschiedentlich bei besonders intensiven Emotionen Verwechslungen des Ausdrucks zu beobachten sind: Menschen, die vor Freude weinen oder auch bei besonders schrecklichen Nachrichten anfangen zu lachen. Sie werden von der Umgebung oft mit peinlich berührtem Erstaunen aufgenommen; dies verdeutlicht, dass einerseits Entgleisungen in der subjektiven Interpretation intensiver Emotionen möglich sind und andererseits relativ starke kulturelle Normen hinsichtlich des – für Außenstehende kontrollierbar – „richtigen" Emotionsausdruck existieren. Dies ist ein Hinweis für die normative Überformung des Emotionsausdrucks in der Öffentlichkeit.

Tatsächlich kann festgestellt werden, dass im weiteren Sozialisationsprozess die willentliche Beherrschung des mimischen Ausdruckes soweit zunimmt, dass er zur systematischen und instrumentellen Gestaltung sozialer Einflussprozesse verwendet werden kann. Die Eltern von kleinen Kindern müssen gerade diese differenzielle Ursachenattribution für das Unbehagen ihrer Kinder (Verlangen nach Befriedigung von Basisbedürfnissen vs. Manipulation) erst im Laufe mehrerer Monate lernen. Wir haben in diesem Fall eine wechselseitige Abhängigkeit des individuellen Ausdrucks, der Selbstwahrnehmung und des sozialen Appells an die Umwelt. ARGYLE (1975) stellte fest, dass die Erkennungsrate von Emotionen nicht nur durch national-kulturelle Barrieren gesenkt wird, sondern dass z.b. Japaner nicht nur eine besonders niedrige Wiedererkennungsrate bei Italienern oder Engländern aufweisen, sondern auch die mimisch dargestellten Emotionen ihres Landsmanns seltener verstehen als Engländer oder Italiener diejenigen ihrer Landsleute. Offenkundig gibt es also einen unterschiedlichen Stellenwert des emotionalen Ausdrucks in verschiedenen Kulturen.

Weitere Ergebnisse der differenziellen Emotionspsychologie, die fast regelhaft eine negative Korrelation von physiologischer Erregung und emotionalem Ausdruck erkennen lassen („Internalisierer" von Emotionen vs. „Externalisierer" ; vgl. zur Übersicht IZARD 1977, S. 102ff.) lassen erkennen, dass neben den sozialpsychologischen Einflüssen auch individualpsychologische Variablen zwischen Erleben und Ausdruck intervenieren. Auch ist zu bedenken, dass sich der Mensch verschiedentlich in Situationen befindet, in denen er über seine Gefühle hinwegleben, sie unterdrücken will (z.B. im Zustand „subjektiver Selbstaufmerksamkeit"). In diesem Fall wird die innere Modellbildung verhindert und eine externe Modellbildung kann nicht zuverlässig erfolgen. Wenn andere Autoren (z.B. GIGERENZER 1981, S. 17) es gerade bei Modellen der ersten Stufe für typisch halten, dass sie nicht einfach „abgeschaltet" werden könnten (vgl. auch das 3. Postulat von ZAJONC [1980]: *Affective reactions are inescapable*), da sie konstitutiv für unser Bewusstsein seien, kann dies empirisch wohl zunächst lediglich als Hinweis darauf gewertet werden, dass die oben angeführte Unterdrückung oder Verdrängung von Emotionen immer nur zu einem beschränkten Teil gelingen kann.

Wenn also der Emotionsausdruck in der äußeren Modellbildung
grundsätzlich sowohl von individualpsychologischen wie auch von
sozialen Faktoren beeinflusst wird, ist zu fragen, welche Konsequenzen diese Forschungsergebnisse für die Anwendung der SAMs haben.

Diese stellen zunächst immer „Berichte über eigene Emotionen" und
nicht deren unmittelbaren Ausdruck dar. Man wird hier eine
besondere *soziale Steuerung* unterstellen können, wie sie bei kommunikativen Akten (z.b. zur Aufrechterhaltung der *Identitätsfassade*
vgl. GOFFMAN 1973, 1974 oder aber zur Aufrechterhaltung der Inti-
mität einer Beziehung durch *Selbsteröffnung* vgl. JOURARD 1964,
1968) üblich sind. Darüber hinaus ist zu berücksichtigen, dass die
Verwendung der SAMs nicht einen normalen interpersonalen Kontext darstellt, sondern ein Element aus dem Werkzeugkasten der So-
zialwissenschaftler, das den für diese typischen Artefaktgefahren
(vgl. z.B. ESSER 1975, BUNGARD & LÜCK 1974) unterliegt.

Eine erste Beurteilung der äußeren Modellbildung ist empirisch –
auch ohne gezielte Untersuchungen – durch die Analyse von Antwortverweigerungen möglich. Dies soll im Folgenden unter Verwendung einiger empirischer Datensätze geschehen, bei der die
SAMs in klassischen Fragebögen (also nicht in Experimenten) bei
Populationen sehr unterschiedlicher sozialer Schichten verwendet
wurden.

Die Befragung eines – bei dem Fragebogen üblicherweise völlig
anonymen – Rezipienten unterliegt einer kommunikativen Dynamik,
die nach KARL BÜHLER (1934) folgende Elemente impliziert:

Funktionen einer Nachricht im Sinne von BÜHLER

♦ **Die Darstellungsfunktion** *bezieht sich auf die* Relation zwischen
  Zeichen und Objekt. *Das Zeichen fungiert in diesem Sinne
  als Symbol für ein Referenzobjekt.* Hier geht es darum, wie
  gut die SAMs prinzipiell geeignet sind, den Gegenstandsbereich der Emotionen wiederzugeben.

♦ **Die Ausdrucksfunktion** *entspricht der* Beziehung zwischen Zeichen und Sender. *Insoweit die Auswahl eines Zeichens oder*

Zeichenkomplexes etwas über den Zustand des Senders aussagt, fungiert das Zeichen als „Symptom" für den Sender. Auf die SAMs bezogen ist zu fragen, wie gut die einzelnen Befragten mit ihnen umgehen können; günstig wäre z.b. die Feststellung, dass diese Graphiken bei allen Befragten eine größere Bereitschaft zur Selbstöffnung provozieren würde.

♦ **Die Appell-Funktion** *entspricht der* Relation zwischen Zeichen und Empfänger *und wird auch als Signal-Funktion bezeichnet. Diese Funktion bezieht sich auf die Absicht des Senders, mittels der Nachricht auf Seiten des Empfängers eine Erlebens- bzw. Verhaltensänderung herbeizuführen.* Die Appellfunktion thematisiert den Tatbestand, dass alle Befragungen in einem bestimmten sozialen Kontext durchgeführt werden, in dem z.b. die Interviewten versuchen, das Forschungsinteresse der Fragenden zu eruieren und sich gegebenenfalls entsprechend (z.b. sozial erwünscht) zu verhalten. So wie sich bei Interviews gezeigt hat, dass die generalisierten Rollenerwartungen der Befragten im Hinblick auf Interviews Konsequenzen für ihr Antwortverhalten haben (ESSER 1975), so zeigt sich dies auch z.b. bei Befragungen in Organisationen (FISCHER 1989, 1991a, 1998, FISCHER u.a. 1998). Insbesondere muss man mit Präsentationsverhalten (z.B. im Sinne sozialer Erwünschtheit; vgl. vertiefend BUNGARD & LÜCK 1974, BUNGARD 1984) rechnen.

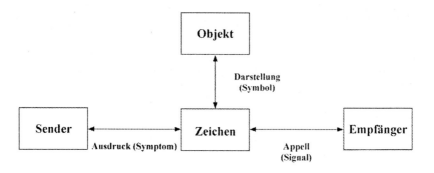

Abbildung 6-5   Das Kommunikationsmodell von BÜHLER (1934)

Fehler oder Mängel in einer beliebigen Funktion müssen die Verwendbarkeit der SAMs als Messinstrument beeinträchtigen. Die Qualität der *Darstellungsfunktion* von Emotionen durch die SAMs zeigt sich in den folgenden Darstellungen in diesem Band. Im vorliegenden Zusammenhang geht es primär um die Frage der *Ausdrucksfunktion* – die mit der inneren Modellbildung korrespondiert – und um die *Appellfunktion*, die den sozialen Zusammenhang der äußeren Modellbildung spezifiziert.

Menschen müssen die meisten Medien, durch die sie kommunikative Akte realisieren (soweit sie über einfache, angeborene Ausdrucksformen hinausgehen) erlernen. Dies ist typischerweise bei sprachlichen Ausdrucksformen grundsätzlich gegeben – wenn auch in höchst unterschiedlichem Ausmaß (z.B. in Abhängigkeit erlernter sprachlicher Gewandtheit und der kulturellen Üblichkeit einer „Selbsteröffnung" über die eigenen Emotionen). Bei der Verwendung der SAMs ist die Bedeutung der Erfahrungsfaktors bislang ungeklärt. Wir können hier vorläufig nur einige Überlegungen anstellen.

Auch wenn bei LANG hierzu keine weiteren Erörterungen zu finden sind, könnte man ihnen zumindest in gewissen Graden den Charakter von *„Ikonen"* zugestehen, die ihre eigene Bedeutung repräsentieren, ohne dass es zu ihrem Verständnis eines spezifischen Code-Konvention bedarf (vgl. STACHOWIACK 1973, S. 163; MORRIS 1938, 1946). Demgegenüber bedarf das richtige Verständnis von Symbolen – z.B. der Sprache – eines solchen von allen Beteiligten verstandenen Codes.

Sollte der Ikonen-Charakter gegeben sein, könnte er einer relativen Universalität des Emotionsausdrucks, nämlich der hier verwendeten, stark schematisierten Gestik, Mimik und Körpersignalen (Schultern und Mundlinie) zugeschrieben werden. In einem solchen Fall könnte man auch eine starke, interkulturelle Invarianz dieser Erhebungsmethode vermuten.

Andererseits ist die schematische Reduktion auf eine Karikatur in einem Fragebogenkontext möglicherweise vielen Befragten fremd und begründungsbedürftig. Es ist zu erwarten, dass gerade solche

Personen, die noch wenig Kontakt mit Karikaturen oder Comics gehabt haben, durch eine solche Fragebogenvariante irritiert werden. Insbesondere die Aufteilung in Dimensionen, die letztlich einem abstrakten Ordnungssystem entspringen, können den Verdacht erregen, dass eine heimliche Bewertung der Befragten vorgenommen würde mit einem – für sie undurchschaubaren – Verfahren. Eine solche Bewertungsangst könnte bei einem niedrigeren Bildungsniveau häufiger vermutet werden, da solche Befragte häufiger in geringerem Maße in der Lage sind, sich in einem universal-kommunikativen System zu bewegen als Menschen mit gehobener Bildung (ESSER 1973). Bisherige Nachprüfungen haben allerdings ergeben, dass die Beantwortung der SAMs nicht mit dem Bildungsniveau (Schulabschluss) kovariiert.

Andererseits ist davon auszugehen, dass die sprachliche Ausdrucksform von Emotionen gerade im Selbstbericht besonderen kognitiven Kontrollen unterliegt, wogegen zu vermuten ist, dass der Forscher durch die Verwendung analoger empirischer Methoden – und hierunter sind die SAMS zu rechnen – Mechanismen der Selbstkontrolle eher zu umgehen in der Lage ist.

Einige empirische Hinweise zur Akzeptanz der SAMs

Eine erste Annäherung an das Problem kann dadurch geleistet werden, dass wir eine Analyse des Verweigerungsverhaltens versuchen. Dabei wird unterstellt, dass solche Personen eher verweigern werden, die die graphische Repräsentation zur Darstellung ihrer Emotionen als weniger geeignet ansehen. So kann man von einer solchen Analyse indirekt Kriterien für die Bewertung ihrer spezifischen Eignung ableiten.

Der Anteil der Verweigerungen schwankt in den unterschiedlichen Untersuchungen relativ stark. Bei repräsentativen *Interviews* kann er bei ca. 1% (Bewertung) bis 5% (*Dominanz*) betragen (BELSCHAK & GRIMMER i.d.B.).

In Fällen einer schriftlichen Befragung haben wir jedoch sehr viel höhere Verweigerungsraten festzustellen (bis zu 45% in der Dimension *Dominanz* bei einer Befragung von Flugreisenden vgl. VOGELSANG 1993). Es liegt nahe, diese Unterschiede auf den höheren Verpflichtungsgrad des Interviews gegenüber dem der Befragung zurückzuführen (ANGER 1969). In jedem Fall zeigt sich, dass die Akzeptanz dieses graphischen Instruments genauer zu prüfen ist. Schon die demographischen Variablen können wichtige Hinweise auf die Art der Perzeption der SAMs aus der Sicht von Befragten liefern.

Das Alter als Akzeptanzbarriere

Insbesondere war aus lerntheoretischer Sicht zu erwarten, dass gerade ältere Befragte mit geringeren Comic-Erfahrungen größere Schwierigkeiten im Umgang mit den SAMs haben sollten als jüngere. Bei einer Befragung von ca. 250 Mitarbeiter(inne)n eines Elektronikunternehmens in Unna (FISCHER & MÖRSCH 1998) zeigte sich, dass Verweigerer bei den SAMs (insgesamt nur ca. 10%) vornehmlich unter den über 45-Jährigen zu finden sind. Obwohl diese nämlich nur 23,4% des Gesamtsamples stellten, gehörten über 52% der Verweigerer zu dieser Gruppe. Bei einer Befragung von ca. 1200 Fluggästen eines großen Touristikunternehmens (VOGELSANG 1993) zeigten sich hochsignifikante Altersunterschiede zwischen Verweigerern und Antwortenden. Die Antwortenden waren 5 Jahre (bei der Dimension *Affekt*) bzw. ca. 10 Jahre (bei den Dimensionen *Erregung* und *Dominanz*) jünger als die Verweigerer! Wenn man also Alter als plausiblen Index für „Comic-Erfahrung" akzeptiert, dann kann gefolgert werden, dass auch die Bereitschaft oder Fähigkeit, die eigenen Emotionen durch die SAMs zum Ausdruck zu bringen, erlernt werden muss.

Bildung

Bei der schichtspezifisch weiter gestreuten Stichprobe der Flugreisenden zeigte sich ein hochsignifikanter aber mäßiger Zusammenhang der SAM-Antwortverweigerungen zur Bildung bzw. zum Einkommen (r=.12 bis r=.18). Es sprechen also eine ganze Reihe von Argumenten dafür, dass die eher für jüngere Befragte und für Befragte der höheren Bildungsschicht typische Comic-Erfahrung eine wichtige Voraussetzung für die problemlose Beantwortung der SAMs ist.

Correlations

		Schulbildung	Geschlecht
Dominanzgefühl	Pearson Correlation	,180 *	-,032
beim Flug	Sig. (2-tailed)	,000	,251
	N	1277	1290
Lust-Unlust im Leben	Pearson Correlation	,085 *	-,008
	Sig. (2-tailed)	,002	,764
	N	1277	1290
Erregungsgefühl im	Pearson Correlation	,147 *	,004
Leben	Sig. (2-tailed)	,000	,872
	N	1277	1290
Dominanzgefühl	Pearson Correlation	,197 *	-,035
im Leben	Sig. (2-tailed)	,000	,210
	N	1277	1290

**. Correlation is significant at the 0.01 level (2-tailed).

Tabelle 6-2   Korrelation der Antwortverweigerung bei vier SAMs-Formen mit Bildung und Geschlecht (Stichprobe VOGELSANG 1993)

Geschlecht

Der Zusammenhang von Antwortverweigerungen zum Geschlecht ist weit weniger eindeutig. Während Männer deutlich unterproportional verweigern (weniger als 50% des Erwartungswertes) ist die Quote bei Frauen entsprechend doppelt so hoch. Dies bestätigte sich in einigen anderen Stichproben (z.B. FISCHER u.a. 1999, RIESENKÖNIG 1999), während sich in der Stichprobe VOGELSANG (1993) keinerlei geschlechtsspezifische Unterschiede fanden.

Persönlichkeitsfaktoren

Bei einer Befragung von über 1000 Mitarbeiter(inne)n von Kommunalverwaltungen in Brandenburg und Sachsen (FISCHER u.a. 1999, RIESENKÖNIG 1999) zeigte sich, dass die Verweigerung der Beantwortung der SAMs mit einigen Persönlichkeitsmerkmalen korrespondierte. Bei dieser Untersuchung enthielt der Fragebogen drei verschiedene Urteile, die durch die SAMs erhoben wurden: Die Bewertung der *Arbeit* (Tätigkeit) insgesamt, eine Bewertung der zukünftigen *Fortbildungen* und schließlich eine Bewertung der eigenen, *persönlichen Zukunft*. Bei den – schon auf der 2. Seite des Fragebogens befindlichen – SAMs zur Bewertung der eigenen Arbeit – gab es näherungsweise 25% Ausfälle. Dieser Anteil an Verweigerern ist deutlich größer als in den Stichproben gewerblicher westdeutscher Unternehmen, bei denen die Ausfälle bei ca. 5-9% lagen.

Die Korrelationen zum psychischen Profil der Verweigerer ergaben folgende Zusammenhänge:

◆ Wer Konflikte als störend empfindet, verweigert eher (r=.13, p<.05).

◆ Wer Erfolge seltener internal stabil attribuierte, verweigerte eher (r=-.13; p<.05).

◆ Wer sich durch schwierige Dinge eher beunruhigen ließ, verweigerte eher (r=.15, p<.05).

Vergleicht man die Antwortverweigerer der SAMs mit dem Antwortverhalten auf konventionelle Zufriedenheits- bzw. Motivationsfragen, dann zeigt sich, dass einerseits unter solchen Befragten, die extrem positive verbale (Zufriedenheits-)Urteile abgeben und andererseits unter den ambivalenten Urteilern („teils-teils") häufig SAM-Verweigerer zu finden sind. Dagegen finden sich unter den eingeschränkt positiv Urteilenden (Realisten) nur selten SAM-Verweigerer.

Insbesondere unter den sehr positiv Urteilenden sind häufig solche Befragte zu finden, die „es allen recht machen" wollen und die in der Umfrageforschung als Personen mit hoher „social desirability" (CROWN & MARLOWE 1960, LÜCK & TIMAEUS 1969), in der Experimentalforschung als „good subject" eingestuft werden (vgl. auch BUNGARD & LÜCK 1974, BUNGARD 1984, FISCHER 1991). Dieses erwünschte Antwortverhalten wird wahrscheinlich durch die SAMs erschwert, da die „soziale Wertigkeit" einer Antwort gegenüber der alltäglichen Kommunikation unsicher, da ungewohnt und unerprobt ist. Aus diesem Grunde ist bei diesen Befragten in der Tat eine besonders häufige Verweigerung gut erklärbar.

Sensible und irritierbare Befragte weichen wahrscheinlich außerdem bevorzugt einer „Selbst-Thematisierung" (im Sinne einer Erhöhung der Selbstaufmerksamkeit, vgl. DUVAL & WICKLUND 1972) durch die SAMs aus.

Diese These wird gestützt durch ein weiteres Ergebnis aus dieser Untersuchung: Bei einer motivationalen Zufriedenheitstypologie (vgl. FISCHER u.a. 1999, 2000a,b) zeigte sich, dass die häufigsten Verweigerungen unter resignierten Befragten (den „Anspruchslos-Unzufriedenen") mit ca. 40% zu finden waren, während demgegenüber bei den „Anspruchsvoll-Unzufriedenen" nur relativ wenige Verweigerer (ca. 18%) zu finden waren. Es zeigt sich also dabei, dass die Fähigkeit oder Bereitschaft zu einem konfliktären Urteil eine Beantwortung der SAMs begünstigt. Auch in der Untersuchung der Flugpassagiere waren SAM-Verweigerer besonders häufig unter solchen Befragten zu finden, die in sozial erwünschter Weise ihre Erwartungen an den Service eher erfüllt fanden. Anders ausgedrückt: Kritische Personen beantworteten auch eher die SAMs.

Es kann hier allerdings nicht weiter untersucht werden, ob es im Falle der Diskrepanzvermeidung eher dissonanz- bzw. selbst-theoretisch begründbare kognitive Prozesse sind, denen das Subjekt aus dem Wege gehen möchte (z.B. Vermeidung einer objektiven Selbstaufmerksamkeit bei einem gesenkten Anspruchsniveau oder bei einem „geschönten" Urteil), oder ob es eher das Problem der erschwerten Kommunikationssteuerung bzw. der „äußeren Modellbildung" (hier konkret: Impression-Management) im Falle der SAMs ist, die zu Verweigerungen führen, da die Befragten hierbei die Schlüsse der Forscher weniger eindeutig antizipieren können als bei verbalen Fragen. Die o.g. schwachen Korrelationen lassen allerdings eher eine geringere innere Bereitschaft vermuten, innere Spannungen überhaupt zuzulassen und dann nach außen erkennbar werden zu lassen.

6.3.5 Schlussfolgerungen

Wir waren ausgegangen von dem Gedanken, dass die piktographische Darstellung von Emotionen eine Messung mit geringerer kognitiver Beteiligung ermöglicht: Unter dieser Voraussetzung könnte man davon ausgehen, dass auch solche vorbewussten Affekte durch die SAMs gemessen werden können, die bei verbalen Befragungen in der Regel „korrigiert" werden. Dabei gingen wir davon aus, dass im Sinne der „response consequences" von LANG (1980) Vorstellungen über körperliche Reaktionen vorhanden sein können, die für die innere Modellbildung dienlich sind, da sie eine gewisse Analogie zu den Bildern darstellen. Diese Hypothese konnte im engeren Sinne nicht geprüft werden.

Dagegen konnte geprüft werden, ob im Zusammenhang der äußeren Modellbildung, nämlich der Bereitschaft der Darstellung der eigenen Emotionen mit Hilfe der SAMs eine besonders große Bereitschaft zur Beantwortung bestand. Die Tatsache, dass insbesondere Personen mit höherem Bildungsniveau eine größere Bereitschaft zeigten, auf die SAMs zu antworten, ist als starkes Indiz dafür zu werten, dass auch deren Beantwortung kognitive Voraussetzungen hat, die erst im Laufe einer Bildungskarriere erworben werden. Allerdings ist die Frage nach wie vor offen, ob die SAMs bei solchen Personen, die bereit und fähig sind, sie als Kommunikationsmedium zu verwenden, Tiefenstrukturen an Emotion erkennen lassen, die anderweitig nicht zu messen wären.

Teil B:
Wirtschaftspsychologische Anwendungen
der Self-Assessment-Manikin (SAM)

Zur Einführung:
Die SAMs in der wirtschaftspsychologischen Anwendung

In diesem Teil des Buches werden wir von verschiedenen Ergebnissen unter Anwendung der SAMs berichten. Dabei geht es insbesondere darum, spezifische Optionen aber auch Probleme bei der Anwendung dieses Instruments zu verdeutlichen.

Zunächst stellt sich die Frage, in welchem Umfang es grundsätzlich möglich und sinnvoll erscheint, SAMs im Hinblick auf unterschiedliche Gegenstandsbereiche zu verwenden. Angesichts der Tatsache, dass wir Emotionen als *Selbst-Welt-Relation* definieren, stellt sich als erstes die Frage, inwieweit empirisch überhaupt Unterschiede in der (Selbst-)Beschreibung auftreten, wenn die SAMs im Fragebogen lediglich mit unterschiedlichen, zu beurteilenden Objekten assoziiert werden.

Grundsätzlich ist ja bei einer solchen Konzeption immer zu bedenken, dass ein schwer abgrenzbarer Teil des Urteils ein mehr oder minder konstantes Selbstkonzept beschreibt und ein ebenfalls nur ungenau beschreibbarer Teil der Varianz auf die Andersartigkeit der in diesem Urteil implementierten Umwelt eingehen sollte.

Eine weitere dazu komplementäre Frage ist darin zu sehen, in welchem Umfang sich die Urteile über die Arbeitssituation auf der Basis der SAMs mit verbalen Urteilen über Zufriedenheit und Motivation decken bzw. sich von ihnen unterscheiden. Diese klassischen Fragen – z.B. zur Arbeitszufriedenheit – lassen sich eher als „Gegenstandsemotionen" beschreiben. Dies ist also die Frage zur konvergenten und diskriminierenden Validität dieses Messinstruments der SAMs im Vergleich zu verbalen Indikatoren von Motivation und Zufriedenheit. Abschließend wird in einer Sekundäranalyse der Daten von FEIST (i.d. Band) die Konvergenz des Wörterbuches aus Kap. 5 mit zahlreichen anderen Emotionsbegriffen dieser Untersuchung verdeutlicht.

7 Zur Differenzialanalyse der Gegenstandsemotionen unter Verwendung der Self-Assessment-Manikin

Lorenz Fischer

Die Sparsamkeit des Erhebungsaufwandes macht es im Fall der SAMs möglich, dieses Instrument in einem Fragebogen zur Bewertung recht unterschiedlicher Gegenstände zu verwenden. Die Verwendung eines einzelnen Messinstrumentes zur Analyse von prinzipiell verschiedenen, jedoch über den Selbstbezug sich teilweise überlappenden Gegenstandsfacetten trägt allerdings die Gefahr in sich, dass (wegen der Strukturidentität des Messinstruments) eine artifizielle Ähnlichkeit dieser unterschiedlichen Gegenstandsbereiche hergestellt wird (vgl. zur Vertiefung das Problem der modellbildenden Wirkungen von Messverfahren GIGERENZER, 1981; FISCHER, 1989).

7.1 Die Bewertung der eigenen Arbeit, der persönlichen Zukunft und der Fortbildungsmöglichkeiten[16]

Bezogen auf unser Problem musste die Möglichkeit kalkuliert werden, dass die Verwendung der Self-Assessment-Manikins für die drei Gegenstandsbereiche:

♦ „Gedanken an die eigene Arbeit"

♦ „Gedanken an die persönliche Zukunft" und

♦ „Gedanken an die nächste Fortbildung"

---

[16] Teile der folgenden Ausführungen basieren auf den Untersuchungen zur Transformation der Kommunalverwaltungen in Sachsen und Brandenburg (vgl. FISCHER u.a. 1999, 2000a, 2000b, i.D. sowie RIESENKÖNIG 2000)

starke Ähnlichkeiten (hohe Korrelationen) produzieren würde. Um diese Artefaktgefahr zu prüfen, wurde zunächst eine Faktorenanalyse unter Verwendung der neun Items (die 3 SAM-Skalen für die drei Gegenstandsbereiche) gerechnet. Dabei stellt sich die Frage, ob die Faktorenstruktur primär durch die Dimensionen der SAMs (Struktur-ähnlichkeit des Messinstruments) oder durch die Gegenstandsbe-reiche bestimmt würde.

Die folgende Korrelationsmatrix (auf der Basis einer Befragung von Kommunalangestellten in Sachsen und Brandenburg) zeigt, dass die affektive Bewertung der Arbeit (SAMS 4.1) die höchste Korrelation aufweist mit dem Potenzgefühl im Hinblick auf die eigene Arbeit (SAMS 4.3). Die Korrelation dieser Dimensionen entspricht den Erfahrungen z.B. von RUSSEL (1979) und anderen Autoren. Aber auch zur Erregung ergibt sich eine mäßige Korrelation.

```
Correlation Matrix:

           SAMS4.1   SAMS4.2   SAMS4.3    FB42A     FB42B    FB42.C   ZUKU52.A ZUKU52.B  ZUKU52.C

SAMS4.1    1,00000
SAMS4.2    ,31033   1,00000
SAMS4.3    ,43309   ,22354    1,00000
FB42A      ,11966   ,08371    ,15293    1,00000
FB42B      ,06146   ,33028    ,12227    ,49752   1,00000
FB42.C     ,15811   ,10515    ,31713    ,60334   ,45438   1,00000
ZUKU52.A  -,14774  -,04038   -,08134   -,11485  -,10134  -,11127   1,00000
ZUKU52.B   ,07482   ,31720    ,04968    ,03026   ,27641   ,05910   -,47728  1,00000
ZUKU52.C   ,12435   ,08832    ,20192    ,11695   ,09523   ,25757   -,53543   ,30288   1,00000
```

Tabelle 7-1   Korrelationsmatrix der drei SAM-Dimensionen bei den Ge-genstandsbereichen Arbeit, Fortbildung und Zukunft

Ähnliche Tendenzen (einer gegenstands-internen Korrelation) sind in dieser Korrelationsmatrix auch bei den anderen Themen festzustel-len. Der Verlauf der Eigenwerte legt gemäß dem Extraktionskri-terium (Eigenwert > 1) die Extraktion von 4 Faktoren nahe, wobei der vierte Faktor immerhin noch 12 Prozent der Varianz erklärt und somit als recht stark anzusehen ist.

Die im weiteren aufgeführte rotierte Faktormatrix zeigt, dass man in der Tat in erster Linie Gegenstandsfaktoren erhält für die Fortbil-dungsbewertung (Faktor 1), die Zukunftsbewertung (Faktor 2) und die Bewertung der Arbeitssituation (Faktor 3). Erst im Faktor 4 wird ein gegenstandsübergreifender Faktor erkennbar, auf dem die Erregungsdimension aller drei Gegenstandsbereiche repräsentiert ist. Es scheint so zu sein, dass die Valenzen und die Potenz eher gegenstandsbezogen empfunden und bewertet werden, während das aktivierbare Erregungsniveau möglicherweise stärker persontypisch ist. Dies entspricht im übrigen der Theorie von MEHRABIAN (1978), der „Abschirmer" (mit Präferenz für geringe Erregung) von „Nicht-Abschirmern" (Präferenz für hohe Erregung) unterschied.

Rotated Factor Matrix:

	Factor 1	Factor 2	Factor 3	Factor 4
FB42A	,86831	,04232	,05383	,00001
FB42.C	,83313	,13635	,23352	-,06109
FB42B	,70729	,01736	-,07935	,51430
ZUKU52.A	-,03518	-,87593	-,02574	-,09039
ZUKU52.C	,13918	,80813	,18358	-,06398
SAMS4.1	,00201	,06618	,81521	,18279
SAMS4.3	,18571	,08821	,81141	,00581
SAMS4.2	,05365	-,05629	,32665	,82283
ZUKU52.B	-,00786	,58179	-,10939	,64114

Tabelle 7-2   Faktormatrizen der SAM-Dimensionen bei drei Gegenstandsbereichen

Diese Faktorenanalyse lässt also erkennen, dass die Verwendung der SAMS für unterschiedliche Gegenstandsbereiche sinnvoll ist und zu differenzierten Ergebnissen führen dürfte.

7.2 Die emotionale Bewertung des eigenen Lebens und der Flugsituation: Optionen der Figur-Grund-Konstellation

Eine andere Möglichkeit, die sich angesichts der kurzen Bearbeitungszeit der SAMs eröffnet, besteht darin, gezielt zwei unterschiedliche Gegenstandsbereiche zu benennen, von denen der eine – in der

Metaphorik der Wahrnehmungspsychologie – als *Wahrnehmungs-hintergrund* und der andere als *Figur* dient. Bei einer Befragung von Flugzeugreisenden (VOGELSANG 1993) wurde die Frage gestellt: „Wenn ich im Flugzeug sitze, fühle ich mich ...." und die SAMs zur Beantwortung vorgegeben. Dieses konkrete Erlebnis sollte als Figur vor dem Hintergrund eines allgemeinen Lebensgefühls erhoben werden.

Und als zweite Frage wurde entsprechend verwendet: „Mein allgemeines Lebensgefühl außerhalb des Flugzeuges ist derzeit..."

Dabei wurde davon ausgegangen, dass das konkrete Erleben des Fluges in Abhängigkeit von dem persönlichen allgemeinen Erfahrungskontext sehr unterschiedlich sein dürfte. Unter Verwendung dieser zwei SAMs-Konfigurationen wurde eine Clusteranalyse[17] errechnet, bei der sich sinnvoll fünf Cluster unterscheiden ließen.

Cluster	Flugempfinden	Lebensemotion	N= 779
Cluster 1	lässig, unvoreingenommen	kontrollierend, nachdrücklich	169
Cluster 2	teilnahmslos	interessiert, stark	78
Cluster 3	skeptisch	unbeschwert	113
Cluster 4	interessiert	euphorisch	59
Cluster 5	entspannt	entspannt	360

Tabelle 7-3   Emotionscluster unter Verwendung von zwei SAM-Urteilen

In der Tabelle 7-3 sind die Cluster-Besetzungen und die Emotionsbeschreibungen für die Gegenstandsbereiche Flugsituation und

---

[17] Die Clusterbildung erfolgte hier und in den folgenden Analysen üblicherweise nach dem sehr vereinfachten Verfahren des „Quick Cluster" im SPSS, wobei eine einigermaßen ausgeglichene Besetzung der Cluster als Kriterium für die Cluster-Zahl verwendet wurde.

Allgemeines Lebensgefühl angegeben. Bei den Clustern 2,3 und 4 ist der durchschnittliche Affekt während des Fluges niedriger als der auf das allgemeine Leben bezogene. Allerdings ist der Unterschied bei Cluster 3 ganz erheblich; gerade im Kontrast zu dem außerhalb des Flugzeuges völlig unbeschwerten Lebensgefühl fällt der eher negative Affekt als Kontrast auf.

Bei Cluster 1 ist im Flugzeug – im Gegensatz dazu – eine höhere Zufriedenheit festzustellen. Bei Cluster 5 ist der Affekt im Flugzeug identisch mit der Bewertung der allgemeinen Lebenssituation. Man kann also bei den Befragten des Cluster 3 von flugängstlichen Personen sprechen. Bei den Befragten des Cluster 4 ist eine gewisse Dämpfung des Gefühls erkennbar ebenso bei Cluster 2, die aber nicht so stark ist wie bei Cluster 3. Die Befragten des Cluster 1 erleben den Flug offenkundig als eine positive, aber nicht besonders stimulierende Umweltbedingung.

Unter den Korrelaten fällt auf, dass in dem ängstlichen Cluster 3 einerseits Frauen überrepräsentiert ($p<.05$) sind und sich hier andererseits besonders wenig Person befinden, die häufig aus Geschäftsgründen mit dem Flugzeug fliegen ($p<.01$). Ganz anders die Situation bei Cluster 5: Über 45 % der Befragten dieses Clusters lassen erkennen, dass sie häufiger auch geschäftlich mit dem Flugzeug unterwegs sind, während dies bei Cluster 3 nur 22 % waren. Bei Cluster 2 ist zwar auch ein relativ hoher Anteil von Personen festzustellen, die geschäftlich fliegen; dennoch ist der Gefühlsbereich während des Fluges in einen neutralen Bereich verschoben, während im Bezug auf das Leben außerhalb des Flugzeugs das Gefühl nicht nur von Interessiertheit, sondern auch von Stärke oder Meisterschaft gekennzeichnet ist. Offenkundig versuchen die Befragten dieses Clusters durch eine Absenkung des Aktivierungsniveaus im Sinne des „Abschirmer-Konzepts" eine gewisse Selbstimmunisierung zu erreichen.

Diese Darstellung dürfte verdeutlicht haben, dass durch Beschreibung und Kontrastierung verschiedener Gegenstandsbereiche durch die SAMs eine anschauliche Gegenüberstellung von emotionaler Befindlichkeit ermöglicht wird.

8 Die Perzeption von Arbeit: Arbeitsemotionen und ihre psychologischen Korrelate

Lorenz Fischer

Im folgenden Abschnitt wollen wir der Frage nachgehen, inwieweit das SAM-Emotions-Konzept ähnliche oder aber unterschiedliche Korrelate aufweist im Vergleich zu Konzepten, die explizit einen motivationalen oder kognitiven Charakter tragen. Methodisch gesehen handelt es sich hierbei um die Frage der konvergenten und diskriminierenden Validität des Messinstruments der SAMs im Vergleich zu verbalen Indikatoren von Motivation und Zufriedenheit. Zunächst soll hier auf Ergebnisse zum Komplex der „Arbeitsemotionen" eingegangen werden, die mit der Frage nach dem Empfinden bei dem Gedanken an die Arbeit provoziert wurden. Anschließend werden wir diese Ergebnisse zu Daten zur Analyse von Arbeitszufriedenheit in Bezug setzen.

Grundlage für die folgenden Betrachtungen der Zusammenhänge zwischen Arbeitsemotionen und anderen kognitiven/ affektiven arbeitsbezogenen Konstrukten bildete eine Befragung von 1061 Kommunalangestellten aus den neuen Bundesländern. Es handelte sich hierbei um eine von der DFG geförderte Untersuchung zur Transformation der Kommunalverwaltungen in Sachsen und Brandenburg (vgl. FISCHER et al. 1999, 2000a, 2000b, i.D. sowie RIESENKÖNIG 2000).

8.1 Eine Analyse der Arbeitsemotionen bei Kommunalangestellten von Sachsen und Brandenburg

8.1.1 Die Struktur der Arbeitsemotions-Cluster

Eine Clusteranalyse der Arbeitsemotionen mit den drei SAM-Skalen unter der Vorgabe von drei zu bildenden Clustern ergab drei Typen von Gegenstandsemotionen, die sich gemessen an den Norm-Werten des SAM-Emotionswörterbuchs (vgl. Kap. 5 und 6 i.d.B.) durch folgende Begriffe am besten beschreiben ließen:

1.	„die Verdrossenen" (n=258)
2.	„die Kalkulierenden" (n=221)
3.	„die Begeisterten" (n=582)

Das für eine differenzielle Analyse zu groß geratene Cluster der *Begeisterten* hätte sich durch eine Erhöhung der Clusterzahl nur begrenzt weiter aufteilen lassen. Offenkundig präsentierte sich ein großer Teil der befragten Kommunalangestellten mit einer „positiven" Fassade.

Die Profile der drei Cluster auf den drei Dimensionen sind der folgenden Abbildung zu entnehmen.

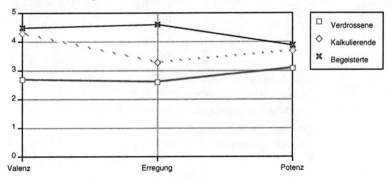

Abbildung 8-1   Konstituierende Variablen der Arbeitsemotions-Cluster

Die drei Cluster lassen sich folgendermaßen kennzeichnen:

Cluster 1: Die Verdrossenen

Die **Verdrossenen** weisen eine – für Zufriedenheitsfragen – erstaunliche *Unzufriedenheit* auf. Üblicherweise ist mit ca. 70-80% „(sehr)

Zufriedenen" zu rechnen (vgl. z.B. FISCHER 1990). Auch eine – vom Range der Antworten her nur mäßige Abweichung in Richtung Unzufriedenheit – ist angesichts der üblichen Tendenz zur „kognitiven Selbstheilung" (WIENDIECK 1980) eindeutig als Unzufriedenheit zu bewerten. Darüber hinaus weisen diese Clustermitglieder eine – im Vergleich zu den anderen Clustern – *niedrige Erregung* (geringe Aktivierung) und eine *niedrige Potenz* (Kompetenz) auf. Ob dies allerdings als resignative Komponente, möglicherweise auch als erlernte Hilflosigkeit zu interpretieren ist, ist angesichts der Tatsache zweifelhaft, dass die eigene Kompetenz ipsativ gesehen die höchste Bewertung dieses Clusters erfährt.

Cluster 2: Die Kalkulierenden

Die Kalkulierenden weisen eine hohe affektive Zufriedenheit auf, die nur geringfügig unterhalb derjenigen der Begeisterten liegt. Diese ist allerdings mit einem gebremsten Temperament verbunden bei einem vergleichsweise hohen Kompetenzgefühl.

Cluster 3: Die Begeisterten

Diese Cluster-Mitglieder zeichnen sich durch den positivsten Affekt verbunden mit hoher Erregung aus. Die hohe perzipierte Potenz rundet dieses positive bis euphorische Bild ab.

8.1.2   Korrelate der Arbeitsemotions-Cluster

Arbeitsemotionen und Arbeitszufriedenheit

Zur Überprüfung der Validität der durch die SAMs gemessenen Arbeitsemotionen wurden noch drei Fragen aus der bewährten Skala zur Messung der Arbeitszufriedenheit [SAZ] (FISCHER und LÜCK 1972, FISCHER 1989) verwendet (s. auch das Einführungskapitel zu Teil B i.d.B.). Sie korrespondierten ausnahmslos signifikant (F-Test $p < .01$) mit der hier verwendeten Emotionstypologie. Ein genauerer

Blick auf die Resultate ermöglicht zugleich ein verbessertes Verständnis der Emotionstypen.

Wie die folgenden Abbildungen zeigen, heben sich in beiden Fragen nur die Verdrossenen von den beiden anderen Gruppen ab, die offensichtlich in der *allgemeinen Arbeitszufriedenheit* eine mehr oder minder identische, extrem positive Arbeitsfreude bekunden (95% bzw. 93% sehr große oder große Freude bei der Arbeit; nur 5% bzw. 7% äußerten ein ambivalentes bzw. negatives Gefühl). Wenn man demgegenüber berücksichtigt, dass auf der Basis der SAMs 24% der Befragten als „Verdrossene" bezeichnet wurden, zeichnet sich auf Seiten der SAMs eine bessere Differenzierungsfähigkeit ab, als sie durch die allgemeinen Fragen der SAZ geleistet werden kann.

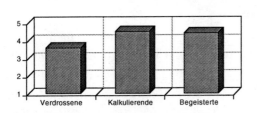

Abbildung 8-2   Arbeitsemotionen und allgemeine Arbeitszufriedenheit[18]

Bei der Interpretation dieser Daten ist allerdings zu berücksichtigen, dass in dieser Nach-Umbruchsituation im Osten Deutschlands der größte Teil der Angestellten sehr froh war, überhaupt eine Arbeit zu haben.

---

[18]   Das Item lautet: „Ich habe richtige Freude an der Arbeit."

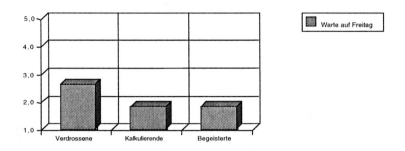

Abbildung 8-3   Arbeitsemotionen und diffuse Arbeitsunzufriedenheit[19]

Das Ausmaß der persönlichen Belastungserlebnisse wurde durch die Frage: *„Ich fühle mich wegen meiner Arbeit oft müde und abgespannt"* erhoben. Häufig heben sich Befragte, die Aufstiegsaspirationen haben, von anderen dadurch ab, dass sie jegliches Abgespanntsein rundweg ablehnen. Diese Befragung ergab, dass wiederum die Verdrossenen das stärkste Gefühl der Müdigkeit zeigen; allerdings zeigt sich hier auch ein Unterschied zwischen den Kalkulierenden und den Begeisterten, wobei letztere die geringsten Belastungsgefühle zeigen. Waren die vorangegangenen Werte der AZ-Items – wie oben schon dargestellt – leicht überdurchschnittlich, so weisen die Belastungsgefühle für die Kommunalstichprobe allenfalls durchschnittliche Werte auf; wenn man allerdings nur Angestellte zum Vergleich nimmt, muss man von einer **eindeutig überdurchschnittlichen Belastung gerade der Verdrossenen** sprechen. Wir fügen hier deshalb repräsentative Vergleichswerte aus FISCHER (1985) ein.

---

[19]   Das Item lautet: „Wenn ich am Montag zur Arbeit fahre warte ich schon wieder auf den Freitag".

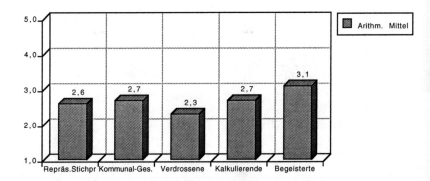

Abbildung 8-4   Arbeitsemotionen und Belastungsgefühle (hohe Werte = geringe Belastung)

Die subjektive Kompetenz (Anstrengungserwartung)

In dieser Befragung gestellte Fragen zur subjektiven Kompetenz können auch im Kontext der Leistungsmotivationstheorie gesehen und als Anstrengungserwartung bezeichnet werden. Diese bezieht sich auf die subjektive Erwartung des Beschäftigten, dass er eine bestimmte Leistung erbringen kann. Diese Erwartung hängt ab von den eigenen Erfahrungen und Beobachtungen im (Arbeits-) Alltag und von dem eigenen Selbstwertkonzept. Dieses Konzept korrespondiert eng mit den differentiellen Konzepten der Erfolgs- bzw. Misserfolgsorientierung (ATKINSON 1957, MEYER 1973, WEINER 1986, HECKHAUSEN 1989, KLEINBECK & SCHMIDT 1983). Weiterhin korrespondiert dieser Begriff mit den Begriffen „internal locus of control" – dem Vertrauen, durch eigene Anstrengung Leistungssituationen bewältigen zu können – und der „self-efficacy" von BANDURA (1977), die von LAZARUS weiter fortentwickelt wurde (1996). Eine starke Überzeugung der Selbst-Effizienz bzw. ein Dominieren der Erfolgshoffnung über die Misserfolgsfurcht wird durch selbstwertdienliche Attribution gefördert. Solche Personen neigen im Erfolgsfall zu einer intern-stabilen Attribution („Ich bin begabt" vgl. WEINER et al. 1972) und im Fall des Misserfolges zu einer externen

und instabilen Attribuierung („Zufall"). Auch wenn der Sprach-
gebrauch Selbsteffizienz eher als Persönlichkeitsvariable darstellt,
sprechen die bisherigen experimentellen Ergebnisse eher für starke
situative Wirkungen. Menschen attribuieren also nicht regelmäßig
selbstkonzeptförderlich oder -hinderlich, sondern durchaus (vermutlich nach ihren bisherigen Erfahrungen) situativ unterschiedlich. Für
Organisationen ist es deshalb sicherlich erstrebenswert, solche Rahmenbedingungen zu schaffen, unter denen Erfolgshoffnungen der
Mitarbeiter nicht systematisch gestört werden, da in einem solchen
Fall Eigeninitiative und Engagement geschwächt würden.

Als Indikatoren für die *Anstrengungserwartung* wurden von uns
folgende Fragen verwendet:

- Was auch immer passiert, ich werde schon klarkommen (p<.01).[20]
- In Konfliktsituationen mit anderen weiß ich mir meistens zu helfen (p<.01).
- Wenn ich mit meinen Vorstellungen auf Widerstand stoße, finde ich Mittel und Wege mich durchzusetzen (p<.01).
- Was ich mir vornehme, schaffe ich auch (p<.01).
- Mich reizen Situationen, in denen ich meine Fähigkeiten testen kann (p<.01).
- Dinge, die etwas schwierig sind, beunruhigen mich (p<.01).
- Ich werde oft erst richtig aktiv, wenn eine Sache schwierig ist (n.s.).

Gegenüber diesen grundlegenden Anstrengungserwartungen, die
gewisse persönlichkeitspsychologische Züge aufweisen und eher das
prinzipielle Kompetenzgefühl in mehr oder minder beliebigen Situationen betreffen, erstellten wir zusätzlich noch Fragen, die tendenziell eher die *Fachkompetenz* betrafen:

---

[20] In den gekennzeichneten Items unterscheiden sich die Arbeitsemotions-
cluster signifikant.

- Wenn es um meine tägliche Arbeit geht, stehe ich fachlich auf sicherem Boden (p<.01).

- Wenn die Karre im Dreck steckt, habe ich häufig gute Ideen, wie man da wieder herauskommt (p<.01).

- Ich arbeite gerne an Aufgaben, bei denen noch nicht alles bis ins Kleinste geregelt ist (p<.05).

- Den Anforderungen, die das neue Verwaltungssystem stellt, fühle ich mich gewachsen (p<.01).

Bei allen gekennzeichneten Items weisen die *Verdrossenen* signifikant schlechtere Werte auf. Das bedeutet, dass in diesem Cluster bevorzugt solche Mitarbeiter zu finden sind, die ihre eigene Kompetenz eher kritisch einschätzen und den alltäglichen Dienst problematisieren. Dies bedeutet für diese Personen zunächst einmal einen erhöhten psychologischen Aufwand, der auch Hemmungen (siehe auch die zuvor diskutierten subjektiven Barrieren) im Alltagshandeln bewirkt. Allerdings ist zu berücksichtigen, dass die Unterschiede zwar signifikant sind, aber im Durchschnitt nicht einmal einen vollen Punktwert auf der Rangskala der Selbsteinschätzung ausmachen.

In diesem Kontext ist es sicherlich von Interesse, inwieweit dieses subjektiv schwache Selbstkonzept mit möglichen objektiven Defiziten im Wissensbereich korrespondiert.

Subjektive Kompetenz und objektives Wissen

Um grobe Anhaltspunkte dafür zu bekommen, wie möglicherweise die *objektive* Kompetenz unserer Arbeits-Emotionscluster einzustufen sei, wurden – wie weiter oben schon eingehender erläutert – eine Reihe von Wissensfragen eingefügt. Hierbei ging es um Fragen zum Aufgabenbereich der kommunalen Selbstverwaltung sowie der Gültigkeit einschlägiger EU-Regeln im Zusammenhang mit der kommunalen Verwaltung.

Lediglich zwei dieser Wissensfragen wiesen signifikante Unterschiede zwischen unseren Clustern auf. Die *Verdrossenen* wiesen erstaunlicherweise tendenziell die meisten richtigen Antworten auf und dies ungeachtet ihres subjektiv schwächeren beruflichen Selbstkonzepts. Das kritische Selbstkonzept korrespondiert also nicht mit einem geringen objektiven Wissen.

Arbeitsemotionen und Attribution

Wie schon erwähnt, ist davon auszugehen, dass die Erfolgshoffnung bzw. die Effizienzerwartungen in hohem Maße von Attributionsprozessen abhängig sind. WEINER et al. (1972) sowie HECKHAUSEN (1989) betonen, dass Misserfolge bei Misserfolgsmotivierten (aufgrund der ihnen eigenen Tendenz zur Attribution von Misserfolgen auf stabile Ursachen) zu einer Verringerung der Anstrengungserwartung führen.

Wir stellten entsprechend dem Vierfelder-Schema von WEINER die Frage:

Wenn ich meine Prüfung bei den Fortbildungen mit Erfolg abgeschlossen habe, dann liegt das normalerweise daran,
1. dass der Stoff doch recht einfach ist (extern stabil)
2. dass ich im Regelfall gute Leistungen erbringen kann (intern stabil)
3. dass meine Anstrengungen sich gelohnt haben (intern variabel)
4. dass ich auch einmal Glück gehabt habe (extern variabel)

Die drei Gruppen unterschieden sich signifikant lediglich im Hinblick auf das Ausmaß der latenten intern-variablen Erfolgsattributionen: Die Verdrossenen lehnten am häufigsten (nahezu 30%) die Vorstellung ab, dass der Erfolg von den eigenen Anstrengungen abhinge. Insoweit haben wir hier eine Bestätigung der attributionstheoretischen „self-fulfilling-prophecy" der Misserfolgserwartung durch eine nicht-selbstwerdienliche Attribution von Leistungsergebnissen. Verdrossene stellen also mit großer Wahrscheinlichkeit für Fortbildungen besonders schwierige Fälle dar.

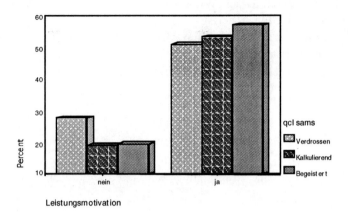

Abbildung 8-5   *Wenn ich meine Prüfungen bei den Fortbildungen mit*
                    Erfolg abgeschlossen habe, dann liegt das normalerweise
                    daran, dass meine Anstrengungen sich gelohnt haben.

8.2 *Zukunftsemotionen bei Kommunalangestellten von Sachsen und Brandenburg*

Das Denken und Verhalten in der Gegenwart wird indirekt in hohem Maße von den Zukunftserwartungen beeinflusst. Die zweite Gegenstandsfacette, die wir in diesem Zusammenhang deshalb mit den SAMs untersuchen, ist die Bewertung der persönlichen Zukunft..

8.2.1 Eine Clusterbildung

Der hier verwendete Begriff der Zukunftsemotionen setzt die Annahme voraus, dass Menschen mehr oder minder generalisierte Erwartungen haben im Hinblick darauf, was ihnen die Zukunft bringen wird. Wer große Ziele hat und die Erwartung, dass diese sich erfüllen, hat Hoffnung im Hinblick auf die Zukunft (STOTLAND, 1969). Bedeutende Ziele mit geringer Realisierungswahrscheinlichkeit erzeugen Angst und Depression. Das Hoffnungspotential – soweit es realitätsorientiert bleibt – ist ein Zeichen psychischer Gesundheit. Nach STOTLAND ist derjenige, der alle Hoffnung auf persönliche Zielerreichung in der realen Welt verloren hat und sich deshalb seine eigene irreale Welt schafft, im Extremfall als schizophren zu bezeichnen.

Auch zu dieser Einstellung wurde also eine SAM-Frage gestellt: „Wie ist Ihr Gefühl, wenn Sie an Ihre persönliche Zukunft denken?" Eine Drei-Cluster-Analyse der Zukunftsemotionen erlaubt eine Zuordnung der Befragten in einer einigermaßen ausgewogenen Aufteilung. Bei einer Zuordnung von Emotionsbegriffen zu den oben angeführten arithmetischen Mitteln der Cluster auf der Basis unseres Wörterbuches lassen sich die Cluster folgendermaßen beschreiben:

Cluster 1	n= 437	Reserviert, Verwundert
Cluster 2	n=411	Unverzagt, Kooperativ, Unvoreingenommen
Cluster 3	n=139	Furchtsam, Ängstlich, Abgelehnt

Tabelle 8-1 Cluster der Zukunftsemotionen

Die Beschreibung dieser Cluster unterscheidet sich deutlich von der Beschreibung der vorher genannten Arbeitsemotions-Cluster, auch wenn natürlich gewisse Parallelen erkennbar sind. Dass Menschen *ängstlich* in die Zukunft sehen, ist auch alltagssprachlich eine übliche Bezeichnung. Für diese Menschen ist ein negativer Affekt, eine relativ starke Affizierung durch die Umwelt (Erregung) und eine geringe Kompetenzerwartung kennzeichnend.

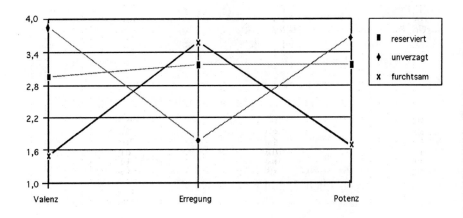

Abbildung 8-6   Graphische Repräsentation der Cluster in den drei Dimensionen

Diese Gruppe kommt dem nahe, was als Depression bezeichnet wird. Eine ***unverzagte*** Lebensperspektive erscheint demgegenüber kennzeichnend für Personen, die sich durch möglicherweise anstehende Schwierigkeiten nicht beunruhigen lassen wollen, also ein niedriges Erregungsniveau (d.h. hohe Abschirmung) bei positivem Affekt und großem Kompetenzgefühl aufweisen. Die Bezeichnung ***reserviert*** dürfte auf solche Personen zutreffen, die sich selbst und ihre Emotionen auf einem mittleren Niveau zu kontrollieren versuchen (keine übertriebene Hoffnung oder Furcht) und ihre Ressourcen beobachten, um handlungsfähig zu bleiben (vgl. KUHL & BECKMANN, 1994).

8.2.2   Mögliche Ursachen von Zukunftsemotionen

Bei der Betrachtung der potentiellen Ursache einer ängstlichen, unverzagten oder reservierten Zukunftsbewertung dürfte angesichts des notwendigen Personalabbaus vieler Kommunalverwaltungen die perzipierte Arbeitsplatzsicherheit eine zentrale Rolle spielen. Zur

Operationalisierung waren zwei Items aus den Skalen zur Messung von *Arbeitsplatzunsicherheit* (BORG 1992, s. o.) verwendet worden.

Die Zukunftserwartung kovariiert recht eng mit der *Befürchtung des Arbeitsplatzverlustes.* „Die Vorstellung, meine Arbeitsstelle zu verlieren, belastet mich" (emotionale Arbeitsplatzunsicherheit) steht mit den Zukunftsemotionen in einem hoch signifikanten Zusammenhang (F = 40.2, p = .000) und lässt erkennen, dass die Unverzagten sich am wenigsten, die Reservierten mittelmäßig und die Ängstlichen besonders große Sorgen machen. Es scheint, dass die Abschirmung der Unverzagten ihre subjektiven Früchte trägt. Die Unterschiede zwischen allen drei Clustern sind signifikant auf dem 5%-Niveau.

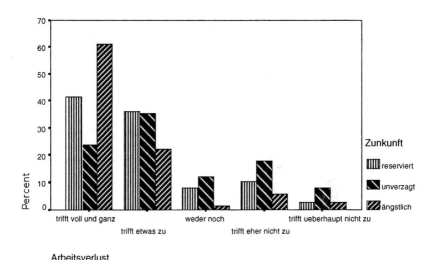

Abbildung 8-7   Zukunftsemotionen und Antworten auf die Frage: „Die Vorstellung, meine Arbeitsstelle zu verlieren, belastet mich".

Noch stärker ist der Zusammenhang zur *objektiven* bzw. der *kognitiven Arbeitsplatzsicherheit* „meine Arbeitsstelle ist mir sicher". Hier erreicht der F-Wert einen Spitzenwert von 72,8, und die Reihenfolge ist dieselbe wie auch bei der subjektiven Arbeitsplatzsicherheit: Die Unverzagten haben den besten Wert und die Ängstlichen den schlechtesten Wert, wobei auch hier alle drei Cluster sich signifikant unterscheiden.

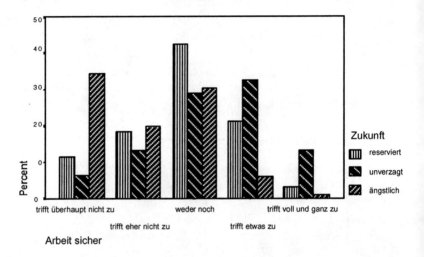

Abbildung 8-8   Zukunftsemotionen und Antworten auf die Frage: „Meine Arbeit ist mir sicher"

Es hat sich also gezeigt, dass die Perzeption der Arbeitsplatzsicherheit einen starken Einfluss auf die Bewertung der Zukunft ausübt (die korrelativ ebenso gut mögliche Annahme eines „Framing" der allgemeinen Zukunftsemotionen für die Beurteilung der Arbeitsplatzsicherheit erscheint weniger stringent), bzw. die Zukunftsemotionen eine psychologisch besonders gut differenzierende Variable hinsichtlich konkreter Zukunftserwartungen darstellt. In diesem Zusammenhang können auch die demographischen Variablen unterschiedliches Gewicht erlangen. So könnte man sich vorstellen, dass Alter, Kinderzahl und Geschlecht einen Einfluss auf die Zukunftsangst haben.

Hinsichtlich des Geschlechts ist allerdings eine nahezu perfekte Zufallsverteilung festzustellen. Angesichts der Tatsache, dass bei der Zukunftsbewertung die Arbeitsplatzunsicherheit eine signifikante Rolle spielt, ist dieses Ergebnis so zu interpretieren, dass für Frauen die Berufsrolle entsprechend der DDR-Tradition dieselbe Bedeutung hat wie für die Männer. Auch der Familienstand lässt keine signifikanten Zusammenhänge zur Zukunftsbeurteilung erkennen.

Ein signifikanter Zusammenhang ist aber zu der Zahl der Kinder festzustellen. Der Zusammenhang ist nicht linear. Die Befragten ohne Kind sind bei den Reservierten überrepräsentiert, während die Personen mit einem Kind besonders häufig bei den Unverzagten zu finden sind. Befragte mit drei und mehr Kindern sind bei den Ängstlichen deutlich überrepräsentiert. Dies erscheint plausibel, da der finanzielle Aufwand für drei Kinder im Fall der Arbeitslosigkeit natürlich weniger leicht durch Improvisation ausgeglichen werden kann als bei einem Kind. Eine Kausalaussage in dem Sinne, dass die Zahl der Kinder „Resultat" einer ängstlichen Zukunftssicht seien, erscheint demgegenüber sehr gewagt.

Ein anderer signifikanter Zusammenhang besteht zwischen der **vermuteten wirtschaftlichen Zukunft der eigenen Gemeinde** und der **eigenen Zukunftserwartung**. Hier ist der Zusammenhang hochsignifikant ($p < .0001$) mit einem $F = 37.0$. Auch hier ist wiederum die Reihenfolge dieselbe: Die Unverzagten sehen die wirtschaftliche Zukunft der Gemeinde als eher unproblematisch an, während die Ängstlichen sie am ehesten als problematisch ansehen. Auch hier unterscheiden sich die Urteile aller Gruppen untereinander in signifikanter Weise.

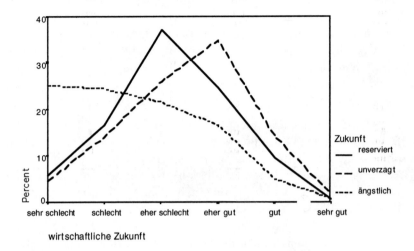

Abbildung 8-9   *Die individuelle Beurteilung der wirtschaftlichen Zukunftschancen der Gemeinde in Abhängigkeit von den Zukunftsemotionen*

8.3 Abgrenzung der Zukunftsemotionen von den Arbeitsemotionen

Schon verschiedentlich haben wir das Problem angesprochen, dass emotionale Bewertungen von Umweltereignissen eine persönlichkeitsspezifische Komponente haben. So kann man annehmen, dass Verdrossene eher ängstlich, Kalkulierende eher reserviert und Begeisterte eher unverzagt in die Zukunft schauen. Die folgende Kreuztabelle zeigt in der Tat, dass es einen solchen signifikanten Zusammenhang zwischen der Zukunftserwartung und der Bewertung der gegenwärtigen Arbeit gibt.

Andererseits lassen sich aus der grundsätzlich verschiedenen Besetzung der Cluster auch andere Schlussfolgerungen ziehen. Ca. 45% aller Antworten deuten einen *reservierten* Blick in die Zukunft an.

Unter ihnen sind nicht nur die *Verdrossenen*, sondern auch die *Kalkulierenden* überproportional vertreten. Neben den möglicherweise persönlichkeitsspezifischen Charakteristika wird dieser Blick in die Zukunft eben auch durch situative Gegebenheiten beeinflusst. Die Arbeitsplatzsicherheit wurde von der Mehrheit der Befragten als fraglich angesehen – wie man heute weiß völlig zu Recht. Dies dürfte der realistische Hintergrund dafür sein, dass insgesamt die Zukunft kritischer gesehen wird als die gegenwärtige Arbeitssituation. Dies schlägt sich in der folgenden Kreuztabelle entsprechend nieder.

```
QCL_SAMS   qcl sams   by   ZUKUNF   Zunkunft


                      ZUKUNF                      Page 1 of 1
            Count
            Exp Val   Reser-  unverzagt ängstlich
            Row Pct   viert                         Row
            Col Pct        1|       2|       3|    Total
QCL_SAMS          ----
              1      131      67       46        244
 Verdrossene       108,6    101,6     33,8      24,8%
                   53,7%     27,5%    18,9%
                   30,0%     16,4%    33,8%

              2      104      61       29        194
 Kalkulierende      86,3     80,8     26,9      19,8%
                   53,6%     31,4%    14,9%
                   23,8%     14,9%    21,3%

              3      202      281      61        544
 Begeisterte       242,1    226,6     75,3      55,4%
                   37,1%     51,7%    11,2%
                   46,2%     68,7%    44,9%

         Column      437      409      136        982
          Total      44,5%    41,6%    13,8%    100,0%

       Chi-Square          Value          DF      Significance
------------------------   -----------    ----    ------------

Pearson                     51,91358         4          ,00000
```

Tabelle 8-2   *Differenzielle Verteilungen von Arbeits- und Zukunftsemotionen*

Die differenziellen Verteilungen von Arbeits- und Zukunftsemotionen korrespondieren also sinnvoll mit objektiven Merkmalen beider Gegenstandsbereiche.

Es hat sich also gezeigt, dass es durchaus sinnvoll sein kann, die SAMs zur Messung unterschiedlicher Objekte in ein und demselben Fragebogen zu verwenden ohne auf der Messtechnik beruhende Artefakte zu produzieren.

8.4   Konvergente und diskriminante Validität eines motivationalen Konzeptes und den arbeitsbezogenen SAMs

Im Folgenden soll die Relation des Konzeptes der Arbeitsemotion mit einem motivationalen Zufriedenheitskonzept untersucht werden, das aufgrund verschiedener Publikationen sehr vielversprechend erschien und aufgrund seiner Differenziertheit und der Basiskonzeption einer Differenz von Erwartung und tatsächlicher Gegebenheit (vgl. z.B. BRUGGEMANN u.a. 1975) als ein relevanter Vergleichsmaßstab erscheint.

8.4.1   Prüfung einer Parallelität zu den Ergebnissen von KLAGES, GENSICKE & HAUBNER (1994)

Der erste Abschnitt des Fragebogens für die Kommunalverwaltungen in Sachsen und Brandenburg (vgl. FISCHER u.a. 1998, 1999, 2000, RIESENKÖNIG 2000) beinhaltete Fragen über die subjektive Wichtigkeit verschiedener Aspekte der eigenen Arbeitssituation und gleichzeitig Fragen dazu, inwieweit diese wünschbaren Charakteristika gegeben seien. Die Konzeption der Fragen war angelehnt an ein Konzept, das von KLAGES, GENSICKE und HAUBNER (1994) als Instrument zur Mitarbeiterbefragung für die Verwaltungsmodernisierung entwickelt worden war. Die Fragen nach der Wichtigkeit der verschiedenen Aspekte werden als „Bedürfnisse" aufgefasst und konfrontiert mit dem Ausmaß der Realisierung dieser Bedürfnisse. Die Ergebnisse von KLAGES und anderen ließen interessanterweise einen Trichter- oder Schereneffekt erkennen, der darin bestand, dass

die von den Mitarbeitern als *besonders wichtig erachteten* Aspekte
der Tätigkeit („Bedürfnisse") tatsächlich als *besonders wenig zufrie-
denstellend* empfunden wurden; demnach wurden also die Merkmale, die an der Spitze der Bedürfnisskala (i.S. von MASLOW 1954)
stehen, in besonders geringem Maße befriedigt. Dies sind nun allerdings die *intrinsischen Bedürfnisse*, die im Sinne des HERZ-
BERGschen Ansatzes (1966, et al. 1959) als Motivatoren bezeichnet
werden können.

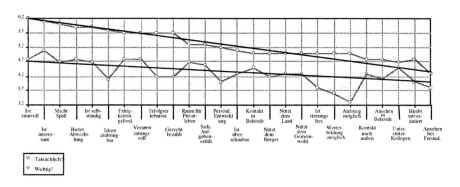

Abbildung 8-10 Der Trichtereffekt (KLAGES, GENSICKE & HAUBNER 1994)

Vergleichen wir nun die Ergebnisse von KLAGES u.a.. (1994) mit den
unseren[21] in der folgenden Abbildung, dann zeigt sich, dass der von
KLAGES u.a. erwartete Trichtereffekt tendenziell in inverser Form
auftritt, dass nämlich größere Differenzen zwischen Soll und Ist eher
bei den extrinsischen Dimensionen vorkommen, während sie bei den
intrinsischen relativ schwach bleiben. In der Abbildung ist dies an
dem Abstand der oben verlaufenden dreifachen Linien für die
„wichtig" – Urteile gegenüber der dreifachen Linien der Urteile für
„gegeben" zu erkennen. Bei dem Vergleich ist zu berücksichtigen,
dass in der vorliegenden Untersuchung nur eine Auswahl der Origi-

---

[21] Wegen des Umfangs der hier berichteten Untersuchung musste die Fra-
gebatterie von KLAGES u.a. (1994) gekürzt werden.

nal-Items verwendet werden konnte, und dass sich aus den Antworten der Befragten eine andere Reihenfolge der „Wichtigkeit" ergab.

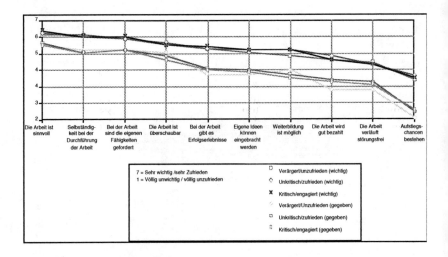

Abbildung 8-11   *Resultate einiger Items aus dem Befragungskonzept von* KLAGES *und* GENSICKE *(1994) in der vorliegenden Untersuchung*

Der **stärkste Unterschied** bezieht sich auf die **Aufstiegschancen**, die von den Befragten als die am **wenigsten bedeutungsvolle Dimension** angegeben werden, während die intrinsischen Aspekte (Sinn und Selbstständigkeit) den geringsten „gap" aufweisen. Bezüglich der Motivation bedeutet dies, dass entweder eine „kognitive Selbstheilung" (WIENDIECK 1980) stattgefunden hat, indem die Ansprüche bei den wichtigen intrinsischen Aspekten an die (subjektive) Realität angeglichen wurden, oder aber, **dass von vornherein auch die intrinsischen Ansprüche einen** – im Gegensatz zu den Ergebnissen von KLAGES et al. (1994) – **relativ guten Fit mit der Realität** aufweisen. Die späteren Ergebnisse werden zeigen, dass eher letzteres zutrifft. Grundsätzlich ist es natürlich für Organisationen weniger attraktiv, Organisationsentwicklung im Hinblick auf solche Gegebenheiten zu betreiben, bei denen die

Befragten zwar Lücken reklamieren, die ihnen gleichzeitig aber auch wenig wichtig sind.

8.4.2 Die „Anspruchsregulation": Eine Clusteranalyse über die Anspruchs- und Realisierungsitems

Angesichts der Unmöglichkeit, die Relationen zwischen den verschiedenen Items des ersten Fragenkomplexes psychologisch-nomologisch zu interpretieren, wurden alle Items des ersten Fragenkomplexes (Soll- und Ist-Werte) gemeinsam einer Clusteranalyse unterzogen. Dabei wurden vier Cluster vorgegeben, weil sich in verschiedenen Untersuchungen zur Arbeitszufriedenheit herausgestellt hat, dass empirische Versuche zur Bildung von nur vier unterschiedlichen *Typen* von Arbeitszufriedenheit (nach dem Scheitern außerordentlich differenzierter Typologien wie etwa derjenigen von BRUGGEMANN et al. 1975) durch die einfache Kombination der Variablen *Anspruch* und *Zufriedenheit* (selbst mit recht unterschiedlichen Messverfahren) zum Erfolg geführt haben (vgl. FISCHER 1989, FISCHER & EUFINGER 1991).

Eine solche Typologie kann etwa folgendermaßen aussehen:

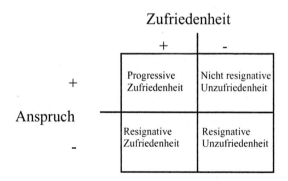

Tabelle 8-3   Eine Typologie von Anspruch und Zufriedenheit

Eine entsprechend auf vier Cluster hin durchgeführte Quick-Cluster-Analyse (SPSS) ergab eine recht ausgewogene Clusterung folgender Größenordnungen:

> Cluster 1: n = 269
>
> Cluster 2: n = 300
>
> Cluster 3: n = 386
>
> Cluster 4: n = 127

Die folgende Abbildung zeigt die Ausprägungen der Cluster auf den konstituierenden Variablen. Der erste Blick lässt erkennen, dass die Linien der vier Cluster bis auf wenige, noch zu diskutierende Abweichungen, *parallel verlaufen*, allerdings auf *unterschiedlichen Ebenen*. Die Parallelität zwischen den Linien bedeutet, dass die *relative* Bedeutung der einzelnen Aspekte der Arbeit wie auch die relative Zufriedenheit mit verschiedene Aspekten – bezogen auf den *„Ankerpunkt" des Urteilsverhaltens* einer jeden Cluster-Population – sehr ähnlich sind (ipsative Dimension). Die Cluster unterscheiden sich in erster Linie in der Größenordnung dieses Ankerpunktes, den man sich als den Median aller Urteile vorstellen kann.

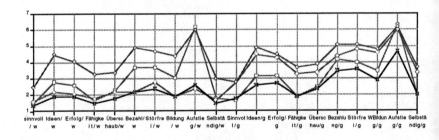

Abbildung 8-12   *Ausprägungen der Cluster auf den konstituierenden Variablen*

Weiterhin ist zu erkennen, dass die Kurvenverläufe bei der Zuordnung der *Wichtigkeit (w)* einerseits und der *Zufriedenheit* („gegeben"=g) andererseits *starke Parallelen* aufweisen. Würde man das dargestellte Profil in der Mitte aufteilen und die Zufriedenheitsausprägung als Transparentpapier auf die Linienzüge der Wichtigkeit legen, dann zeigte sich, dass die Ausschläge der Zufriedenheitskurven ein praktisch identisches Profil wie die Ansprüche aufweisen. Dieser Tatbestand weist darauf hin, dass – im Unterschied zu der ursprünglichen Intention der Fragestellung – Diskrepanzen zwischen Soll-Ist-Kognitionen (dissonanztheoretisch nach FESTINGER 1957 leicht verständlich) eher die Ausnahme als die Regel darstellen.

Diese Informationen lassen weiterhin insgesamt auf ein relativ stereotypes Antwortverhalten schließen, das – insbesondere was die ersten beiden Cluster angeht – eine relativ starke soziale Erwünschtheit erkennen lässt. Ein großer Teil der Befragten findet so gut wie alle Aspekte der Arbeit *sehr wichtig* oder zumindest *wichtig*. Stärkere Abweichungen finden sich – wie schon erwähnt – insbesondere im Hinblick auf den *Aufstieg*, der vor allem von den Angehörigen der Cluster drei und vier als *unwichtig* bezeichnet wird. Dies ist aus anderen Untersuchungen (FISCHER, 1989) als ein relativ typisches Antwortverhalten primär für weibliche – *allerdings westdeutsche* – Populationen bekannt, bei denen die Berufstätigkeit eher der Anknüpfung von sozialen Beziehungen dient als der Stärkung eines professionellen Selbstbildes. Allerdings zeigen unsere Ergebnisse eine nahezu identische Präferenzstruktur von männlichen und weiblichen Beschäftigten. Für die Beschäftigten dieser beiden ersten Cluster kommt Aufstieg offenkundig nicht in Betracht, auch wenn die Zufriedenheit in diesem Punkt vergleichsweise gering ist. Das heißt also, diese Unzufriedenheit bezieht sich auf einen subjektiv relativ irrelevanten Aspekt und hat deshalb keine großen Konsequenzen für die allgemeine Arbeitszufriedenheit.

8.4.3   Zur Charakterisierung der Anspruchsregulations-Cluster

Den **ersten Cluster** wollen wir als **intrinsisch motiviert und mäßig zufrieden** bezeichnen. Seine Kurve liegt im Bereich der Soll-Werte („wichtig") niedriger als die des zweiten und dritten Clusters, jedoch deutlich höher als die des vierten Clusters. Allerdings ist eine explizite Abwertung der extrinsischen Aspekte wie Bezahlung, Störungsfreiheit oder Aufstieg zu erkennen. Bei den Ist-Bewertungen („gegeben") wechselt dieser Cluster seine Position mit dem zweiten Cluster und erweist sich hier deutlich zufriedener als dieser. Gemessen an dem eigenen durchschnittlichen Ankerpunkt macht sich allerdings wiederum bei den schon erwähnten extrinsischen Aspekten eine relativ große Unzufriedenheit bemerkbar. Bei der Gewichtung der Aspekte zeigt dieser Cluster ein differenziertes Profil, wobei die Clustermitglieder den Schwerpunkt auf die Sinnhaftigkeit der Tätigkeit, die Anwendungsmöglichkeit eigener Fähigkeiten und hohe Selbstständigkeit der Tätigkeit legten.

Das **zweite Cluster** zeichnet sich dadurch aus, dass, ganz ähnlich wie beim dritten Cluster, **praktisch alle Aspekte als mehr oder minder wichtig bezeichnet werden**. Die Untergewichtung der Störungsfreiheit ist so schwach, dass sie kaum von Bedeutung ist. Auf der Seite der Zufriedenheit ist aber bei diesem Cluster, im Unterschied zu dem dritten Cluster, eine bedeutend **größere Unzufriedenheit** zu erkennen. Diese bezieht sich auf extrinsische Aspekte, insbesondere den Aufstieg und die Bezahlung sowie die Störungsfreiheit der Tätigkeit. In geringerem Maße bezieht sich die Unzufriedenheit auf eher intrinsische Aspekte wie die mangelnde Möglichkeit zur Aus- und Fortbildung und zur selbstständigen Tätigkeit.

Das **dritte Cluster** kennzeichnet eine **extreme Bedeutungszuordnung zu allen Aspekten** der Arbeit und eine **außerordentlich positive Bewertung der Arbeit**. Auch hier ist allerdings, ähnlich wie bei dem ersten Cluster, eine relative Unzufriedenheit mit den extrinsischen Aspekten der Bezahlung, der Störungsfreiheit und des Aufstiegs zu erkennen.

Das **vierte Cluster** bewertet im Unterschied zu den anderen Cluster-gruppen die **Bedeutung der verschiedenen Aspekte (Soll-Werte) eher schwach.** In den sonst eher selten angekreuzten negativen Be-reich der Bedeutungszuschreibung fallen auch hier insbesondere wieder der Aufstieg, die Bezahlung und die Störungsfreiheit sowie Bildungsmöglichkeiten und sogar die Bedeutung der Möglichkeiten, Ideen am Arbeitsplatz anwenden zu können auf. Korrespondierend zu dieser relativ niedrigen Bedeutungszuschreibung ist auch insge-samt die **Zufriedenheit (Ist-Werte) am negativsten.** Relativ günstig fällt noch die Bewertung des Sinngehalts der eigenen Tätigkeit sowie die Selbstständigkeit aus.

Ordnen wir nun die Cluster in eine Matrix von „Anspruch" und Zu-friedenheit", so erhalten wir die folgende Kombination:

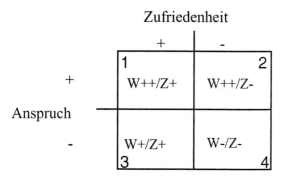

Tabelle 8-4   Zur Systematisierung der Anspruchsregulationscluster

Die Befragten aus den verschiedenen Clustern lassen sich folgen-dermaßen bezeichnen:

- Feld 1: Die „Anspruchsvoll Zufriedenen" (Cluster 3)

- Feld 2: Die „Anspruchsvoll Unzufriedenen"(Cluster 2)

- Feld 3: Die „Intrinsisch-Motiviert Zufriedenen", die man vielleicht auch als „Anspruchslos Zufriedene" bezeich-nen könnte (Cluster 1)

- Feld 4: Die „Anspruchslos Unzufriedenen" (Cluster 4)

Diese Anspruchsregulations-Typologie korrespondiert außerdem signifikant mit dem formalen Abschluss der beruflichen Ausbildung bzw. mit dem Studienabschluss.

Die weiteren Analysen werden zeigen, dass sich diese Anspruchs-Zufriedenheits-Dynamik durchaus als wirksamer Faktor in der Bewertung der organisatorischen Umwelt bewährt.

8.4.4 Diskriminanzanalysen

Zur Prüfung der konvergenten und diskriminanten Validität (vgl. CRONBACH & MEEHL 1955) der beiden Cluster-Typologien wurden in beiden Fällen Diskriminanzanalysen durchgeführt, die 90 Variablen aus folgenden Themengebieten enthielten:

- Leistungsmotivation
- Zufriedenheit
- Attribution
- Organisation
- Vorgesetztenverhalten
- Bürgerzufriedenheit

Weiterhin wurde eine Kreuztabelle beider Cluster durchgeführt. Ziel dieser Untersuchung ist eine möglichst genaue Beschreibung des Überlappungsbereiches beider empirischer Konzepte (konvergente Validität) und der unterschiedlichen Gegenstandsbereiche (diskriminante Validität).

SAM-Cluster (Arbeitsemotionen)

Bei der Diskriminanzanalyse der oben beschriebenen SAM-Cluster mit verschiedenen organisations- und selbstkonzeptbezogenen Variablen leisteten die folgenden Variablen den wesentlichsten Beitrag zu den beiden Diskriminanzfunktionen, die die drei Cluster zu unterscheiden in der Lage waren:

```
Standardized canonical discriminant function coefficients
SAM-Cluster
            Func 1    Func 2
ARB19._4    ,33051   -,46889  (Ich fühle mich oft müde und abgespannt)
ARB19._5    ,72889    ,30361  (Ich habe richtig Freude an der Arbeit)
LOB21_1     ,00409    ,44210  (Wie oft gelobt worden?)
BUR25._7    ,15009    ,31471  (Richtige Sprache mit Bürgern)
BUR27._8    ,07215   -,44505  (Bei belastenden Situationen .. werde ich schon mal
                               wütend)
FB38.1_1    ,10529   -,35865  (Widerstand d. Familie gegen FB)
ORG6.5_1    ,20055    ,21999  (Im Amt Entscheidungen wo Kenntnis)
KOMP3._6   -,32216    ,11039  (Weiß mit Konflikten umzugehen)
```

Tabelle 8-5   Diskriminanzfunktionen für die Arbeitsemotionscluster

Prinzipiell konnten diese Variablen im Rahmen der Diskriminanzanalyse allerdings nur wenig mehr als 50% der Befragten den Clustern richtig zuordnen. Die Aspekte des Arbeitslebens erklären also nur einen Teil der erhobenen Varianz der Arbeitsemotionen

Es zeigt sich, dass die

♦ *erste kanonische Funktion* Arbeitszufriedenheit, geringe Ermüdung und Selbstvertrauen sowie Umgang mit Konflikten repräsentiert. Gegenstand der Aussagen ist primär die eigene Person.

♦ *Die zweite kanonische Funktion* korrespondiert mit dem Gefühl, selten gelobt zu werden, Müdigkeit zu empfinden, der psychologischen Fähigkeit, auch schon mal wütend werden zu können, und dem Bericht von Widerständen der Familie gegen weitere Fortbildungen. Andererseits korrespondiert sie mit einer gewissen Zufriedenheit und dem Bewusstsein, die richtige Sprache mit den Bürgern zu finden.

Die erste Funktion beinhaltet Themen, die in Erfolgszusammenhängen interne Attributionen implizieren. Dies ist Kennzeichen einer „selbstwert-dienlichen" Form der Attribution (vgl. WEINER 1984), die man auch als Kennzeichen psychischer Gesundheit ansehen kann.

Die zweite Dimension thematisiert eher externe Widerstände (Vorgesetzter, Familie), aber auch Quellen der Belohnung (z.b. die richtige Sprache mit den Bürgern).

Die Komplementarität der beiden Funktionen ruft die Zwei-Faktoren-Theorie von HERZBERG et al. (1959) in Erinnerung. Zufriedenheit und Stolz auf die eigene Leistungsfähigkeit korrespondierten mit dem Motivatoren-Begriff, während die besondere Betonung externer Widerstände in der zweiten Funktion mit dem Begriff der Hygienefaktoren korrespondiert (zu den attributionstheoretischen Implikationen der HERZBERG-Theorie vgl. FISCHER 1989).

```
Canonical discriminant functions
            evaluated
  at group means (group centroids)


   Group           Func 1      Func   2

Verdrossene      -,98332     -,03170
Kalkulierende     ,23294      ,46870
Begeisterte       ,34293     -,15155
```

Tabelle 8-6   Gruppenzentroiden der Arbeitsemotionscluster

Die Gruppenzentroiden zeigen, dass die Verdrossenen sich natürlich durch eine sehr geringe Arbeitszufriedenheit bzw. durch eine wenig selbstwertdienliche Attribution auszeichnen, während die Begeisterten die höchste Zufriedenheit aufweisen und auch externe Probleme mit leichter Hand zu bewältigen vorgeben. Die Kalkulierenden weisen eine gute Zufriedenheit auf bei einer besonders starken Immunisierung gegen restriktive situative Gegebenheiten (Hygienefaktoren).

Anspruchsregulationscluster

Zur Differenzierung der vier Anspruchsregulationscluster (auf der Basis der Fragen von KLAGES u.a. 1994) wurden drei kanonische Funktionen gebildet.

```
Standardized canonical discriminant
function coefficients
```

	Func 1	Func 2	Func 3	
VORG11_5	-,25985	-,06456	,03905	(Anweisungen klar u. eindeutig)
KONF14_3	,26037	-,06546	,07066	(Konflikte werden angemessen gelöst)
KONF15_3	,00865	,40840	,22662	(Vertreter soll keine Zugeständnisse machen)
ARB19._5	,39231	,13919	,30890	(Richtige Freude an der Arbeit)
FB38.3_1	,23434	-,08092	-,39860	(Kollegen ärgerlich wg. Fortbildung)
HIND2._1	-,10544	,26152	-,56629	(Fehlende Finanzmittel als Hindernis)
KOMP3._8	-,10394	,36573	,25297	(Arbeite gern ohne Regelungen)
QUAL5._4	,26883	-,00218	,36183	(Amtsltg: Fachwissen verbessern)
QUAL5._5	,14091	-,34433	,36674	(Amtsltg: Arbeitsaufwand f. MA)
QUAL5._7	-,05216	,58873	-,00703	(Amtsltg: Persönliche Arbeitsfreude d. MA)
ORG6.2_1	,28810	-,22851	-,13549	(Chancen für Verbesserungsvorschläge der MA)
ORG6.3_1	,22934	-,20436	-,31100	(Interesse an Wohlergehen d. MA)
FB39.1	-,06536	-,50808	,28246	(FB wg. beruflichen Fortkommens)

Tabelle 8-7   Diskriminanzfunktionen für die Anspruchsregulationscluster

1. Die erste Funktion kann als eine **organisationsbezogene Zu-friedenheitsdimension** bezeichnet werden. Zwar lädt auch hier – wie bei den SAMs – das allgemeine SAZ-Item *am höchsten*, jedoch bei weitem nicht so stark wie bei der zuvor geschilderten Clusterbildung. Die positive Bewertung der *Berücksichtigung von Verbesserungsvorschlägen im eigenen Amt*, die Art der *Konfliktlösungen* und gewisse *Spielräume bei den Anweisungen* werden positiv gewürdigt. Im Unterschied zu der Zufriedenheitsfunktion der SAM-Cluster steht nicht ausschließlich die eigene Person im Vordergrund, sondern eine breite Palette organisationaler Merkmale.

2. Hier wird besonders die „offizielle" *Bemühung der Amtsleitung um die Arbeitsfreude der Mitarbeiter* gewürdigt, allerdings zugleich auch eine tatsächliche *Mehrbelastung der Mitarbeiter* reklamiert. Die Struktur der Antworten legt nahe, dass hier keine „Ironie" im Spiele ist. Fortbildungsveranstaltungen werden *weniger wegen des beruflichen Fortkommens* besucht. Von den Vertretern des Amtes wird erwartet, *keine Zuge-*

ständnisse zu machen. Dafür *akzeptiert man eher genaue Vorschriften*; es gibt weniger Zustimmung zu der Aussage: „Ich arbeite gerne an Aufgaben, bei denen noch nicht alles bis ins kleinste geregelt ist". Insgesamt kommt in dieser Dimension eine **Binnenorientierung** (Fürsorge der Amtsleitung, aber Belastungsproblem, keine Zugeständnisse in Verhandlungen mit anderen Abteilungen) zum Ausdruck, die wohl aus dem **Bedürfnis nach stabilen Arbeitsbedingungen** herrührt (Fortbildung nicht wegen Aufstieg, Akzeptanz genauer Vorschriften) und insoweit **ritualistischen Charakter** hat.

Bei der dritten Funktion schließlich werden *fehlende Finanzmittel* als Hindernis für die Transformation reklamiert, ebenso die *ärgerlichen Kollegen, die bei Fortbildungen* die eigene Arbeit übernehmen müssen. Die „offiziellen" Bemühungen der Amtsleitung um Qualität schlagen sich (angeblich) *nicht* in besonderem *Arbeitsaufwand der Mitarbeiter* nieder sondern in einem Bemühen, das *Fachwissen zu verbessern*. Tatsächlich aber wird von seiten der Organisation wenig Interesse am Wohlergehen der MA empfunden. Diese Dimension lässt eine **kritische Distanz gegenüber der Organisation und auch den Mitarbeitern erkennen**. In Tabelle 8-8 werden die kanonischen Funktionen in Zusammenhang mit den Anspruchsregulationsclustern gebracht.

Canonical discriminant functions evaluated at group means (group centroids)			
Group	Function 1	Function 2	Function 3
1	,36	,36	-,20
2	-,74	-,20	-,11
3	,51	-,21	,11
4	-,68	,50	,40

Tabelle 8-8   Gruppenzentroiden der Anspruchsregulationscluster

♦ Der Cluster der **Intrinsisch-Zufriedenen** weist eine gemäßigt *positive Ausprägung* auf der organisationsbezogenen *Zufriedenheitsdimension* auf und einen *deutlichen ritualistischen Zug* mit einer eher *geringen Distanz zu Organisation und Kollegen*.

♦ Der Cluster der **Anspruchsvoll-Unzufriedenen** weist die *ge-*

ringste Zufriedenheit, wenig Ritualismus und eine *schwach positive Bewertung von Organisation und Kollegen* auf.

♦ Die **Anspruchsvoll-Zufriedenen** weisen eine *große Zufriedenheit, wenig Ritualismus* und eine *gemäßigte Distanz* gegenüber der *Organisation* und den *Kollegen* auf.

♦ Die **Anspruchslos-Unzufriedenen** weisen *sehr wenig Zufriedenheit, stark ritualistische Züge* und eine *sehr kritische Haltung gegenüber Organisation und den Kollegen* auf.

8.4.5   Arbeitswerte und Arbeitsemotionen

Grundsätzlich gilt natürlich die These, dass die SAMs in höherem Maße das Eigenen-Zustands-Bewusstsein (hot-cognitions) messen, während die Dimension der Anspruchsniveau-Regulierung eher das Gegenstands-Bewusstsein oder die Gegenstands-Emotionen (cold cognitions) misst. Deswegen sollen im Folgenden verschiedene Analysen vorgelegt werden, die geeignet erscheinen, diese Unterschiede zu verdeutlichen.

Werte- und Zufriedenheitsprofile der Arbeitsemotionscluster

Erstellt man ein Profil der *Anforderungen* der Befragten an ihren Arbeitsplatz (Werte) getrennt für die drei Cluster der Arbeitsemotionen, dann unterscheiden sich insbesondere die Verdrossenen von den anderen. Es zeigt sich, dass

die „**Verdrossenen**"

♦ dem Kriterium einer „*sinnvollen Arbeit*" von allen drei Gruppen die geringste Bedeutung beimessen,

♦ ebenso der Möglichkeit, die *eigenen Fähigkeiten* zu nutzen, wenig Bedeutung beimessen,

♦ *Selbstständigkeit* für weniger wichtig erachten, andererseits aber den

♦ *Aufstieg* gegenüber den anderen Befragten am *wenigsten abwerten*, d.h., dass diese Befragten noch die größten Aufstiegsaspirationen haben. Sie weisen entsprechend auch die größte Häufigkeit an internen Bewerbungen auf.

Sofern sich also signifikante Unterschiede ergeben, zeigen sie, dass die *Verdrossenen* in den *intrinsischen Dimensionen* der Arbeitswerte negativer abschneiden und sich lediglich im Zusammenhang mit den Aufstiegsmöglichkeiten signifikant von den *Kalkulierenden* unterscheiden. Dieses Profil weist einen denkbar ungünstigen Fit mit den Arbeitsbedingungen in Verwaltungen auf, die relativ wenig Aufstiegschancen bieten und in denen Befriedigung primär in *intrinsischen Dimensionen* gesucht werden muss.

Die *Zufriedenheitsäußerungen* der *Verdrossenen* im Hinblick auf die verschiedenen Facetten des Arbeitslebens bewegen sich erwartungsgemäß durchweg in einem negativeren Bereich als die der beiden anderen Gruppen. Die deutlichsten *Unterschiede* sind erkennbar im Hinblick auf

♦ den erlebten Mangel an Erfolgserlebnissen,

♦ die empfundene Unmöglichkeit, die eigenen Fähigkeiten zu entwickeln,

♦ die geringe Überschaubarkeit,

♦ den geringen Sinngehalt der Tätigkeit selbst.

♦ Hinsichtlich der Aufstiegszufriedenheit sind die Verdrossenen noch signifikant unzufriedener als die Kalkulierenden.

Vor diesem Hintergrund deutet sich an, dass die niedrigeren Ansprüche der Verdrossenen hinsichtlich der intrinsischen Arbeitsdimensionen möglicherweise Entfremdungscharakter tragen; d.h., dass sie als Reduktion des Anspruchsniveaus im Sinne einer Resignation verstanden werden können.

8.4.6 Die Kreuztabellierung der Cluster der Arbeitsemotionen und der Anspruchsregulation

Die unten stehende Kreuztabelle weist deutliche Überlappungen beider Variablen auf. Natürlich sind die *Anspruchsvoll-Zufriedenen* bei den *Begeisterten* überrepräsentiert (38,8%). Erwähnenswert ist aber insbesondere die Tatsache, dass sich die Begeisterten zu einem über Erwarten großen Anteil aus *„Intrinsisch-Motivierten"* zusammensetzen (28%). D.h., die Begeisterung resultiert nicht immer aus der Erfüllung großer Ansprüche. Sie kann – und hier ist das sehr viel aufwändigere motivationale Messinstrument natürlich wirksamer – ebenso auf einer gewissen selbstzufriedenen oder ritualistischen Beschränkung des eigenen Horizonts (s.o.) beruhen. In dem normativen Modell von BRUGGEMANN u.a. (1975) wäre diese Form als eine „stabilisierte Zufriedenheit" bezeichnet worden. Erstaunlich ist weiterhin, dass die *Anspruchslos-Unzufriedenen* zwar unter den *Begeisterten* unterrepräsentiert sind, aber immerhin noch 10% ausmachen. Das sehr große Cluster der Begeisterten ist also recht heterogen und an motivationaler Erklärungskraft den Formen der Anspruchsregulation unterlegen.

Im Übrigen ist erwähnenswert, dass die *Kalkulierenden* einen überproportionalen Anteil an den *„Anspruchsvoll-Zufriedenen"* und einen unterproportionalen Anteil an den *„Anspruchsvoll-Unzufriedenen"* stellen. Das vom SAM-Emotionswörterbuch herausgestellte kalkulative Element macht sich offenkundig darin bemerkbar, dass die Aufrechterhaltung eines hohen Anspruchs, der nicht zufriedengestellt werden kann, nur unterproportional versucht wird. Gerade dies ist aber kennzeichnend für die Verdrossenen.

Im übrigen ist die Korrespondenz weitgehend darauf zurückzuführen, dass die *„Verdrossenen"* eher in den *„Unzufriedenen"*-Clustern, die *„Begeisterten"* eher in den *„Zufriedenen"*-Clustern wiederzufinden sind.

```
QCL_SAMS  qcl sams  by  WERTZUF  Wert+zufr

                  WERTZUF                              Page 1 of 1
          Count
          Exp Val  IntMot/z W++/Z-   W++/Z+   W-/Z-
          Row Pct  ufr                                  Row
          Col Pct      1        2        3        4|    Total
QCL_SAMS
              1       45      114       62       37      258
    Verdrossene      64,4     72,5     91,2     29,9     24,3%
                     17,4%    44,2%    24,0%    14,3%
                     17,0%    38,3%    16,5%    30,1%

              2       57       49       87       28      221
    Kalkulierende    55,2     62,1     78,1     25,6     20,8%
                     25,8%    22,2%    39,4%    12,7%
                     21,5%    16,4%    23,2%    22,8%

              3      163      135      226       58      582
    Begeisterte     145,4    163,5    205,7     67,5     54,9%
                     28,0%    23,2%    38,8%    10,0%
                     61,5%    45,3%    60,3%    47,2%

          Column    265      298      375      123      1061
          Total     25,0%    28,1%    35,3%    11,6%    100,0%

    Chi-Square                 Value            DF          Significa
--------------------        -----------        ----        ---------

Pearson                     55,16931           6             ,00000
```

Tabelle 8-9   *Korrespondenz zwischen SAM- und Anspruchsregulations-*
                clustern

Als Fazit ergibt sich die Feststellung, dass die Begriffszuordnungen
des SAM-Wörterbuches emotionale Tatbestände allgemein, aber
treffend umschreiben, die mit aufwändigeren Messverfahren spezifiziert werden können.

8.5   Anspruchsregulation und Emotion: Untersuchungen in einem elektrotechnischen Betrieb

Im Zusammenhang von zwei betrieblichen Umfragen in der elektro-
mechanischen Branche in Westdeutschland (Stichproben: *Rhein*,
N=226, Ruhr, N=177) haben wir neben den SAMs, den Fragen zur
Anspruchsregulation auch verschiedene Fragen zu den Arbeitsbedingungen, der Bezahlung, dem Führungsstil sowie den Fortbildungs-

möglichkeiten gestellt. Auch hier soll eine Gegenüberstellung der Ergebnisse beider Verfahren vorgenommen werden. Dabei werden wir die Darstellung im Wesentlichen auf die Stichprobe Rhein stützen und die sehr ähnlichen Ergebnisse der Stichprobe Ruhr gelegentlich ergänzen.

8.5.1 Cluster der Anspruchsniveauregulierung

In dieser Untersuchung hatte sich gezeigt, dass eine Clusterung aufgrund der Fragen von KLAGES u.a. (1994) unterschiedliche Kombinationen von Anspruch und Zufriedenheit ergeben hatten.

Bei den Daten des Werkes *Rhein* ergaben sich unter Berücksichtigung des Kriteriums einer ausreichenden Clusterbesetzung nur drei Cluster, die im Folgenden beschrieben werden:

Die Befragten des **Clusters 1** *(die Anspruchslos-Unzufriedenen)* heben sich von den anderen Befragten vor allem durch ihre **deutlich verringerten Ansprüche** und in geringerem Maße durch die gebremste Zufriedenheit ab. Der stärkste Unterschied ergibt sich bei den statusbezogenen Job-Aspekten *„Aufstiegschancen"* und *„Weiterbildung"*. Die starke Abwertung gerade intrinsischer Aspekte deutet eine eher ritualistische Arbeitsorientierung an. Zudem ergeben sich zwischen „Wichtigkeit" und „Vorhandensein" (= Zufriedenheit) bei den intrinsischen Aspekten keine starken Differenzen. Lediglich bei der *Bezahlung*, der *Störungsfreiheit* der Arbeit und den *Erfolgen* ergeben sich Differenzen zwischen Anspruch und Wirklichkeit. Die Differenzbildung wird noch weiter untersucht.

Cluster 2 *(die Anspruchsvoll-Unzufriedenen)*: Dieser Cluster ist generell gekennzeichnet von *hohen Ansprüchen* (ähnlich wie Cluster 3). Bei der Bezahlung werden die höchsten Ansprüche gestellt. Gleichzeitig zeichnen sich diese Befragten aus durch eine *sehr geringe Zufriedenheit* in den Aspekten *Aufstiegs- und Bildungschancen, schlechte Bezahlung, geringe Überschaubarkeit der Arbeit, geringe Störungsfreiheit und wenig Erfolgserlebnisse.*

Cluster 3 *(die Anspruchsvoll-Zufriedenen)*: In diesem Cluster scheinen sich (zumindest subjektiv) eher die *erfolgreichen Mitar-*

beiter zu versammeln. Sie heben sich von den anderen durch ihre *Zufriedenheit* mit *den statusbezogenen Chancen* im Betrieb *(Weiterbildung, Aufstiegschancen)*, aber auch mit *intrinsischen Aspekten* der Arbeit (*Ideen realisieren, Fähigkeiten werden gefordert, Selbstständigkeit bei der Arbeit möglich, erlebter Sinn*) ab. Bei alledem äußern sie zugleich ein sehr hohes Anspruchsniveau.

8.5.2   Clusterbildung auf der Basis der SAMs

Eine auf drei Cluster hin angelegte Berechnung ergab folgende Typen:

Die *Kooperativ-Kompetenten*, die einen sehr positiven Affekt (große Zufriedenheit) bei sehr geringer Erregung und hoher Potenz erkennen lassen. Die extrem geringe Erregung lässt allerdings vermuten, dass die Kompetenz möglicherweise auch großer Routine zu verdanken ist.

Die *Verantwortlich-Involvierten*, die nur geringfügig weniger Zufriedenheit und Potenz, allerdings ein erhebliches Maß an Erregung aufweisen. Die Erregung kann als ein erhöhtes Maß an Involvement verstanden werden.

Die *Konzentrierten* weisen einen eher unterdurchschnittlichen Affekt, eine durchschnittliche Erregung und die geringste subjektive Potenz auf. Wahrscheinlich erleben sie eine subjektive Anstrengungsnotwendigkeit, um an ihrem Arbeitsplatz erfolgreich zu sein.

Leider waren in dieser Untersuchung keine expliziten Fragen zur emotionalen Lage im Sinne des Eigenzustands gestellt worden. Allerdings sind die erfragten Tatbestände mehr oder minder „selbstkonzept-nah". Wenn sich z.B. Befragte mit persönlichen Anliegen an ihren Vorgesetzten wenden können, oder wenn die Art der Kommunikation mit dem Vorgesetzten den Selbstwert nicht bedroht, dann spricht dies dafür, dass diese Urteile auch oder sogar primär den Eigenzustand betreffen. Entsprechend weisen hier die Emotions-Cluster einen engeren Zusammenhang zu selbstkonzeptrelevanten Variablen auf als die Cluster der Anspruchsniveau-Regulierung. Auch andere Items, wie die Bestätigung der eigenen Qualifikation in der

Arbeits-Situation, sind besonders bedeutsam für das Selbstkonzept und haben immerhin noch einen gleich starken Zusammenhang zu den SAM-Clustern wie zu denen der Anspruchsniveau-Regulierung.

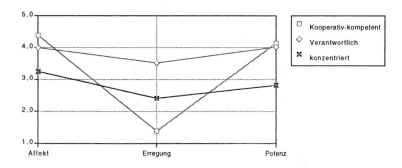

Abbildung 8-13   Profil der SAMs-Cluster in der Stichprobe Rhein

Ein sehr affektives Item der SAZ (FISCHER & LÜCK 1972) war mit unter den Variablen. Die folgenden Tabellen zeigen, dass dieses Item: „Ich habe richtige Freude an der Arbeit" in den verschiedenen Stichproben sehr unterschiedlich beantwortet wird. Während im Falle der Stichprobe „Rhein" der F-Wert der Emotionscluster denjenigen der Cluster der Anspruchsniveau-Regulierung deutlich übersteigt, ist dies im Falle der Stichprobe Ruhr umgekehrt. Dieses Item enthält also ungeachtet des starken affektiven Anteils auch starke Elemente der Gegenstandsbewertung.

Andererseits kann man die Beurteilung von Bezahlung, Aufstiegsmöglichkeiten und Information in hohem Maße als Bewertungen der Umwelt mit einem deutlich schwächeren Selbst-Bezug bezeichnen. Im Sinne von ZAJONC (1980) könnte man von „cold cognitions" sprechen. Es wird deutlich, dass diese tatsächlich in erheblich höherem Maße mit den Clustern der Anspruchsniveau-Regulierung korrespondieren als mit den Clustern der SAMs.

Item	Stich- probe	F	Sig.	(F der AN-Reg.)	(Sig. Der AN-Reg.)
Die mit den SAMs-Clustern am stärksten korrespondierenden Variablen					
Ich habe richtige Freude an der Arbeit	Rhein	25,6	.000	11,9	.000
Meine Führungskraft setzt sich für mich ein, wenn ich mit einem Anliegen zu ihr komme	Ruhr	12,8	.000	8,3	.000
Bei der Arbeit gibt es Erfolgs- erlebnisse (konstituierende Item der AN-Cluster)	Rhein	12,7	.000	35,4	.000
Ich bin zufrieden mit der Art und Weise, wie meine Füh- rungskraft mit mir spricht	Ruhr	12,2	.000	9,7	.000
Gute Leistungen werden von meiner Führungskraft lobend anerkannt	Rhein	7,7	.001	7,5	.001
Ich kann mein Wissen und Kön- nen bei meiner Arbeit einset- zen	Rhein	6,2	.002	8,7	.000

Tabelle 8-10 Mit den SAM-Clustern am stärksten korrespondierende Items

Die **Kooperativ-Kompetenten** der SAM-Typologie bestehen zu 50 Prozent aus Mitarbeitern, die in der Typologie der Anspruchsregula- tion als *anspruchsvoll-zufrieden* bezeichnet wurden. Der *positive Affekt* und die *hohe* wahrgenommene *Potenz* in Verbindung mit sehr *geringer Erregung* deuten Gelassenheit, möglicherweise aber auch Gleichgültigkeit an. Die *Anspruchsvoll-Unzufriedenen* sind bei ihnen deutlich unterrepräsentiert. Möglicherweise wird von dieser Popula- tion auch primär eine konsistentes und positives Urteil angestrebt, das im Sinne der Modellbildung erster Stufe subjektiv nur zugelassen wird, wenn es keine Dissonanzen hervorruft.

Die mit der Anspruchsniveauregulierung am stärksten Korrespondierenden Items

Item	Stich-probe	F	Sig.	(F der SAMs-Cluster)	(Sig. der SAMs-Cluster)
Ich finde, dass meine Arbeit leistungsgerecht bezahlt wird	Rhein	43,5	.000	7,8	.001
Die Aufstiegsmöglichkeiten sind ...	Rhein	28,7	.000	5,8	.003
Bezahlung im Vergleich zu anderen Unternehmen	Rhein	22	.000	5,01	.007
Ich habe richtige Freude an der Arbeit*	Ruhr	19,85	.000	10,3	.000
Ich fühle mich ausreichend über das Werk informiert	Ruhr	18,3	.000	11,1	.000

Tabelle 8-11   Mit der Anspruchsniveauregulierung am stärksten korrespondierende Items

Ganz im Gegenteil dazu sind näherungsweise 50 Prozent der **Konzentrierten** der SAM-Typologie *anspruchsvoll-unzufrieden*! Sie weisen eine mittlere Erregung auf bei dem schwächsten *Potenzgefühl* und einem relativ zu den beiden anderen Gruppen negativen, absolut aber *durchschnittlichen Affekt*. Es ist erkennbar, dass solche Mitarbeiter, die „sich zufrieden geben", unterrepräsentiert sind. Die Treffsicherheit des Begriffes *konzentriert* wird dadurch unterstrichen, dass die Unzufriedenheit sich insbesondere auf *intrinsische Aspekte* des Arbeitslebens bezieht: Sie sehen zu wenig Erfolge, sind unzufrieden mit den Fortbildungs- und Aufstiegsmöglichkeiten. Wenn man in diesem Fall „intrinsisch" als in besonderer Weise selbst-relevant versteht (das trifft auf fünf der sechs Konzeptionen zu, die HECKHAUSEN, 1989 , S. 455f. aufführt), dann kann man sagen, *dass diese Personen sich auf das für sie Wesentliche konzentrieren.*

```
QCLANNV  by  SAMCLUST   SAM-Clust

              SAMCLUST                      Page 1 of 1
        Count
        Exp Val  Koop-kom Verantwb sich kon
        Row Pct  p        ewußt    zentrier   Row
        Col Pct        1        2         3   Total
QCLANNV
           1         23        7        22      52
                   19,8     13,0      19,2    20,6%
                   44,2%    13,5%     42,3%
                   24,0%    11,1%     23,7%

           2         25       26        46      97
                   37,0     24,3      35,8    38,5%
                   25,8%    26,8%     47,4%
                   26,0%    41,3%     49,5%

           3         48       30        25     103
                   39,2     25,8      38,0    40,9%
                   46,6%    29,1%     24,3%
                   50,0%    47,6%     26,9%

        Column      96       63        93     252
        Total     38,1%    25,0%     36,9%   100,0%

     Chi-Square                Value        DF          Significance
--------------------        -----------    ----         ------------

Pearson                      17,70655       4             ,00141
```

Tabelle 8-12 Kreuztabelle von SAM- mit Anspruchregulations-Clustern

Die **Verantwortungsbewussten** weisen die *höchste Erregung* auf bei einem *positiven Affekt* und *großem Potenzgefühl*. Unter ihnen sind *Anspruchslos-Unzufriedene* besonders selten zu finden, dafür besonders häufig Anspruchsvoll-Zufriedene.

8.6 Schlussfolgerungen zur konvergenten und diskriminanten Validität der Emotions- und der Anspruchsregulationscluster

Die *konvergente Validität* bezieht sich erkennbar auf den Bereich, der durch Zufriedenheitsäußerungen abgedeckt wird. Hier sind starke Überlappungen festzustellen, die auch in den verschiedenen Stichproben variieren.

Im Hinblick auf die differentiellen Gegenstandsbereiche lassen sich die SAM-Cluster als „individuum-zentrierte" Bewertungen interpretieren. Es sind eher spontane Selbstbewertungen unter verschiedenen Arbeitsbedingungen. Sie dürften somit z.B. bei Fragen der psychischen Gesundheit Hilfestellung geben können.

Demgegenüber berücksichtigen die Anspruchsregulationscluster neben einer abgeschwächten bewertenden Komponente des eigenen Erlebens in höherem Maße die Bewertung der organisatorischen Umwelt. Sie lassen eine stärkere Differenzierung nach unterschiedlichen Arbeitsorientierungen zu. Dies kann noch einmal an einem Beispiel verdeutlicht werden:

Innerbetriebliche Bewerbungen können als Indikator für Leistungsmotivation und Aufstiegsstreben von Mitarbeitern gewertet werden. Möglicherweise sind sie auch Ausdruck dafür, dass die betreffenden Befragten sich aus fachlichen oder menschlichen Gründen nicht angemessen platziert fühlen. Dies dürfte nicht nur eine kritischere Bewertung der Arbeitswelt implizieren, sondern auch eine Tendenz zur „Problemlösung". Beide untersuchten Clusterformen weisen signifikante Beziehungen zu der Zahl der innerbetrieblichen Bewerbungen, die man als eine solche Problemlösung ansehen kann, auf – allerdings in höchst unterschiedlicher Intensität.

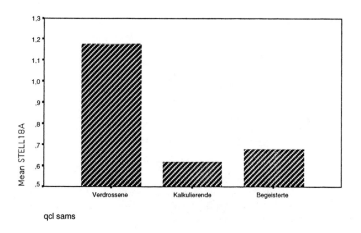

Abbildung 8-14   Durchschnittliche Zahl der Bewerbungen bei den Arbeitsemotions-Clustern

Die durchschnittliche Zahl der Bewerbungen für die SAMs-Cluster unterschied sich hochsignifikant (F=9,5; p=0,0001). Die Verdrossenen waren die Befragten mit den bei weitem häufigsten internen Bewerbungen. Sie gaben nahezu doppelt so viele Bewerbungen an als die beiden anderen Cluster.

Deutlich schwächer fallen die Unterschiede bei den Anspruchsregulations-Clustern aus.

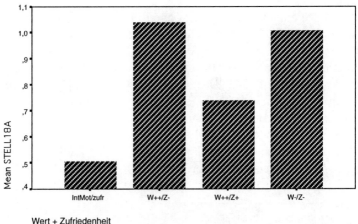

Abbildung 8-15   Durchschnittliche Zahl der Bewerbungen bei den Anspruchregulations-Clustern

Offenkundig korrespondiert auch hier die Unzufriedenheit mit einer höheren Zahl an internen Bewerbungen. Allerdings ist der Zusammenhang bei weitem nicht so stark wie bei den Arbeitsemotionen (F=5,5; p=0,01). Die häufigsten Bewerbungen hatten die Anspruchsvoll-Unzufriedenen und die niedrigsten die Intrinsisch-Motiviert-Zufriedenen.

Naheliegend ist hier die Frage nach der Kausalität: Ist die hohe Bewerbungszahl Ausdruck der Verdrossenheit oder ist umgekehrt diese das Resultat vieler vergeblicher Bewerbungen? Hier kann nur auf die wechselseitige Verflechtung personaler und organisationaler Gegebenheiten verwiesen werden: von hohen Ansprüchen, intensiver vergeblicher Bewerbungsaktivität und Verdrossenheit.

Es ist somit zusammenfassend festzuhalten, dass in Abgrenzung gegenüber Konzepten der Arbeitsmotivation und Arbeitszufriedenheit Belege dafür geliefert wurden, dass die SAMs akzentuierend besser geeignet erscheinen, den Eigenzustand zu erfassen, während das hier verwendete (eher motivationale) Maß der Anspruchsregulation das „Wissen um die Welt" besser zu differenzieren in der Lage war.

9 Zur Psychologie privater Aktionäre: Emotionale Stimmungen und das Anlageverhalten

Lorenz Fischer, Jürgen Koop, Horst Müller-Peters[22]

9.1 Stimmungen und Börse

Stimmungen gehören im Zusammenhang mit dem Börsengeschehen zu den am häufigsten benutzten Begriffen. Man spricht von lustloser Stimmung, wenn nur ein sehr geringfügiges Kaufinteresse zu erkennen ist; eine rege Nachfrage dagegen lässt auf eine zuversichtliche Stimmung schließen. Im Falle eines Börsen-Crashs wird von Panik gesprochen, eine Situation, in der der emotionale Charakter des Handelns rationale Entschlüsse völlig auszuschließen scheint. Es scheint also, dass sich Stimmungen als probate Alltags-Begrifflichkeit zur Beschreibung des Börsengeschehens erwiesen haben.

Von Börseninsidern hört man oft, dass 90 % des Geschehens an der Börse „Psychologie" sei. H. STELZNER schreibt etwa in der FAZ (10.7.93): „Das ist das Schöne an der Börse: Sie steckt voller Psychologie, keiner kann die Kursentwicklung voraussagen". Angesichts dieser Gegebenheiten müsste man zu der vielleicht verblüffenden Schlussfolgerung kommen, dass zahllose Einzelentscheidungen über zentrale wirtschaftliche Entwicklungen (als solche kann man Anlageentscheidungen an der Börse bezeichnen) durch nicht-rationale Kalküle bestimmt sein sollen, nämlich überwiegend oder sogar ausschließlich von irrationalen und dazu noch sehr schnell schwankenden Stimmungen. Man kann es als Absurdität bezeichnen, dass mög-

---

[22] Dipl.-Psych. Jürgen Koop ist in der Beratungsstelle Moers tätig; Dipl.-Kfm. Horst Müller-Peters ist Gesellschafter der wirtschaftspsychologischen Unternehmensberatung psychonomics GmbH, Köln.

licherweise die Chancen einer günstigen oder ungünstigen Refinanzierung von Unternehmen von weitgehend irrationalen Gefühlen der potentiellen Geldgeber abhängen sollen.

Die verschiedenen am Börsengeschehen beteiligten Parteien scheinen mit diesem inneren Widerspruch recht gut leben zu können – zumindest halten es weder Banken noch Aktionärsvereine noch die Aktiengesellschaften selbst für sinnvoll oder erforderlich, sich dieser Problematik in systematischer Weise zu nähern. Erst in neuerer Zeit wird erkannt, dass Unternehmen, Banken und Sparkassen ein systematisches Aktienmarketing betreiben müssen (vgl. LINK 1993) und dazu weiterer Informationen über die Psychologie der Aktionäre bedürfen. Oft scheint man sich allerdings mit einer Laienpsychologie zu begnügen, die meist mehr verschleiert als erklärt.

Wenn etwa von einer zuversichtlichen oder lustlosen Stimmung an der Börse gesprochen wird, so sollen diese Begriffe zur Beschreibung und teilweise zur Erklärung des Börsengeschehens dienen. Eine solche Argumentation tendiert zur Tautologie: aus dem aktuellen Börsengeschehen wird auf die Stimmung der beteiligten Akteure geschlossen, die dann als Ursache zur Erklärung des Börsengeschehens herangezogen wird, und dies um so eher, je schwerer es fällt, plausible Ursachen des Börsengeschehens im Kontext ökonomischer Theorien zu spezifizieren (SCHWARZ/BOHNER 1990, 163 f.).

Wie aber ist der Stimmungsbegriff aus psychologischer Sicht zu bewerten? Welche Schlussfolgerungen lassen sich aus der Kenntnis von Stimmungen oder Emotionen ableiten? Ist es überhaupt sinnvoll, mit dem Stimmungs- oder Emotionsbegriff in diesem Zusammenhang auch aus wissenschaftlicher Perspektive zu arbeiten?

Schon FISCHER et al. (1994) hatten dargestellt, dass das subjektive Urteilsverhalten durch das Problem einer zutreffenden Risiko-/Ertragskalkulation in Bezug auf Anlageverhalten sehr schnell überfordert ist. Gerade Anlageentscheidungen an der Börse erfordern die Berücksichtigung so vieler Informationen, dass – wie zahlreiche Prognosevergleiche mit Anlageberatern (z.B. DIE ZEIT/ Südprojekt) gezeigt haben – auch Experten angesichts der Komplexität des Börsengeschehens überfordert sind. Wenn aber die rationale Entscheidung eines Problems nicht möglich ist, dann greift der Mensch auf die eigene Stimmung als Informationsgrundlage für seine Entscheidungen zurück (vgl. SCHWARZ und BOHNER 1990). In guter Laune trifft man also schneller und mutiger Entscheidungen als in schlechter Laune. Stimmungen und Emotionen dürften dementsprechend einen starken Einfluss auf Anlageentscheidungen haben. Hier kann man also eine grundlegende Übereinstimmung der Laien- und der wissenschaftlichen Psychologie feststellen.

Allerdings ist die Laienpsychologie bei der Suche nach Ursachen – wie oben angedeutet – latent zirkulär; auf wissenschaftlicher Ebene aber gibt es bislang nur sehr wenig empirische Untersuchungen auf diesem Gebiet. Dies soll hier in einer ersten Skizze vorgelegt werden.

9.2   Zur Definition von Stimmungen und Gefühlen

Gefühle sind persönliche Anmutungserlebnisse, die mit einer starken Ich-Beteiligung und bei – großen Intensitäten – mit einem unmittelbaren subjektiven Handlungsdruck verbunden sind. Sie stellen spontane Reaktionen auf konkrete Situationen dar, auch wenn sie verknüpft sind mit Erfahrungen in erlernten Situationen und i.d.R. zu erlernten Handlungen führen. Stimmungen werden oft als länger andauernder Gefühlszustand definiert; das besondere Interesse gilt allerdings der Frage ihrer Schwankungen bzw. dem (großen oder geringen) Maß ihrer Ausgeglichenheit.

Gefühle beziehen sich zunächst auf die eigene Person, sie können sich aber auch auf ein Objekt (hier die Aktien) beziehen. Gegenüber dem Begriff der Einstellungen beschreiben sie ein motivationales System, das einerseits spontan und schnell Handlungsorientierungen zur Verfügung stellt, andererseits aber eine geringere „logische" Elaboration aufweist und erst durch tiefe oder längerfristige Erfahrungen geändert werden kann.

Man kann deshalb erwarten, dass die eigenen Gefühle für Anleger eine erste, sehr wichtige Urteilsheuristik im Hinblick auf ihre Entscheidungen an der Börse darstellen.

So kann man z.b. erwarten, dass...

♦ passive Personen bequemere, weniger riskante Anlagen präferieren;

♦ Menschen, die ein hohes Erregungsniveau schätzen, riskantere Anlageformen vorziehen als solche, die ein geringes Erregungsniveau bevorzugen;

♦ zufriedene und optimistische Personen eher Aktien oder Optionen als festverzinsliche Papiere oder Investmentfonds kaufen.

Zur genaueren Analyse dieser Zusammenhänge ist zunächst eine kurze Skizzierung eine Gefühlstheorie notwendig.

9.3 Elemente der Gefühlstheorie von MEHRABIAN und RUSSEL

MEHRABIAN und RUSSEL (1974) entwickelten eine dreidimensionale Theorie von Gefühlsdimensionen. Nach ihren Grundannahmen reagieren Menschen auf außerordentlich unterschiedliche Umwelten mit emotionalen Reaktionen, die in wenigen grundlegenden Gefühlsdimensionen abgebildet werden können; diese werden aber wiederum als Ursprung völlig verschiedener Verhaltensweisen angesehen. Auf faktorenanalytischem Wege haben MEHRABIAN und RUSSEL drei voneinander unabhängige Dimensionen ermittelt, deren Pole sie mit

1. Lust – Unlust

2. Erregung – Nichterregung

3. Dominanz – Unterwerfung

bezeichnen.

Jedes Gefühl lässt sich demnach als Kombination unterschiedlicher Ausprägungen in diesen drei Dimensionen von Lust, Erregung und Dominanz beschreiben. Man kann auf diese Art und Weise Emotionsprofile für unterschiedlich erlebte Situationen – wie etwa die Arbeitssituation oder die Beschäftigung mit Aktien etc. – erheben.

Aus der Sicht der Emotionspsychologie ergibt sich nun die Frage, inwieweit diese Emotionsdimensionen als „Eigen-Zustands-Bewusstsein" oder als „Gegenstandsbewusstsein" (WUNDT) anzusehen ist. MEHRABIAN und RUSSEL (1974) nehmen an, dass beide Emotionsmuster in der Form aufeinander einwirken, dass das persönlichkeitsbedingte Emotionsmuster, das sich als persönlichkeitsspezifische Aktivierung emotionaler Zustände auffassen lässt, auf das umweltbedingte Emotionsmuster moderierend einwirkt. Das Ergebnis sei ein „emotionaler Gesamtzustand", dessen Lust-, Erregungs- und Dominanzkomponenten persönlichkeitsspezifisch verstärkt oder abgeschwächt erscheinen. Eine starke Neigung, sich gegenüber Umweltreizen abzuschirmen, würde z.B. dämpfend auf die Erregungskomponente einwirken, wohingegen mit schwachen Abschirmungstendenzen hohe Erregungsintensitäten einer gingen (vgl. hierzu MEHRABIAN 1978).

Je mehr nun der emotionale Gesamtzustand eines Individuums den Charakter psychischen Wohlbefindens hat, desto stärker neigt das betreffende Individuum dazu, gegenüber der Situation „Annäherungsverhalten" zu zeigen. In dem Maße jedoch, wie es sich in der Situation als unlustbetont, nicht erregt und/oder unterworfen fühlt, sucht es sie zu vermeiden.

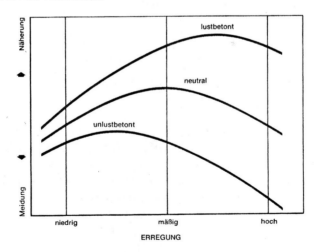

Abbildung 9-1   aus MEHRABIAN (1978, S. 26)

Dabei müssen sich natürlich – damit die Dreidimensionalität auch Sinn gibt – differenzielle Resultate der Kombination der drei Emotionsqualitäten feststellen lassen. Zunächst einmal erwarten die Autoren hinsichtlich der Beziehung zwischen der Lust- und der Erregungssituation, dass in lustbetonten Situationen sich die Annäherungstendenz um so mehr verstärke, je mehr sich der erregende Charakter der Situation steigert. Für unlustbetonte Situationen gilt: je höher die Erregungsqualität desto stärker das Meidungsverhalten (RUSSEL & MEHRABIAN 1976).

Allerdings wurde bei dieser Betrachtung die Dominanzdimension wegen mangelnder empirischer Basis noch ausgeklammert.

Prinzipiell ist nach MEHRABIAN und RUSSEL davon auszugehen, dass mit zunehmend positiver Bewertung und steigender Anreizqualität eines Objektes sowie wachsendem Kompetenzerleben im Hinblick auf den Umgang mit diesem Objekt auch die Tendenz größer wird, aktiv handelnd mit diesem Objekt umzugehen.

9.4   Unsere Operationalisierung der Emotionen

Zur Messung der emotionalen Bewertung des Aktienbesitzes wurde das sog. „SAM"-Strichmännchen (Self-Assessment-Manikin) von Peter LANG (1980) verwendet. OSGOOD, SUCI und TANNENBAUM (1957) hatten bereits festgestellt, dass der semantische Raum der Sprache durch die zentralen Dimensionen „Evaluation", „Erregung" und „Potenz" hinreichend erfasst werden kann. Nach Studien von RUSSEL und MEHRABIAN (1977), sowie von HAMM und VAITL (1993) lässt sich durch das Semantische Differenzial von MEHRABIAN und RUSSEL (1974) etwa 65% der Varianz des gesamten emotionalen Befindens erklären. HAMM und VAITL konnten zudem zeigen, dass die Dimensionen des attraktiven „SAM" (Self-Assessment-Manikin) mit den entsprechenden Dimensionen des sehr viel aufwändigeren verbalen Semantischen Differenzials zu .84 - .97 korrelieren und deshalb als gleichwertig angesehen werden können.

Wir stellten der schon in FISCHER et al. (1994) beschriebenen Stichprobe von 237 Besuchern der Aktionärsmesse in Düsseldorf (1992) folgende Fragen, die zum einen das Gegenstandsbewusstsein (im Hinblick auf Aktien) und zum anderen das Eigenzustandsbewusstsein (im Hinblick auf das eigene Leben) erfassen sollte:

◆ Wenn Sie sich mit Aktien beschäftige, wie fühlen Sie sich dann?

◆ Und wie würden Sie am ehesten Ihr allgemeines Lebensgefühl beschreiben?

9.5 Zur emotionalen Bewertung von Aktien im Vergleich zu der des Lebens insgesamt

Betrachten wir zunächst die Bewertungsdimension (angenehm-unangenehm) bei dem Gedanken an Aktien (wir werden im weiteren der Einfachheit halber von Zufriedenheit sprechen), dann zeigt sich, dass nur insgesamt 13% ausgesprochen starke oder auch mäßig-unangenehme Empfindungen mit Aktien verknüpfen, während der größere Teil der Befragten (fast 60%) positive und sehr positive Assoziationen mit dieser Anlageform verbindet.

Bei der Dimension Aktivierung durch den Gedanken an Aktien zeigt sich demgegenüber eine Normalverteilung mit einer gewissen Häufung der Nennungen auf der Seite des „ruhigen Pols". Die meisten fühlen sich also – ungeachtet der oft einer abenteuerlichen Achterbahn gleichenden Kursschwankungen – bei dem Gedanken an die Börse nur mäßig erregt.

Die eigene Potenz oder empfundene Fähigkeit im Umgang mit Aktien zeigt ebenfalls eine Normalverteilung mit einer besonders starken Häufung bei der mittleren Antwortmöglichkeit (46%). Dieser Mitten-Effekt (Zentraltendenz) ist ein recht sicheres Zeichen für Unsicherheit in der Beurteilung dieses Charakteristikums.

Diese erste Randauszählung kann uns allerdings nur eine erste, oberflächliche Information über die subjektive Bedeutung von Aktien für die Befragten geben. Wir wissen, dass bei einer Frage nach der persönlichen Zufriedenheit mit sehr vielen Aspekten des Lebens prinzipiell eine Tendenz zu positiven Antworten besteht, nahezu gleichgültig, welcher Aspekt des Lebens gerade betrachtet wird. Der

Hintergrund für diesen Tatbestand besteht darin, dass der Mensch schon aus einem gewissen Überlebenswillen heraus dazu genötigt wird, sich mit vielen unangenehmen Seiten des Lebens „zu arrangieren".

Erst ein Vergleich der Bewertungen verschiedener Aspekte des Lebens ermöglicht dann präzisere Rückschlüsse auf spezifische Bewertungsunterschiede.

Als sinnvoller Vergleichsparameter bot sich die Bewertung des grundlegenden Lebensgefühls der Befragten an, das man sich gewissermaßen als Basisemotion vorstellen kann, vor deren Hintergrund die Bewertungen der Aktien ihre Konturen erhalten.

Im Hinblick auf die Bewertungsdimension zeigt nun die Abbildung 9-2, dass gegenüber dem oben beschriebenen Positivitäts-Trend bei der Bewertung der Aktien die Bewertung des eigenen Lebens noch sehr viel positiver ist. Praktisch 60% der Befragten bewerten ihr Leben insgesamt als „sehr angenehm", weitere 30% als „ziemlich angenehm"! Gegenüber diesen Extremwerten, die noch deutlich positiver sind als Werte aus anderen, eher repräsentativen Studien zur Zufriedenheit, erscheint die Bewertung von Aktien eher als kritisch.

Man kann daraus schließen, dass der überwiegende Teil der Befragten im Hinblick auf den Aktienbesitz – ungeachtet einer prinzipiell positiven Haltung – deutlich mehr Ambivalenzen empfindet als gegenüber dem Leben insgesamt. Natürlich ist es prinzipiell für das einzelne Subjekt wichtiger, mit sich und seinem Leben zufrieden zu sein als mit einem externen, psychisch nicht besonders stark „besetzten" Objekt wie es Aktien in der Regel sind. Dennoch mag man sich fragen, was diese Menschen dazu veranlassen mag, sich mit Aktien zu beschäftigen, wenn diese gegenüber dem allgemeinen Lebensgefühl eher weniger positive Emotionen auslösen.

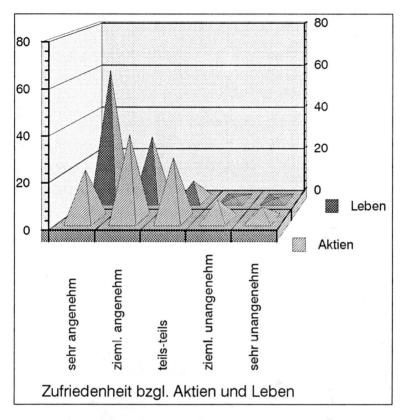

Abbildung 9-2   Zufriedenheit bzgl. Aktien und Leben

Eine erste Teilantwort ist darin zu sehen, dass das Streben des Menschen nicht ausschließlich darauf gerichtet ist, das subjektive Glücksgefühl zu maximieren, sondern auch dadurch, ein gewisses Aktivierungsniveau zu erreichen; alltagssprachlich ausgedrückt: Langeweile ist genauso schlimm wie Stress!

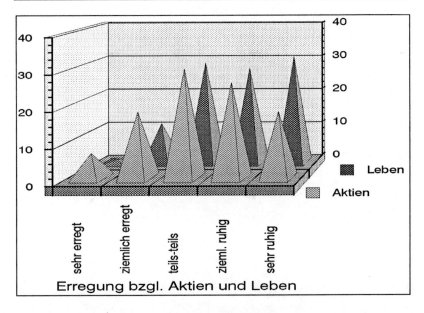

Abbildung 9-3   Erregung bzgl. Aktien und Leben

Betrachten wir deshalb die Dimension der Aktivierung. Hier zeigt sich in der Tat eine leichte, aber durchaus erkennbare Steigerung der empfundenen Aktivierung durch die Beschäftigung mit Aktien (25% ‚erregt' und ‚sehr erregt' in Bezug auf Aktien gegenüber von 12% in Bezug auf das Leben). Daran wird erkennbar, dass für einen beträchtlichen Teil der Befragten die Beschäftigung mit Aktien einen Anregungswert hat, der vermutlich als Bereicherung erlebt wird.

Der empfundene Anregungswert lässt sich weiter spezifizieren angesichts der Tatsache, dass die erlebte Fähigkeit im Umgang mit Aktien (Potenz) als erheblich niedriger eingeschätzt wird als die Fähigkeit mit dem Leben allgemein zurechtzukommen. Im positiven Falle kann man zur Erklärung dieses erstaunlichen Tatbestandes eine gewisse Neugierde unterstellen, sich auch auf neuem Terrain zu erproben.

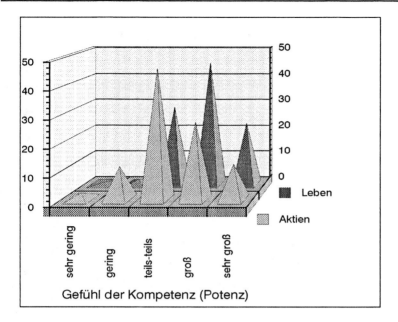

Abbildung 9-4   Kompetenz (Potenz) bzgl. Aktien und Leben

Das Verständnis dieser Emotionsdimensionen wird sicherlich dadurch erleichtert, dass wir die Stimmungen nach der dreidimensionalen Begriffssystematik von RUSSEL & MEHRABIAN (1977) spezifizieren.

Die durchschnittliche lebensbezogene Gestimmtheit aller Befragten war durch eine extrem große Zufriedenheit, eine deutlich unter dem Mittelwert der vorgegebenen Urteils-Bandbreite liegende Aktivierung und ein prinzipiell positives Gefühl der Kompetenz geprägt. Aufgrund einer Untersuchung dieser Autoren bei 300 Studenten über den denotativen Gehalt dieser dimensionalen Ausprägungen lässt sich eine solche Stimmung beschreiben durch Begriffe wie:

♦ selbstzufrieden

♦ fähig

♦ ungetrübt

Die entsprechende auf den Aktienbesitz bezogene Stimmung ist gekennzeichnet durch gemäßigte Zufriedenheit, leicht unter dem Mittelwert liegende Ausprägungen von Aktivierung und leicht über dem Mittelwert liegende Kompetenzgefühle. Sie lässt sich beschreiben durch die Begriffe:

♦ *empfänglich*

♦ *ehrfurchtsvoll*

♦ *bescheiden*

Versucht man nun den Unterschied zwischen diesen Gestimmtheiten zu beschreiben, dann muss diese Stimmungsveränderung gekennzeichnet sein durch eine Steigerung der Aktivierung bei einer Reduktion von Kompetenzgefühl und Zufriedenheit. Diese Veränderung lässt sich beschreiben durch Begriffe wie....

♦ *überraschend / erschreckend*

♦ *(an)gespannt*

aber auch....

♦ *gestresst*

♦ *gedemütigt*

Es lässt sich also schlussfolgern, dass die Befragten sich mit Aktien beschäftigen in der Erwartung überraschender Erlebnisse und Erfahrungen, selbst wenn damit auch unangenehme Stresssituationen verbunden sein können.

In den verschiedensten Publikationen werden verschiedene Attraktivitäten der Aktienanlage genannt, die folglich positiv mit den Emotionsdimensionen korrelieren müssten.

Die Bewertung dieser Anreizaspekte kann allerdings auch recht unterschiedlich ausfallen, je nachdem, ob es – von jeder konkreten Erfahrung ungetrübte – „Erwartungen" oder Illusionen sind, oder aber Urteile erfahrener, u.U. leidgeprüfter Aktionäre. Im Folgenden werden deshalb die o.g. Zusammenhänge für beide Gruppen getrennt aufgeführt, wobei deutliche Unterschiede als „Erfahrungsdefizite" der „zukünftigen" Aktienbesitzer interpretiert werden.

9.6   Der Zusammenhang von Emotionen und Anlagemotivation bei „erfahrenen" und „zukünftigen" Aktionären

Zunächst wird man erwarten, dass die Hoffnung auf hohe Gewinn-aussichten den Gedanken an Aktien „angenehm" macht und gegebe-nenfalls eine „freudige Erregung" erkennbar wird. Möglicherweise ist auch eine hohe Erwartung an Gewinnchancen eher bei solchen Befragten anzutreffen, die sich im Hinblick auf Aktien „stark" (Do-minanz) fühlen.

Wie aus der Tabelle zu ersehen ist, erweist sich keine dieser Vermu-tungen als zutreffend.

Korrelationen bei erfahrenen Aktionären („Was hat Sie an Aktien gereizt? Spielten folgende Aspekte möglicherweise für Sie auch eine Rolle?")			
	angenehm	ruhig	stark
Hohe Gewinnaussichten	+0,03	-0,07	-0,05
Lust am Risiko	+0,08	-0,11	+0,12
Einstieg als Belegschaftsaktionär	-0,08	+0,00	-0,01
Anschluss an Aktienklubs	+0,11	-0,03	+0,09
Interessante Art der Freizeitgestaltung	+0,25**	+0,07	+0,12*
Erprobung der eigenen Kompetenz	+0,23**	-0,02	+0,24**
N=190 * p<.05; ** p<.01			

Tabelle 9-1

Bei den erfahrenen (gegenwärtigen und ehemaligen) Aktionären führen erstaunlicherweise hohe Gewinnerwartungen weder zu be-sonders positiven noch zu negativen Emotionen. Wer aber in der Aktienanlage die Möglichkeit einer interessanten Freizeitgestaltung sieht, verbindet signifikant positivere Gefühle mit dem Gedanken an Aktien als diejenigen, die dieses Motiv nicht nennen. Zudem ist bei ihnen das Kompetenzgefühl leicht erhöht.

Beide Zusammenhänge sind auch bei den Aktionären erkennbar, die das Motiv der „Erprobung ihrer Kompetenz" anführen. Bei ihnen ist natürlich die Beziehung zum Kompetenzgefühl besonders stark.

Die Art der psychischen Verarbeitung des tatsächlichen Umgangs mit Aktien dürfte in den meisten Fällen zumindest eine gewisse „Erfahrung" implizieren. Diese vorsichtige Formulierung hat ihren Ursprung in der empirisch evidenten Tatsache, dass der Umschlag von Aktien gerade in Privatdepots eher relativ selten ist (vgl. v. ROSENSTIEL 1990, FISCHER 1992) und man davon ausgehen muss, dass flexible und marktorientierte Anlagestrategien an der Börse – zumindest bei privaten Anlegern – eher zu den Ausnahmen zählen dürften (vgl. z.B. BLUME und FRIEND 1975, FISCHER 1992).

Demgegenüber ist bei solchen Personen, die beabsichtigen, in Zukunft möglicherweise erstmals Aktien zu erwerben, von Interesse, welche Hoffnungen – u.U. welche Illusionen – sie dazu veranlassen, sich Aktien kaufen zu wollen.

Dieser Personenkreis, der ebenfalls die Düsseldorfer Aktienmesse besuchte, antwortete auf die oben schon dargestellten Fragen folgendermaßen:

Korrelationen bei „zukünftigen" Aktionären („Was würde Sie an Aktien reizen? Spielen folgende Aspekte möglicherweise für Sie auch eine Rolle?")			
	angenehm	ruhig	stark
Hohe Gewinnaussichten	+0,26*	+0,00	+0,01
Lust am Risiko	- 0,02	- 0,14	-0,08
Einstieg als Belegschaftsaktionär	- 0,05	+0,05	-0,15
Anschluss an Aktienklubs	-0,36*	-0,04	-0,28*
Interessante Art der Freizeitgestaltung	+0,01	+0,18	-0,04
Erprobung der eigenen Kompetenz	+0,03	+0,21	+0,00
N=35			

Tabelle 9-2

In der Tat zeigt diese Korrelationsmatrix ein anderes Profil. Bei „angehenden Aktionären" haben im Gegensatz zu den erfahrenen Aktionären diejenigen, die auf Gewinne hoffen, besonders angenehme Gefühle. Die kleine Gruppe derer, denen ein Anschluss an Aktienklubs attraktiv erscheint, hat allerdings eher unangenehme Gefühle, die mit einem geringeren Kompetenzbewusstsein zusammenhängen dürften. Von der sozialen Unterstützung der anderen erhoffen sie sich augenscheinlich mehr Sicherheit bei diesem riskanten Engagement.

Positive Beziehungen der emotionalen Bewertung von Aktien zu dem Interesse an Freizeitgestaltung durch Aktienmanagement bzw. zur Erprobung der eigenen Kompetenz, wie sie bei den erfahrenen Aktionären erkennbar war, deuten sich nur in der Erregungsdimension an.

Zusammenfassend kann man diese Ergebnisse so deuten, dass die Hoffnung auf Gewinne bei unerfahrenen, aber an Aktien als Geldanlageform interessierten Personen vielleicht unangemessen positiv getönte Gefühle auslösen; andererseits werden die Chancen einer Erprobung der eigenen Kompetenz und auch der Freizeitgestaltung im Vergleich zu den erfahrenen Aktionären zu wenig gesehen. Es liegt nahe, diese Unterschiede als Erfahrungsgewinn im Zeitverlauf zu deuten. Da die Datenlage hier keine genauere Präzisierung zulässt, sind wir auf Spekulationen angewiesen. Von den verschiedenen Möglichkeiten weist diejenige die höchste Plausibilität auf, die besagt, dass angesichts der meist von konjunkturellen Entwicklungen abhängigen und eher sporadisch auftretenden Gewinnchancen diese (oft angesichts eigener Verluste) immer mehr an subjektiver Bedeutung verlieren (nur so kann man sein psychisches Gleichgewicht aufrecht erhalten). Dafür aber treten die ausschließlich subjektiven (und deshalb weniger leicht zu widerlegenden) Größen von Kompetenzgewinn und Freizeitgestaltung in den Vordergrund.

9.7 Zur differentiellen Betrachtung einer durch die Dimensionen „Erregung" und „Zufriedenheit" definierten Typologie

MEHRABIAN und RUSSEL postulieren insbesondere die Fruchtbarkeit einer durch die beiden Dimensionen Erregung und Zufriedenheit definierten Typologie. Der Grundgedanke impliziert, dass hohe oder niedrige Erregungsniveaus je nach „Lustniveau" durchaus unterschiedlich erlebt werden. Diesem Zusammenhang entspricht auch eine umfassende Forschung im Bereich der differentiellen Psychologie, die insbesondere die „Abschirmer" von den „Nicht-Abschirmern" (vgl. MEHRABIAN 1978, 21ff.), die „repressors" von den „sensitizers" (GORDON 1957) bzw. „Abwehrer" vs. „Sensibilisierer" (vgl. zur Übersicht über psychoanalytische, persönlichkeitspsychologische Arbeiten zu diesem Thema HERRMANN 1976, 195ff.) unterscheidet.

Die Abschirmer erlangen ein Wohlgefühl nur unter der Voraussetzung von einer gewissen Ruhe, während die „Nicht-Abschirmer" schon nach kurzen Ruhephasen wieder neue „Reizzonen" aufsuchen. Die Häufigkeitsverteilungen der von uns Befragten in diesen beiden Dimensionen lassen u.a. wegen der einseitigen Verteilungen eine solche Typologisierung nur in einem beschränkten Maße zu. Insbesondere ist nachteilig, dass die „Lust-" bzw. „Zufriedenheitsdimension" sehr asymmetrisch zugunsten der Zufriedenen verteilt ist. Wir können also keine Typen mit einer ausgesprochen niedrigen Zufriedenheit bilden. Etwas weniger dramatisch ist die Situation in der Erregungsdimension, bei der die Dominanz des „ruhigen" Pols etwas weniger stark ausgeprägt ist. Unter diesen Einschränkungen wurden durch Dichotomisierung vier Typen gebildet. Unter Verwendung der oben schon erwähnten Ergebnisse von RUSSEL & MEHRABIAN (1977) wurden diesen Typen versuchsweise Begriffe typischer Emotionen zugeordnet, die den skizzierten Ausprägungen in beiden Dimensionen am besten zu entsprechen scheinen:

Emotionstypen der Befragten

◆ *Die Neugierigen* – erregt und durchschnittlich bis weniger zufrieden

◆ *Die Begeisterten* – erregt und sehr zufrieden

◆ *Die Inaktiven* – ruhig und durchschnittlich bis weniger zufrieden

◆ *Die Selbstzufriedenen* – ruhig und sehr zufrieden

Im Folgenden soll versucht werden, durch einige Kriterien wie: präferierte Anlageformen, typische Anlagemotive und Informationsverhalten den Erklärungswert einer solchen Typologie aufzuzeigen. Dies ist hier zunächst nur als Vorschlag anzusehen, da weder die Art noch der Umfang unserer Stichprobe (vgl. FISCHER et al. 1994) geeignet sind, wirklich gesicherte Ergebnisse zu liefern. Dennoch erscheinen die Daten geeignet, gewissermaßen explorativ die prinzipielle Ergiebigkeit einer emotionalen Typologie bei Aktionären zu unterstützen.

Die Neugierigen

Dieser Typus macht etwa 18% unserer Stichprobe aus. Er ist besonders stark geprägt durch ein niedrigeres Alter. Die Angehörigen dieses Typs verfügen im Vergleich zu den anderen Typen noch seltener selber über Aktien (nur 63%); für sie steht als tatsächliches oder mögliches Kaufmotiv von Aktien der Gewinn am stärksten im Vordergrund; dagegen glauben sie seltener, mit Aktienanlagen ihre Freizeit gestalten zu können.

Die Begeisterten

Die Begeisterten (19%) sind eine in dieser Stichprobe besonders gut zu kennzeichnende Population. Als Motiv für die Anlage von Geld in Aktien nennen sie am häufigsten den Spaß am Risiko. Entsprechend präferieren sie insbesondere die riskanten Optionen und verschmähen sicherere Anlageformen wie Investmentfonds oder festverzinsliche Papiere. Riskante Anlageformen haben einen erhöhten Informationsbedarf. Aus diesem Grunde überrascht nicht, dass dieser Typ das intensivste Informationsverhalten aller hier betrachteten Gruppen aufweist (81% täglich). Außerdem geben sie von allen Gruppen die niedrigste Haltedauer für die von ihnen angelegten Papiere an.

Die Inaktiven

Inaktive (25% unserer Stichprobe) scheuen Risiko bei ihren Anlagen; sie streben seltener explizit hohen Gewinn oder die Prüfung ihrer Kompetenz an. Sie können auch kaum aus eigenem Erleben weitere Anreize für eine Anlage in Aktien nennen. Sofern sie Aktien haben, weisen sie die längste Haltedauer auf. Sie bemühen sich relativ selten um börsliche Informationen (nur 66% täglich), präferieren Investmentfonds (51%) und lehnen den Kauf von Optionen ganz überwiegend ab.

Die Selbstzufriedenen

Die Selbstzufriedenen waren mit 39% die mit Abstand größte Gruppe unserer Stichprobe. Sie geben am häufigsten von allen vier Gruppen an, Aktien zu besitzen (84%) und mit Aktien ihre Freizeit gestalten zu wollen (38%). Sie wollen dadurch ihre Kompetenz prüfen (59%) und können noch weitere, im Fragebogen nicht vorformulierte Argumente für den Aktienbesitz nennen (38%). Aber auch andere Anlageformen wie Optionen und festverzinsliche Papiere befinden sich in ihrem Besitz. Lediglich ein Sparbuch besitzen sie besonders selten. Möglicherweise kann dies als Indiz für ein besonders sorgfältig durchdachtes Anlageverhalten angesehen werden.

Die Charakterisierungen der hier vorgestellten Typen müssen natürlich relativiert werden. Wenn hier z.B. den Inaktiven ein relativ niedriges Informationsniveau zugeschrieben wird, dann trifft dies nur vor dem Hintergrund der hier befragten Stichprobe zu. Diese Befragten müssen aber im Vergleich zum bundesdeutschen Durchschnitt (vgl. FISCHER 1992) als überdurchschnittlich informiert angesehen werden, weil sie eben Besucher einer Aktienmesse sind.

Ungeachtet dieser Stichprobenprobleme kann aber der Versuch als gelungen angesehen werden, durch eine einfache - hier nur auf den beiden emotionalen Bewertungsdimensionen „Lust" und „Erregung" bei dem Gedanken an Aktien beruhende – Typologisierung, eine Reihe „typischer" Anlageformen und -motive zu „erklären", d.h. hier zunächst einmal in einen plausiblen Zusammenhang zu bringen.

10 Self-Assessment-Manikins (SAMs) in der Verkehrspsychologie: Die Messung des emotionalen Erlebens von Navigations- und Verkehrsführungssystemen

Frank Belschak & Werner Grimmer

10.1 Problemstellung und Zielsetzung

Die gegenwärtig größten verkehrspolitischen Probleme in Deutschland lassen sich mit den Wörtern Stau und Unfälle beschreiben. So ergab sich schon 1993 eine Gesamtstaulänge von 130.000 km in Deutschland – das Dreifache des Erdumfangs. Diese Situation hat sich seitdem noch weiter verschärft: So nahmen sowohl Individual- als auch Güterverkehr infolge der europäischen Integration und der Öffnung nach Osten stetig zu. Der Bau neuer Straßen ist dagegen aus ökologischen und ökonomischen Gründen stark eingeschränkt worden. Heute herrscht in Deutschland täglich auf durchschnittlich zehn Prozent der Autobahnstrecke Stau. Durch solche Engpässe im Verkehrsbereich entstehen einerseits erhebliche volks- und betriebswirtschaftliche Folgeschäden, andererseits wird auch die Umwelt durch Energieverbrauch und Schadstoffemissionen in Verkehrsstaus in beachtlichem Umfang geschädigt. Bezüglich der Unfallzahlen gilt, dass zwar aufgrund der verbesserten Sicherheit der Fahrzeuge die Anzahl der im Straßenverkehr Getöteten deutlich zurückging, die Unfallzahlen mit Personenschaden auf Deutschlands Straßen aber seit den 70er Jahren kaum abgenommen haben.

Einen möglichen Ausweg aus dieser negativen Verkehrssituation in Deutschland könnte dabei der Einsatz von intelligenten Navigations- und Verkehrsführungssystemen bieten. Die Kombination von moderner Verkehrstechnik und Telematik könnte eine Lösung sein, den Verkehr sicherer, flüssiger und damit auch umweltverträglicher zu gestalten.

Neben den – momentan schon größtenteils gegebenen – technischen Voraussetzungen bedarf es allerdings auch der breiten Nutzung der Navigations- und Verkehrsführungssysteme durch die Autofahrer. Wichtigster Parameter ist hierbei die Akzeptanz solcher Systeme durch die Bevölkerung: Nur wenn die Systeme auch in ihrer Nützlichkeit erkannt und positiv beurteilt werden, werden sie auch breite Verwendung finden. Zur Frage der Akzeptanz solcher Systeme in der Bevölkerung liegen zum derzeitigen Zeitpunkt so gut wie keine Untersuchungen vor. Diese Lücke zu füllen, war die Ausgangsmotivation der diesem Beitrag zugrunde liegenden Studie. Die Studie wurde 1994 vom psychologischen Marktforschungsunternehmen psychonomics GmbH im Auftrag der AXA DIREKT Versicherungs-AG (jetzt: Sicher Direct Versicherungs-AG) durchgeführt. Dabei ging es nicht um die sicherheitsrelevanten Auswirkungen der Systeme, die an anderer Stelle bereits hinreichend thematisiert wurden (z.B. bereits BIEHL 1990; HUGUENIN 1993; RISSER 1993), es wurde vielmehr überprüft, wie die Akzeptanz solcher Systeme bei den Autofahrern auf verschiedenen Ebenen ("Akzeptanzpyramide": vgl. Abbildung 10-1) ausgeprägt ist. Dabei wird das Augenmerk in diesem Beitrag auf das emotionale Erleben unterschiedlicher Systeme gelegt.

10.2   Arten von Navigations- und Verkehrsführungssystemen

Im Folgenden soll ein kurzer Überblick über den Untersuchungsgegenstand, die verschiedenen Arten von Navigations- und Verkehrsführungssystemen, gegeben werden. Diese wurden hier in drei verschiedene Kategorien eingeteilt: Navigations-/ Verkehrsleitsysteme, computergestützte Fahrzeugführungs-/ Sicherheitssysteme sowie vollautomatische Verkehrsführungssysteme. In dieser Reihenfolge gilt für die Systeme, dass

die Komplexität der Systeme immer weiter zunimmt;

der Eingriffscharakter der Systeme immer weiter ansteigt, d.h. dem Fahrer durch das System immer mehr Aufgaben beim Autofahren abgenommen werden, die "Selbstbestimmtheit" des Fahrens insofern abnimmt;

die momentane technische Umsetzbarkeit der Systeme abnimmt: Während Navigationssysteme schon relativ weit verbreitet sind, sind vollautomatische Verkehrsführungssysteme noch weit von einer realen Umsetzung im Straßenverkehr entfernt.

Navigations- und Verkehrsleitsysteme geben dem Fahrer während der Fahrt Anweisungen zur Fahrtrichtung. Dies kann visuell über einen kleinen Bildschirm geschehen, auf dem ein Landkartenausschnitt oder auch Richtungspfeile zu sehen sind, eine andere Möglichkeit ist, dass eine Computerstimme akustische Signale (Richtungsanweisungen) an den Fahrer weitergibt. Dies wird noch ergänzt durch eine aktuelle Standortbestimmung des Autos (mittels "Global Positioning System", GPS). Solche Navigationssysteme existieren heute z.T. schon als Serienausstattung. Möglich, aber bisher noch nicht praktiziert ist zusätzlich das Einschalten einer Verkehrsleitzentrale, die laufend aktuelle Daten über die Verkehrssituation (z.B. Verkehrsstaus) an das Navigationssystem des Autos leiten (z.B. über GSM-Mobilfunknetz) kann, das dann eine neue Fahrtroute auswählt.

In das Fahrzeug eingebaute computergestützte Fahrzeugführungs- und Sicherheitssysteme dienen hingegen weniger zur erleichterten Navigation sondern zur Erhöhung der Sicherheit des Fahrens. Innerhalb der Sicherheitssysteme existieren verschiedene Optionen der computergestützten Fahrzeugführung: So können Systeme zur Sichtverbesserung (z.B. UV-Scheinwerfer), Systeme zur Abstandsregelung (z.B. anhand von Infrarot-Abstandssensoren, die vorausfahrende Fahrzeuge erkennen und deren Geschwindigkeit berechnen), Systeme zum automatischen Überholen, Systeme zum Spurhalten in kritischen Situationen (z.B. durch Überprüfung des Fahrbahnzustandes über Messung der Reibungsverhältnisse) sowie Systeme zur Überwachung von Fahrer- und Fahrzeugzustand eingesetzt werden.

Bei der vollautomatischen Verkehrsführung schließlich werden Navigations- und Verkehrsführungssysteme kombiniert. Das Fahrzeug steuert sich selbstständig und wird dabei gleichzeitig über Informationen von einer Verkehrsleitzentrale geführt. Der "Fahrer" bestimmt lediglich End- und eventuell gewünschte Zwischenziele der Fahrt, den Rest übernimmt das Auto bzw. dessen Computer selbstständig. Fahraktivitäten des Fahrers sind überflüssig, er wird zum Fahrgast, das Auto zur Fahrgastzelle.

Ausführlichere Überblicke über die Technik von Navigations- und Verkehrsführungssystemen finden sich bspw. bei SPANIOL & HOFF (1995) und TOMKEWITSCH (1995).

10.3 Stufen der Akzeptanz

Die Akzeptanz der dargestellten Navigations- und Verkehrsführungssysteme wurde in der Ursprungsstudie auf vier Stufen gemessen.

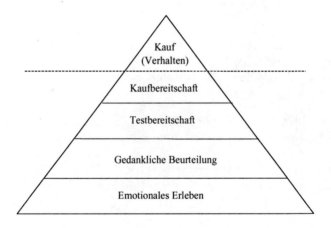

Abbildung 10-1   Die Akzeptanzpyramide

Zuerst wurde die gefühlsmäßige Beurteilung erhoben, daran anschließend kognitive Gegenstandsbeurteilungen auf verschiedenen Dimensionen erfasst. Schließlich wurde nach Test- und Kaufbereitschaft bezüglich der Systeme gefragt. Diese vier Elemente der Akzeptanz bauen aufeinander auf, indem sie die Entwicklung der Akzeptanz über verschiedene Stufen bis zum tatsächlichen Kauf hin in

Form einer "Akzeptanzpyramide" beschreiben (GRIMMER, ADELT & STEPHAN 1995).

Die Akzeptanzpyramide spiegelt hierbei die Ergebnisse der Einstellungsforschung wider: Die prognostische Qualität eines Konstruktes in Bezug auf Verhalten steigt mit zunehmender Differenziertheit des Konstrukts. Das allein emotionale Erleben des Gegenstands liegt auf der untersten Ebene. Es stellt eine einseitige wenig differenzierte Betrachtung dar, aus der allein sich nur schlecht tatsächliches Verhalten vorhersagen lässt. Etwas differenzierter stellt sich das Einstellungskonzept dar, welches in erheblichem Ausmaß zusätzlich auch kognitive Anteile beinhaltet. Einstellungen als Prognostica für Verhalten setzen sich aus drei Komponenten zusammen (Drei-Komponenten-Modell der Einstellung): einer affektiven, einer kognitiven und einer konativen bzw. verhaltensmäßigen Komponente. Dabei ist allerdings strittig, ob es sich bei der konativen Komponente wirklich um eine Teilkomponente der Einstellung oder nicht vielmehr um eine eigenständige psychische Variable handelt (ROTH 1967, 99ff.). Das Drei-Komponenten-Modell wird gegenwärtig mehr als "heuristisches Organisationsschema" für Untersuchungen über Einstellungen und Verhalten gesehen, unstrittig ist jedoch, dass Einstellungen kognitive und affektive Elemente beinhalten (vgl. TROMMSDORFF 1989; KROEBER-RIEL 1992). Aber auch aus der Einstellung einer Person lässt sich nur begrenzt Rückschluss auf ihr tatsächliches Verhalten ziehen. Neben der Einstellung spielen auch die äußeren Bedingungen eine entscheidende Rolle für die Wahl einer Verhaltensweise (z.B. FAZIO & ZANNA 1981). Die Situationsbedingungen treten zwischen Einstellung und Verhalten und modifizieren die Wirkungen der Einstellung auf das Verhalten. Um die Bedingungen mit zu erfassen, muss auf das Konstrukt der Absicht zurückgegriffen werden. Diese umfasst neben der Einstellung einer Person gegenüber einem Gegenstand gleichzeitig auch ihre Einschätzung der erwarteten Bedingungen. Absichten liegen daher "näher" am Verhalten als Einstellungen. Ein bekanntes Modell zur Messung von Verhaltensabsichten wurde bspw. von FISHBEIN & AJZEN (1975) bzw. AJZEN (1989) vorgestellt. Die dargestellte Differenzierung von Emotionen (Emotionales Erleben) zu Einstellungen (Gedankliche Beurteilung) und schließlich zu Absichten (Test- und Kaufbereitschaft) findet sich in der Akzeptanzpyramide wider (vgl. Abbildung 10-1).

Die Testbereitschaft wurde hierbei als zusätzliche, der Kaufbereitschaft (bzw. Kaufabsicht) vorgelagerte Variable miterhoben. Denn der Test eines Gegenstands ist einfacher zu erreichen als sein Kauf und beeinflusst die Akzeptanz des Gegenstands – und damit auch die Kaufwahrscheinlichkeit – positiv. Dies lässt sich dissonanztheoretisch (FESTINGER 1957) oder auch mittels des Investment-Modells (RUSBULT 1980) erklären. Folgerichtig konnte speziell im Telematikbereich BRAUSWETTER (1994) aufzeigen, dass bereits eine einmalige Testfahrt mit einem Abstandswarnsystem dessen Akzeptanz deutlich erhöht.

Im Laufe des vorliegenden Beitrags soll ausschließlich das emotionale Erleben verschiedener Navigations- und Verkehrsführungssysteme betrachtet werden. Die Ergebnisse bezüglich der Akzeptanz auf den anderen Stufen der Akzeptanzpyramide sind an anderer Stelle hinlänglich dargestellt (GRIMMER, ADELT & STEPHAN 1995).

10.4   Einflussgrößen auf emotionales Erleben und Akzeptanz

Das emotionale Erleben von Navigations- und Verkehrsführungssystemen wird von vielen Faktoren beeinflusst. Im Rahmen dieser Untersuchung wurde das Augenmerk auf bestimmte psychologische Merkmale der Autofahrer gelegt, so wurden insbesondere verschiedene verkehrsverhaltensrelevante Motive von Autofahrern erhoben. Aus den Ausprägungen dieser Motive wurde clusteranalytisch eine Autofahrertypologie gebildet. Dem Einfluss der Zugehörigkeit zu einem bestimmten Autofahrertypus auf das emotionale Erleben widmen sich die folgenden Ausführungen. Eine Betrachtung nach verschiedenen Typen scheint dabei auch aus praktischen Erwägungen heraus sinnvoll: Hierdurch werden Zielgruppen für Verkehrssicherheitsmaßnahmen identifiziert und empirisch näher beschrieben, die gezielt angesprochen werden können.

10.4.1 Fahrmotive deutscher Autofahrer

Fahrmotive und Fahrstile wurden schon früh zur Erklärung von Verkehrsverhalten herangezogen. Den Beginn legte Anfang der 70er Jahre die Forschungsreihe einer Gruppe um BERGER über den psychischen Umgang mit dem Straßenverkehr (BERGER, BLIERSBACH & DELLEN 1973; 1974; 1975; BLIERSBACH 1978; 1979; BLIERSBACH & DELLEN 1981). In tiefenpsychologischen Interviews fanden sie zunächst zwei Grundbedürfnisse im Straßenverkehr: das Bedürfnis nach lustvollem Erleben einerseits ("Ausleben"), sowie auf der anderen Seite das Bedürfnis, die Angst vor den Risiken im Straßenverkehr abzubauen ("Absichern"). Diese qualitativen Forschungsergebnisse konnten später auch quantitativ bestätigt werden (z.B. bei Untersuchungen über Sicherheitsgurte von BERGER, BLIERSBACH & DELLEN 1974 oder über Geschwindigkeitsbegrenzungen durch UTZELMANN 1976). Sie können somit zu den gesicherten Bestandteilen verkehrspsychologischer Erklärungskonzepte gezählt werden (vgl. KLEBELSBERG 1982; RISSER 1988). GRIMMER, ADELT & STEPHAN (1995) konnten mittels Faktorenanalysen aufzeigen, dass es sich bei Auslebe- und Absicherungsmotiv um voneinander unabhängige Konstrukte handelt. Auslebe- und Absicherungsmotiv können somit auch gleichzeitig in hoher Ausprägung vorliegen. Im Rahmen von weiterführenden Arbeiten fand UTZELMANN (1976; 1977), dass aus den Ergebnissen der BERGER-Gruppe ein weiteres, drittes Grundmotiv identifiziert werden kann: das Autonomie-Motiv. Auch dessen Unabhängigkeit von den anderen beiden Grundmotiven konnte UTZELMANN aufzeigen, dieses Ergebnis wurde in der Studie von GRIMMER, ADELT & STEPHAN (1995) bestätigt. Inhaltlich umschreibt dieses Motiv das Ausmaß, in dem Autofahrer Widerstand gegenüber Einschränkungen von außen (z.B. Überholverbote oder Geschwindigkeitsbegrenzungen) empfinden.

Neben diesen drei gesicherten Grundmotiven wurden in der vorliegenden Untersuchung noch zwei weitere Fahrmotive untersucht, die sich im Rahmen einer Faktorenanalyse als von den drei anderen unabhängige Konstrukte darstellten (vgl. GRIMMER, ADELT & STEPHAN 1995): ein Genussmotiv und ein Hobbymotiv. Das Genussmotiv umfasst eine generelle Freude am Autofahren. Der Fahrer erlebt dabei ein Gefühl der Unabhängigkeit und Freiheit. Dieses ist jedoch nicht Teil des Auslebemotivs, denn im Unterschied zu diesem ist das Gefühl nicht mit der Lust an der Gefahr verbunden. Das Unabhängigkeitsgefühl umfasst als Komponenten einerseits die erlebte Freiheit, sich jederzeit an jeden Ort begeben zu können. Es knüpft somit an das klassische Mobilitätsbedürfnis an (vgl. SCHMITZ 1988). Andererseits umfasst es die Freiheit, im eigenen Auto tun zu können, was man will – in Abgrenzung bspw. zu den öffentlichen Verkehrsmitteln. Das Hobbymotiv schließlich bezieht sich – im Gegensatz zu den anderen bisher erläuterten Motiven – nicht direkt auf das Autofahren sondern vielmehr auf das Objekt Auto. Es handelt sich damit nicht direkt um ein "Fahr"-Motiv. Behandelt werden hier vielmehr Aspekte eines allgemeinen Interesses am Auto, die sich z.B. darin manifestieren, dass die Person ihr Auto in- und auswendig kennt und es auch selbst pflegt und wartet. Es äußert sich jedoch auch im Fahrverhalten, insofern als "Tüftler" das Ergebnis ihrer "Tüftelei" auch in der Praxis ausprobieren wollen. Dabei wissen sie eher als andere, wie ihr Auto funktioniert, und riskieren daher auch beim Fahren mehr.

10.4.2 Autofahrertypologien

In den 70er und 80er Jahren wurden viele verkehrspsychologische Untersuchungen durchgeführt, mittels derer sicherheitsrelevante Einstellungen von Autofahrern identifiziert und ggf. geändert werden sollten (vgl. KLEBELSBERG 1982). Dabei kam insbesondere der Gedanke auf, verschiedene Zielgruppen voneinander abzugrenzen (z.B. jugendliche vs. ältere Autofahrer). Spätere Forschungsergebnisse zeigten allerdings, dass solch eine Zielgruppenbildung allein aufgrund von Soziodemographia nicht sehr fruchtbar ist, sondern vielmehr auf psychologische Hintergründe des Autofahrens ausgerichtet sein sollte, d.h. eine psychologische Typologie gebildet werden muss (vgl. SCHULZE 1996).

Auf empirischer Ebene wurden bislang noch so gut wie keine Autofahrertypologien aufgestellt. Eine Typologie für österreichische Autofahrer entwickelten BUSAKA & WENNINGER (1985). Sie fanden aus Ergebnissen von Persönlichkeits-, Wahrnehmungs- und Reaktionstests sowie Fahrbeobachtungen vier verschiedene Fahrertypen: den "unauffälligen Durchschnittsfahrer", den "wenig routinierten, unentschlossenen Fahrer", den "sportlich-ambitionierten Fahrer" sowie den "risikofreudig-aggressiven Fahrer". Ein methodischer Kritikpunkt dieser Typologie liegt allerdings in der Selektivität der Stichprobe: Die insgesamt 248 österreichischen Versuchsteilnehmer hatten sich freiwillig für den sehr zeitintensiven Versuch gemeldet. Dies lässt vermuten, dass gewisse Typen – bspw. besonders ängstliche oder besonders aggressive Fahrer – unterrepräsentiert sind.

Eine Typologie für deutsche Autofahrer stellten ADELT, GRIMMER & STEPHAN (2000) in einer weiteren Studie für die AXA DIREKT Versicherung auf. In einer Repräsentativerhebung von 1608 deutschen Autofahrern bildeten sie aus Fahrmotiven, Fahrstilen, Einstellungen zum Auto und Autofahren sowie dem Fahrverhalten insgesamt sechs Typen von Autofahrern: Zwei Typen zeichnen sich durch hohe Risikolust und ein hohes Bedürfnis nach Selbstbestätigung aus. Dabei lebt der "Raser" diesen Drang aus, der "Frustrierte" hingegen nicht. Er unterdrückt vielmehr seinen Drang, der dann lediglich in Form von leichterer Reizbarkeit und gelegentlichen überaus heftigen emotionalen Reaktionen nach außen durchbricht. Den dritten Typ bilden die "Ängstlichen", die den Wenigfahrer darstellen. Dieser zeichnet sich durch besonders unsicheres Fahrverhalten aus. Die übrigen drei Fahrertypen zeigen ein überwiegend unauffälliges Risikoverhalten. Sie setzen sich zusammen aus den "Funktionalisten", den "Gelassenen" und den "Vorsichtigen". "Funktionalisten" betrachten das Auto rein pragmatisch als Gebrauchsgegenstand und haben ein nüchternes Verhältnis zum Autofahren. Die "Gelassenen" und die "Vorsichtigen" hingegen erleben Freude beim Autofahren, die sich jedoch nicht aus risikoreichem Fahren sondern aus langsamem "Dahingleiten" ableitet. Der "Vorsichtige" erlebt dabei jedoch Angstgefühle, die er durch besondere Sicherheitsorientierung und Vorsicht mindert. Der "Gelassene" hingegen fährt ohne solche Angstgefühle im Verkehr.

Der Bestand an empirisch basierten und methodologisch hochwertigen Autofahrertypologien für Deutschland ist demnach sehr gering. Die diese Kriterien erfüllende Studie von ADELT, GRIMMER &

STEPHAN (2000) greift leider bei der Typenbildung auf eine Vielzahl von Variablen zurück, die in der vorliegenden Studie aus Ökonomiegründen nicht erfasst werden konnten. Eine Zuordnung der Befragten zu den dort gefundenen Fahrertypen ist daher leider nicht möglich. Insofern wird im Rahmen der vorliegenden Arbeit nicht auf bestehende Typologien zurückgegriffen, sondern es wurde selbst eine solche empirische Typenbildung nach den Fahrmotiven der Autofahrer vorgenommen.

10.4.3 Methodik der Studie

Die zugrundeliegende Studie basiert auf einer Kombination aus qualitativer und quantitativer Untersuchung. In einer qualitativen Voruntersuchung wurden Gedanken, Gefühle, Motive und Widerstände im Hinblick auf neue Techniken im Straßenverkehr inhaltlich tiefgehend exploriert. An die qualitativen Ergebnisse anschließend wurde eine Repräsentativbefragung durchgeführt, um die Fragestellung quantitativ auszuwerten. Hierfür wurde den Versuchspersonen ein Fragebogen vorgelegt. Die Repräsentativbefragung wurde im Juli 1995 mit 1074 Autofahrern aus den alten und neuen Bundesländern durchgeführt. Hierbei wurde ein mehrstufiger Zufallsstichprobenplan verwandt. Nähere Angaben zur Stichprobenzusammensetzung finden sich in GRIMMER, ADELT & STEPHAN (1995).

10.4.4 Fragebogenaufbau – die Szenario-Technik

Um den Befragten einen möglichst plastischen Eindruck der Navigations- und Verkehrsführungssysteme zu vermitteln, wurde eine Szenario-Technik verwandt. Den Befragten wurden drei Szenarien präsentiert, deren Inhalt jeweils die Geschichte einer Autofahrt erzählte, in deren Verlauf die Eigenschaften von a) Navigations- und Verkehrsleitsystemen, b) computergestützten Fahrzeugführungs- und Sicherheitssystemen sowie c) einer vollautomatischen Verkehrsführung plastisch dargestellt wurden. Dies geschah in Form von 1/2- bis 1-seitigen Texten. Diese Vorgehensweise hat sich schon mehrfach als hilfreiches Instrument für eine möglichst verhaltensnahe

Messung erwiesen (z.b. JACOBS 2000; SEGALLA, FISCHER & SANDNER 2000). Sie orientiert sich eng an der Technik der "Phantasie-Reise": Der Leser soll sich entspannt zurücklehnen, eine Autofahrt imaginieren und sich in die vorgegebene Situation hineinversetzen. Nach jedem Szenario wurden jeweils das emotionale Erleben und die verschiedenen Ebenen der Akzeptanz in standardisierter Form abgefragt. Ein solches Vorgehen wird gestützt durch Befunde aus der klinischen Psychologie, nach denen lebhafte Imaginationen die gleichen physiologischen Reaktionen verursachen wie tatsächlich wahrgenommene Situationen (vgl. z.B. PETERMANN & KUSCH 1993). Weiterhin war ein solches imaginationsbasiertes Vorgehen auch geboten, weil die vorgestellten Systeme in der Realität teils (noch) nicht oder nur sehr schwer erhältlich sind und es sich im Fall der vollautomatischen Verkehrsführung sogar um eine reine Zukunftsvision handelt.

10.4.5 Messung des emotionalen Erlebens

Zur Messung des emotionalen Erlebens der drei Szenarien wurde das "Self-Assessment-Manikin" (SAM)-Verfahren angewandt (LANG 1980). Dies schien für die vorliegende Untersuchung besonders geeignet, da es in seiner dreidimensionalen Grundstruktur in zahlreichen emotionspsychologischen Untersuchungen bestätigt wurde (z.B. HAMM & VAITL 1993), schnell durchführbar ist und – da es sich um ein bildhaftes Verfahren handelt – nicht von der Sprachgewandtheit des Befragten beeinflusst wird. Des Weiteren bietet ein an dieses Verfahren ansetzendes "Emotions-Wörterbuch" die interessante und einmalige Möglichkeit, das emotionale Erleben der Versuchspersonen anschaulicher zu beschreiben (vgl. FISCHER & BRAUNS in diesem Buch). Hierbei werden die gemessenen Dimensionsprofile mittels an einer Eichstichprobe entwickelten "Umrechnungsskalen" wieder in ihre emotionalen Bedeutungen zurückübersetzt. Im Folgenden wird von einer näheren Charakterisierung und Darstellung des SAM-Verfahrens abgesehen, da dies schon ausführlich an anderer Stelle in diesem Buch geschieht. Es soll hier lediglich noch darauf hingewiesen werden, dass sich das SAM-Verfahren in der praktischen Anwendung besonders auch durch seine schnelle und problemlose Durchführung sowie seine intuitive Eingänglichkeit für die Befragten hervorgetan hat.

10.4.6 Messung der Fahrmotive

Die oben vorgestellten Fahrmotive wurden über 15 Items erhoben, die jeweils zu motivspezifischen Kurzskalen zusammengefasst wurden. Die Items wurden als Statements formuliert, denen die Befragten auf einer vierstufigen Skala zustimmen sollten. Ein Drittel der Items (genauer: jeweils die Hälfte der Items des Auslebe-, Absicherungs-, Genuss- und Autonomiemotivs) wurde dabei wörtlich oder in Anlehnung dem Fragebogen von BERGER, BLIERSBACH & DELLEN (1974) entnommen, die restlichen Items wurden aus der inhaltlichen Beschreibung der Dimensionen und der qualitativen Voruntersuchung selbst formuliert. Die Abgrenzbarkeit der einzelnen Skalen und deren interne Konsistenz wurden statistisch überprüft: Im Rahmen von Faktorenanalysen konnte die vermutete Dimensionsstruktur (Motivzahl und -unabhängigkeit) bestätigt werden. Die innere Konsistenz lag bei allen Skalen zwischen 0.61 und 0.81 (Cronbach's Alpha) (vgl. GRIMMER, ADELT & STEPHAN 1995), somit in einer akzeptablen Höhe.

10.4.7 Bildung der Autofahrertypologie

Aus dem Antwortverhalten bei den erhobenen Fahrmotiven wurde eine Autofahrertypologie gebildet, indem die Befragten nach Ähnlichkeitsgesichtspunkten im Antwortverhalten zu Gruppen zusammengefasst wurden. Dabei sollten Fahrer mit ähnlichen Fahrmotiven zu möglichst homogenen Gruppen (Typen) zusammengefasst werden, die Gruppen (Typen) untereinander sollten sich hingegen möglichst deutlich unterscheiden. Gesucht wird demnach eine Typologie, die intern homogene und extern heterogene Autofahrergruppen liefert. Dieses Problem wird durch das statistische Verfahren der Clusteranalyse behandelt (vgl. BACKHAUS et al. 1994; BACHER 1994). Als aktive bzw. Klassifikationsvariablen wurden die Fahrmotive gewählt. Dabei wurden alle Motivskalen normalisiert, so dass sie einheitlich skaliert in die Analyse einflossen. Als Clusterverfahren wurde das Minimaldistanzverfahren für das Varianzkriterium (K-Means-Verfahren) gewählt. Das Distanzmaß bildete die ungewichtete quadrierte euklidische Distanz, um große Unterschiede stärker zu behandeln; die Startpositionierung für die Clusterung wurde über ein Quick-Clustering-Verfahren bestimmt. Es wurde somit ein nichthierarchisches, partitionierendes Clusterungsverfahren gewählt. Dieses weist gegenüber einer hierarchischen Clusteranalyse den Vorteil der größeren Flexibilität auf: Die Klassifikationsobjekte können auch nach einer einmal vorgenommenen Clusterzuteilung später noch umgeordnet werden. Hierdurch kann eine Steigerung der internen Homogenität der Cluster erreicht werden.

Die optimale Clusterzahl wurde über die Berechnung mehrerer Clusteranalysen mit unterschiedlichen Clusteranzahlen berechnet.

Clusterzahl	Streuungsquadratsumme		F-Wert	Eta^2
	innerhalb	zwischen		
1	2712,305	0	0	Kein Wert
2	1925,847	786,458	437,773	0,290
3	1647,260	1065,044	346,230	0,393
4	1430,205	1282,100	319,732	0,473
5	1311,567	1400,738	285,420	0,516
6	1218,713	1493,591	261,777	0,551
7	1142,146	1570,159	244,475	0,579
8	1078,555	1633,749	230,676	0,602
9	1013,054	1699,251	223,298	0,626
10	964,505	1747,233	214,233	0,644

Tabelle 10-1 Kennwerte der Clusterlösungen

Bei Betrachtung der Lösungen unter statistischen, inhaltlichen und ökonomischen Gesichtspunkten erwies sich die 5-Clusterstruktur als optimal. Aus statistischen Erwägungen heraus kommt insbesondere auch eine 4-Clusterlösung in Betracht. Werden allerdings zusätzlich inhaltliche Kriterien angelegt und als Ziel aufgestellt, mehr als 50% der Varianz zu erklären, so fällt die Wahl auf die 5-Clusterlösung. Diese differenziert gegenüber der 4-Clusterlösung besser und spiegelt auch in stärkerem Maße die Ergebnisse der qualitativen Voruntersuchungen wider. Des Weiteren weist sie die gewünschte empirische Relevanz auf, indem sie 51,6% der Gesamtvarianz der Klassifikationsvariablen erklärt.

10.4.8　Beschreibung der Autofahrertypen

Von den 1074 Befragten konnten 1068 Personen auf die fünf Cluster verteilt werden. Die Namen der Cluster wurden soweit möglich an den Namen bereits vorliegender Fahrertypologien, insbesondere der von Adelt/ Grimmer/ Stephan (2000) angelehnt. Vor einer genaueren inhaltlichen Darstellung seien kurz tabellarisch die Mittelwerte der Cluster auf den "aktiven" Fahrmotiv-Variablen (die Skalen reichen jeweils von 1 bis 4) sowie die Clustergrößen wiedergegeben.

	Ausleben	Absicherung	Autonomie	Hobby	Genuss	Cluster-größe
Cluster 1	3,67	1,76	3,08	2,87	2,15	198 (18,57%)
Cluster 2	3,52	2,12	1,70	2,83	1,82	177 (16,6%)
Cluster 3	2,37	2,27	2,05	2,35	1,93	198 (18,57%)
Cluster 4	2,27	3,48	1,56	2,19	1,32	244 (22,89%)
Cluster 5	3,29	3,17	2,84	2,47	1,57	249 (23,36%)

Tabelle 10-2　Clustermittelwerte und -größen

Cluster 1: "Der Raser"

Dieser Typ Autofahrer hat durchschnittlich das am höchsten ausgeprägte Auslebe-, Autonomie-, Hobby- und Genussmotiv. Sein Absicherungsmotiv hingegen ist das im Vergleich zu den anderen Typen mit Abstand niedrigste. Die Mittelwertunterschiede erweisen sich hierbei in paarweisen Vergleichen zwischen den Clustern alle als statistisch signifikant. Der "Raser" zeichnet sich durch seinen aggressiven Fahrstil aus. Autofahren ist für ihn eine Herausforderung, Angst erlebt er dabei in keiner Weise. Er reagiert mit besonders heftigem Widerstand auf Vorschriften im Straßenverkehr, da diese ihn in seinem Ausleben behindern. Beim Autofahren empfindet er in starkem Maße Gefühle von Unabhängigkeit und Freiheit. Auch interessiert er sich grundsätzlich stark für Autos und informiert sich mittels Fernsehen und Zeitschriften darüber.

Cluster 2: "Der Hobby-Fahrer"

Autofahrer in diesem Cluster zeichnen sich insbesondere durch ihr hohes Hobbymotiv aus, das fast so hoch ausgeprägt ist wie das der "Raser", und das Zweithöchste (signifikant höher) im Vergleich zwischen den Clustern darstellt. Im Unterschied zum ersten Autofahrertypus ist das Autonomiemotiv allerdings nur sehr schwach ausgeprägt: D.h. "Hobby-Fahrer" empfinden kaum Widerstand gegenüber Straßenverkehrsvorschriften. Dies wird verständlicher bei Betrachtung der weiteren Motivausprägungen. So genießen sie das Autofahren und die damit verbundene Freiheit. Dies zeigt sich im relativ hoch ausgeprägten Genussmotiv (signifikant höher als bei den anderen Typen), das lediglich bei den "Rasern" noch höher liegt. Es handelt sich dabei aber eher um den Genuss des *Fahrzeug*liebhabers als des *Fahr*liebhabers. Dieser Autofahrertypus interessiert sich denn auch in den Medien nicht für Autosport sondern eher für Autotests, -technik und -sicherheit. Das Auto ist sein Hobby. Das Absicherungsmotiv dieses Typus ist mittelstark ausgeprägt, er geht daher nicht so hohe Risiken ein wie der Raser und empfindet durchaus auch Angst im Straßenverkehr.

Cluster 3: "Der Gleiter"

Hervorstechendstes Merkmal beim "Gleiter" ist das sehr niedrig ausgeprägte Auslebemotiv (signifikant niedriger als bei allen anderen Typen bis auf Cluster 4 – "Den Ängstlichen"). Weiterhin zeichnet er sich durch ein relativ hohes Genussmotiv aus. Dieses ist signifikant höher ausgeprägt als in Cluster 4 und 5, allerdings niedriger als bei den "Rasern" (Cluster 1). Die Mittelwerte auf den anderen beiden Motiven sind im Vergleich zu den anderen Typen im mittleren Bereich.

Im vorliegenden Fall handelt es sich erneut um einen "Genussautofahrer", der sich jedoch qualitativ in der Art des Genusses von den beiden schon dargestellten Typen unterscheidet: Während erstere den Genuss aus dem Auslebe- bzw. Hobbymotiv schöpfen, spielen diese Aspekte beim "Gleiter" keine Rolle. Bei näherer Betrachtung einiger weiterer Merkmale wird deutlicher, woraus dieser Fahrertyp seinen Genuss beim Autofahren schöpft: Er fährt jährlich signifikant mehr Kilometer – auf Autobahnen und Landstrassen, insbesondere in Form von Fernstrecken – als ein durchschnittlicher anderer Autofahrertyp. Dabei unterscheidet er sich jedoch nicht signifikant im Anteil von Berufsfahrten. D.h., es handelt sich hierbei nicht um beruflich bedingte Autofahrten, sondern um Fahrten aus reiner Freude am Autofahren. Beim Fahren sucht er keine Aufregung oder Konfrontation (niedriges Auslebemotiv). Dies liegt jedoch nicht daran, dass er Angst empfindet (nur mittleres Absicherungsmotiv), sondern weil er das ruhige Fahren genießt: Frei von Angst und Risikogelüsten "schwebt" er am liebsten über die Straßen und entspannt sich beim Autofahren (signifikant höhere Werte auf Entspannung beim Autofahren als durchschnittliche andere Autofahrertypen).

Cluster 4: "Der Ängstliche"

Dieser Autofahrertyp besitzt ein sehr prägnantes Profil: Einerseits zeichnet er sich durch ein signifikant höheres Absicherungsmotiv gegenüber allen anderen Typen aus, Autofahren ist für ihn somit eine angstbesetzte Handlung. Andererseits liegen die Werte auf den restlichen Motiven signifikant niedriger als bei allen anderen Typen, er zieht demnach keine positiven Emotionen (Genuss/ Freiheit, Hobby/ Interesse oder Ausleben) aus dem Auto. Damit stellt er von seiner Motivausgestaltung eine Art Gegenpol zum "Raser" dar, der sich ebenfalls durch extreme Motivausprägungen, allerdings jeweils symmetrisch in die andere Richtung, auszeichnet. Er versucht daher, das Auto möglichst wenig zu benutzen: Seine durchschnittliche jährliche Kilometerleistung und sein Anteil an Privatautofahrten liegt signifikant niedriger als der Durchschnitt der anderen Autofahrertypen.

Cluster 5: "Der Freidenker"

Den letzten Typus bildet der "Freidenker". Dieser besitzt keine extremen Motivausprägungen verglichen mit den anderen Typen, lediglich seine Absicherungs- und sein Autonomiemotiv sind vergleichsweise hoch ausgeprägt: Sie liegen signifikant höher als bei drei der restlichen vier Typen. Insofern reagiert der "Freidenker" empfindlich auf Vorschriften im Straßenverkehr, die er als Bevormundung empfindet. Andererseits erlebt er aber Unbehagen in gefährlichen Situationen beim Autofahren. Weder in seinen Soziodemographia noch in seinen Fahrcharakteristiken hebt er sich signifikant vom Durchschnitt der anderen Cluster ab. Es handelt sich demnach nicht um einen Berufs- oder einen Prestigefahrer. Charakteristisch für diesen Typen ist vielmehr, dass er sich in nichts vom Durchschnitt unterscheidet außer seinem hohen Autonomiemotiv. Insofern lässt sich dieser Typus mit der Metapher des "früheren Wilden" umschreiben, der mittlerweile etabliert ist und sich in seinem Verhaltensstil nicht mehr von anderen unterscheidet.

10.4.9 Das emotionale Erleben von Navigations- und Verkehrsführungssystemen

Im Folgenden soll das emotionale Erleben der verschiedenen Autofahrertypen bei Konfrontation mit den drei unterschiedlichen Szenarien von Navigations- und Verkehrsführungssystemen betrachtet

werden (für eine Diskussion des Einflusses der einzelnen Fahrmotive
sowie der fahrverhaltensrelevanten Einstellungen siehe GRIMMER,
ADELT & STEPHAN 1995). Dabei werden zunächst die drei Einzeldimensionen der SAMs (Valenz, Erregung und Dominanz) näher
untersucht. Im Anschluss daran werden (mittels des "Emotions-
wörterbuchs") die Konfigurationen der drei Dimensionen in emotionale Bedeutungen rückübersetzt und die entsprechenden Emotionsbegriffe miteinander verglichen. Hierdurch wird die Interpretation
der Messergebnisse erleichtert und veranschaulicht.

10.5 Betrachtung nach Einzeldimensionen

	"Raser"	"Hobby-Fahrer"	"Gleiter"	"Ängstliche"	"Freidenker"
Szenario 1	Valenz : 0,37 Erregung : - 0,24 Dominanz : 0	Valenz : 0,37 Erregung : - 0,16 Dominanz : 0,04	Valenz : 0,43 Erregung : - 0,18 Dominanz : - 0,15	Valenz : 0,60 Erregung : - 0,34 Dominanz : - 0,26	Valenz : 0,48 Erregung : - 0,32 Dominanz : - 0,13
Szenario 2	Valenz : 0,08 Erregung : 0,09 Dominanz : 0,17	Valenz : 0,16 Erregung : 0,02 Dominanz : 0,20	Valenz : 0,25 Erregung : 0,02 Dominanz : - 0,01	Valenz : 0,34 Erregung : - 0,06 Dominanz : - 0,04	Valenz : 0,17 Erregung : - 0,04 Dominanz : - 0,03
Szenario 3	Valenz : 0,03 Erregung : 0,06 Dominanz : 0,20	Valenz : 0,04 Erregung : 0,05 Dominanz : 0,25	Valenz : 0,21 Erregung : - 0,09 Dominanz : 0,03	Valenz : 0,22 Erregung : - 0,11 Dominanz : 0,06	Valenz : 0,20 Erregung : - 0,22 Dominanz : 0,06

Tabelle 10-3 Clustermittelwerte auf den drei SAM-Dimensionen (Werte
recodiert auf eine Skala von -1 bis 1)

Szenario 1:

Navigations- und Verkehrsleitsysteme werden auf der <u>Valenzdimen-
sion</u> von allen Autofahrertypen als eher angenehm beurteilt. Eine

Abweichung von den anderen Typen stellt hierbei lediglich der "Ängstliche" dar, der bei diesem Szenario sogar noch signifikant stärkere angenehme Gefühle erlebt. Er reagiert emotional deutlich positiv auf elektronische Navigationssysteme. Auf der Erregungs-dimension unterscheiden sich die Autofahrertypen hingegen nicht signifikant voneinander: Alle gaben durchschnittlich eine leichte Erregung bei diesem Szenario an. Signifikante Unterschiede finden sich dann jedoch wieder auf der Dominanzdimension: "Raser" und "Hobby-Fahrer" fühlen sich kleiner und hilfloser als die drei anderen Typen. Absolut betrachtet empfinden sie dieses Szenario bezüglich ihrer Dominanzgefühle allerdings als neutral, d.h. sie fühlen sich weder klein und hilflos noch groß und mächtig. Die drei anderen Typen hingegen fühlen sich eher groß und mächtig.

Insgesamt betrachtet ist festzustellen, dass die Navigations- und Verkehrsleitsysteme von allen Autofahrertypen relativ positiv erlebt werden. Auffallend sind die besonders angenehmen Empfindungen der "Ängstlichen" sowie das – im Vergleich – niedrigere Dominanz-empfinden der "Raser" und "Hobby-Fahrer". Die letzten beiden Typen zeichnen sich durch hohe Auslebe- und Genussmotive aus, d.h. sie ziehen Selbstbestätigung aus dem Auto bzw. dem Autofahren und erleben dabei ein Gefühl der Freiheit und Unabhängigkeit. Der Gedanke, dass in ihren ganz selbstbestimmten Raum des Autofahrens eingegriffen werden soll, löst daher eine gewisse unspezifische Aufregung hervor. Auch wenn die Befriedigung der Motive noch nicht gefährdet ist, was sich in der absoluten Höhe der Dominanzdimensionsausprägung sowie den Ausprägungen auf den anderen beiden Dimensionen äußert, reagieren sie doch anders als die anderen Typen auf diesen ersten Schritt in Richtung eines potentiellen Eingriffs in ihre Quelle der Selbstbestätigung und Freiheit: Sie fühlen sich nicht wie die anderen Autofahrtypen in diesem Szenario eher stark sondern nur neutral. Die angenehmen Empfindungen des "Ängstlichen" lassen sich daraus erklären, dass die Navigationssysteme für ihn eine Angstquelle beim Autofahren, das selbstständige Navigieren, ausschalten. Dies ist für ihn aufgrund seines hoch ausgeprägten Absicherungsmotiv sehr bedeutsam.

Szenario 2:

Bei Szenario 2 (computergestützte Fahrzeugführungs- und Sicherheitssysteme) zeigt sich ein sehr ähnliches Bild: Auf der <u>Valenzdimension</u> empfinden alle Fahrertypen leicht angenehme Gefühle, wobei erneut der "Ängstliche" gegenüber den anderen Typen die Situation signifikant angenehmer bewertet. Das Gesamtniveau der erlebten Valenz liegt hierbei allerdings – wenn auch noch im Bereich des leicht Angenehmen – niedriger als noch bei Szenario 1: Das jeweilige arithmetische Mittel der einzelnen Typen liegt nur noch knapp über einer neutralen Bewertung. Auf der <u>Erregungsdimension</u> unterscheiden sich die fünf Fahrtypen nicht signifikant voneinander, alle beurteilen ihre Erregung als neutral. Die erlebte <u>Dominanz</u> ist - analog zu Szenario 1 – bei den "Rasern" und den "Hobby-Fahrern" signifikant höher als bei den anderen drei Autofahrtypen. Das Niveau der Dominanzbeurteilung hat sich gegenüber der Beurteilung von Szenario 1 allerdings über alle Typen in Richtung einer höheren Empfindung von Hilflosigkeit entwickelt: "Raser" und "Hobby-Fahrer" fühlen sich nunmehr tendenziell klein und hilflos, die restlichen drei Typen nur noch neutral (gegenüber neutralen bzw. tendenziell groß und mächtigen Bewertungen von Szenario 1).

Erneut lassen sich die Unterschiede im emotionalen Erleben zwischen den verschiedenen Fahrtypen inhaltlich gut aus den prägnanten Motivausprägungen der jeweiligen Typen erklären: Der "<u>Ängstliche</u>" kann seine Angst (hohes Absicherungsmotiv) durch den Einsatz computergestützter Sicherheitssysteme mindern, was er als angenehm empfindet. "<u>Raser</u>" und "<u>Hobby-Fahrer</u>" fühlen sich hingegen durch solche Systeme in ihrer Selbstbestätigung und ihrer Freiheit (hohes Auslebe- und Genussmotive) bedroht und reagieren mit Erleben einer erhöhten Aktivierung.

Interessant ist auch der Vergleich des emotionalen Erlebens in Szenario 1 und in Szenario 2. Auf allen Dimensionen und bei allen Typen liegen die Mittelwerte in Szenario 2 auf einem Niveau näher zum negativen Pol, d.h. bei der Valenz mehr in Richtung "unangenehm", bei der Erregung mehr in Richtung "erregt" und bei der Dominanz mehr in Richtung "klein/ hilflos". Dies kann darauf zurückgeführt werden, dass von Szenario 1 zu Szenario 2 der

Eingriffscharakter der Systeme steigt: Während bei den Navigations- und Verkehrsleitsystemen der Fahrer noch fast völlig selbstständig agiert, und das System ihn lediglich unterstützt, übernimmt das System bei der computergestützten Fahrzeugführung unmittelbare Fahraufgaben. Der Fahrer verliert somit ein Stück seiner Autonomie und wird in gewisser Weise fremdbestimmt. Dies wird sogar von den "Ängstlichen" negativ erlebt, die eigentlich durch niedrige Ausprägungen auf allen unmittelbar das Fahren selbst betreffenden Motiven gekennzeichnet sind. In ihrem Fall erklärt sich das negative Erleben aber aus einem Erleben von Kontrollverlust bei diesen Systemen: Der Fahrer ist nunmehr einer Technik ausgeliefert, der er skeptisch gegenüber steht. Das läuft seinem hohen Absicherungsmotiv entgegen.

Szenario 3:

Bei den vollautomatischen Verkehrsführungssystemen schließlich zeigen sich erneut deutliche Parallelen zu den beiden vorhergehenden Szenarien im emotionalen Erleben der Autofahrertypen. Es liegen jedoch weder auf der <u>Valenz-</u> noch der <u>Erregungsdimension</u> signifikante Unterschiede zwischen den Autofahrtypen vor. Zwar tendieren erneut die "Ängstlichen" – dicht gefolgt von den "Gleitern" – in ihrer Valenzbeurteilung mehr in Richtung angenehmer Empfindungen als die anderen Typen, dieser Unterschied ist jedoch nicht signifikant. Dabei liegen die Mittelwerte der Beurteilungen auf beiden Dimensionen im Mittelbereich der Skalen, was einem neutralen Erleben entspricht. Auf der <u>Dominanzdimension</u> hingegen zeigt sich das gewohnte Bild: "Raser" und "Hobby-Fahrer" fühlen sich signifikant kleiner und hilfloser im Vergleich zu den restlichen drei Fahrtypen, die ihre Dominanz eher neutral erleben. Die (vergleichsweise) erhöhte Aufregung bzw. Erregung der beiden erstgenannten Typen lässt sich wiederum durch die perzipierte eventuelle Bedrohung einer Befriedigung ihres hohen Autonomie- und Genussmotivs begründen. Ihre Quelle der Selbstbestätigung und ihrer Freiheit ist von den in diesem Szenario thematisierten Systemen stark betroffen, daher fühlen sie sich eher klein und hilflos.

Bei Betrachtung der absoluten Höhe aller Werte in diesem Szenario findet sich, dass selbige wiederum auf allen drei Dimensionen und über alle fünf Autofahrtypen "negativer" werden. Die schon in Szenario 2 konstatierte Tendenz setzt sich insofern fort. Dies spricht für die zur Erklärung dieses Phänomens bezüglich Szenario 2 vorgeschlagene Argumentation, denn erneut nimmt die Fremdbestimmung und der Eingriffscharakter der Systeme bei Szenario 3 gegenüber den Szenarien 2 und 1 zu. Bei vollautomatischen Verkehrsführungssystemen hat der Fahrer selbst (so gut wie) gar keine Einflussmöglichkeit mehr auf den Fahrprozess außer der bloßen Vorgabe von End- und Zwischenfahrtzielen. Insofern erstaunt eher, dass das Erleben dieses Szenarios zwar "negativer" ausfällt als bei den anderen Szenarien, dennoch aber nicht im "sehr negativen" sondern im neutralen Bereich liegt. Eine mögliche Erklärung könnte darin liegen, dass die Situationsbewertung bzw. -definition sich im dritten Szenario wandelt: Autofahren wird gar nicht mehr als ein solches Verhalten definiert, sondern wird dem Zugfahren ähnlicher. Die Situation wird daher anders wahrgenommen.

10.6　Betrachtung nach Konfigurationen (Übersetzung in Emotionen)

Nach dieser Betrachtung der Reaktionen der fünf Autofahrertypen auf die drei Szenarien auf der Ebene von Einzeldimensionen, soll im Folgenden nun das emotionale Erleben "als Ganzes" dargestellt werden. Hierfür wurden die Konfigurationen auf den drei Dimensionen mittels des "Emotions-Wörterbuchs" (vgl. FISCHER & BRAUNS i.d.B.) in ihre emotionale Bedeutung rückübersetzt. Es wurden hierbei zwei unterschiedliche Wege beschritten:

♦ Zunächst wurden für die verschiedenen Typen die Mittelwerte auf den drei Einzeldimensionen (Valenz, Erregung und Dominanz) jeweils für die drei Szenarien berechnet; die so erhaltenen drei Mittelwert-Konfiguration für jeden Typ wurden dann in das entsprechende Gefühl rückübersetzt. So erhält man ein Gefühl, dass die emotionale Qualität, die das jeweilige Szenario bei den unterschiedlichen Autofahrertypen auslöst, kurz und anschaulich wiedergibt.

◆ Daran anschließend wurden die ermittelten Emotionen etwas differenzierter untersucht, indem die verschiedenen (von den Personen real genannten) <u>Konfigurationen</u> der drei SAM-Dimensionen <u>einzeln</u> betrachtet wurden. Die jeweils meistgenannten Konfigurationen, d.h. solche, die von mindestens fünf Prozent aller Mitglieder eines Typs genannt wurden, wurden jeweils in Emotionen rückübersetzt. Hieraus ergaben sich die meistgenannten Gefühle bei den jeweiligen Szenarien. Im vorliegenden Fall wurden jeweils zwischen zwei und fünf Konfigurationen von so vielen Personen genannt, dass sie näher betrachtet wurden. So resultiert ein differenzierteres Bild insbesondere auch über die Spannweite und die unterschiedlichen Aspekte des emotionalen Erlebens der verschiedenen Typen, aus dem sich zusätzliche Informationen ziehen lassen gegenüber der alleinigen Betrachtung der "Durchschnittsemotion" der Cluster.

Mittelwertkonfigurationen:

Zunächst soll jedoch eine anschauliche Beschreibung des emotionalen Erlebens der unterschiedlichen Typen anhand eines die jeweiligen Typen besonders kennzeichnenden Gefühls folgen.

	"Raser"	"Hobby-Fahrer"	"Gleiter"	"Ängstliche"	"Freidenker"
Szenario 1	besonders dankbar	besonders dankbar unvoreingenommen	besonders dankbar getröstet	besonders dankbar	besonders dankbar getröstet
Szenario 2	dreist wachsam	dreist wachsam	erstaunt	getröstet	verwundert erstaunt
Szenario 3	dreist	dreist	wachsam verwundert	wachsam verwundert	wachsam

Tabelle 10-4   In Emotionen rückübersetzte Mittelwertkonfigurationen

Szenario 1:

Dieses Szenario stellt sich im Vergleich des emotionalen Erlebens der fünf Autofahrertypen sehr homogen dar. Bei allen Typen steht ein Erleben, das sich durch das Gefühl "besonders dankbar" beschreiben lässt, im Vordergrund. Bei den "Rasern" und den "Ängstlichen" bildet dieses Gefühl alleine vollständig das Erleben ab. Bei den "Gleitern" sowie den "Freidenkern" kommt eine zweite emotionale Komponente hinzu, sie können in Szenario 1 zusätzlich noch durch das Gefühl "getröstet" gekennzeichnet werden. Die "Hobby-Fahrer" fühlen sich neben "besonders dankbar" noch "unvoreingenommen". Die emotionalen Reaktionen aller Autofahrertypen auf Navigationssysteme ähneln insofern positiven Gefühlen von Dankbarkeit. Dies kann darauf zurückgeführt werden, dass diese Systeme nicht in das unmittelbare Fahrgeschehen eingreifen. Insofern wird durch diese Systeme auch nicht die Erfüllung der verschiedenen Motive der Autofahrertypen behindert. Sie wird im Gegenteil sogar eher erleichtert, indem diese den Fahrer von "Nebentätigkeiten" wie dem Suchen der optimalen Fahrtstrecke entlasten und ihm dadurch mehr Raum für das Fahren selbst geben, den Quell zur Befriedigung ihrer Fahrmotive.

Etwas anders stellt sich der Fall bei den "Ängstlichen" dar, denn diese haben kein Motiv hoch ausgeprägt, das aus dem reinen Fahren heraus befriedigt werden kann. Sie streben vielmehr nach einer Befriedigung ihres Absicherungsbedürfnisses. Dieses wird ebenfalls (zumindest partiell) durch die Navigationssysteme befriedigt, da diese dem Fahrer die Navigation, eine potentielle Quelle vieler denkbarer Gefahren, abnimmt. So resultiert auch bei ihnen als Konsequenz ein mit Dankbarkeit umschreibbares emotionales Erleben.

Die Rückübersetzung der Mittelwertkonfigurationen in Emotionen liefert eine anschauliche Hilfe bei der inhaltlichen Interpretation der bisherigen doch recht abstrakten SAMs-Ergebnisse. Es gehen jedoch gegenüber der Mittelwertbetrachtung auch Informationen verloren: So finden sich die signifikanten Unterschiede auf der Dominanzdimension zwischen "Rasern" und "Hobby-Fahrern" im Vergleich zu den restlichen drei Typen in der Rückübersetzung nicht mehr wider. Vielmehr erscheinen hier "Raser" und "Ängstliche" identisch bzw.

alle fünf Typen werden durch (nahezu) die gleichen Gefühle beschrieben.

Szenario 2:

Anders stellt sich die Situation in den Szenarien 2 und 3 dar. Hier geben die Rückübersetzungen deutlich die Ergebnisse der Einzeldimensionsbetrachtung wider. D.h. vorliegende oder fehlende signifikante Unterschiede zwischen den Typen zeigen sich in gleichen bzw. verschiedenen Gefühlen. So zeigen sich bei Szenario 2 deutliche Unterschiede zwischen den verschiedenen Autofahrtypen bezüglich der ihrer Mittelwertkonfiguration entsprechenden Emotion. Die "Raser" und die "Hobby-Fahrer" empfinden computergestützte Fahrzeugführungs- und Sicherheitssysteme als "dreist" und sind ihnen gegenüber "wachsam". Hier spiegelt sich wieder, dass diese Systeme recht deutlich in das selbstbestimmte Autofahren eingreifen. Hierdurch wird insbesondere die Befriedigung des Auslebemotivs (Selbstbestätigung durch "sportliches und forderndes" Fahren) und des Genussmotivs (Genießen von Unabhängigkeit und Freiheit) beeinträchtigt. Diese Motive sind insbesondere bei den eben genannten beiden Fahrertypen hoch ausgeprägt, so lassen sich denn auch ihre negativen Gefühle in diesem Szenario erklären.

Der "Gleiter" und der "Freidenker" hingegen können durch die Emotionen "erstaunt" bzw. "verwundert/ erstaunt" gekennzeichnet werden. Diese ähnlichen Gefühle haben jedoch jeweils unterschiedliche Ursachen: Der "Gleiter" genießt das Autofahren, dabei aber insbesondere den Aspekt des friedlichen Dahingleitens auf der Straße, um z.B. die Landschaft zu betrachten. Diese Zielstellung wird durch computergestützte Fahrzeugführungs- und Sicherheitssysteme jedoch nicht negativ beeinflusst, sie kann evtl. gar unterstützt werden. Daher erleben "Gleiter" dieses Szenario nicht als negativ, sondern sind über die technischen Möglichkeiten und die (positiven) Folgen, die daraus für sie erwachsen können, erstaunt. Die "Freidenker" zeichnen sich insbesondere durch ihr sehr hohes Absicherungsmotiv aus, das mit einem hohen Autonomiemotiv gekoppelt ist. Die anderen Motive (insbesondere das Genuss- und das Autonomiemotiv) spielen eine vergleichsweise geringere Rolle für sie. Daher sind sie verwundert über die Möglichkeit in diesem Szenario, ihr Absicherungsmotiv zu befriedigen.

Das Gefühl des "Ängstlichen" als Autofahrertyp lässt sich hingegen mit "getröstet" umschreiben. Dies kann gut daraus erklärt werden, dass computergestützte Fahrzeugführungs- und Sicherheitssysteme diesem Typ Sicherheit vermitteln. Sie tragen somit dazu bei, sein extrem hohes Absicherungsmotiv zu befriedigen. Daher fühlen sie sich bei den wenigen Malen, in denen sie unter Angstzuständen das Auto gebrauchen, durch diese Systeme antizipativ "getröstet".

Szenario 3:

Bei Szenario 3 finden sich zwei Gruppen von Fahrertypen mit gleichem charakteristischem emotionalem Erleben: Auf der einen Seite erneut die "Raser" und die "Hobby-Fahrer", die dieses Szenario mit der Emotion "dreist" verbinden; auf der anderen Seite die drei restlichen Autofahrertypen, deren Reaktion sich mit "wachsam" und "verwundert" beschreiben lässt. Die Erklärung für das Erleben der ersten Gruppe kann analog zu Szenario 2 gesehen werden, das Erleben fällt in Szenario 3 allerdings noch ein wenig negativer aus: War Szenario 2 noch durch die zweite Emotion "wachsam" gekennzeichnet, so fällt diese in Szenario 3 weg. Es bleibt lediglich das Gefühl "dreist" bestehen. Dies liegt in dem gestiegenen und nun maximalen Eingriffscharakter der vollautomatischen Verkehrsführungssysteme begründet. Der bei den beiden Fahrertypen in Szenario 2 vorliegende Verdacht, durch die neuen technischen Systeme solle ihnen das für ihre Motivbefriedigung wichtige Autofahren "weggenommen" werden, hat sich für sie bewahrheitet.

Die aus "Gleitern", "Ängstlichen" und "Freidenkern" bestehende zweite Gruppe zeichnet sich dadurch aus, dass sie keine hohen Ausprägungen auf solchen Motiven aufweist, deren Befriedigung sich aus dem unmittelbaren selbstgesteuerten Fahrprozess vollzieht. Daher reagieren die Mitglieder dieser Gruppe nicht so negativ auf vollautomatische Verkehrsführungssysteme. Sie weisen lediglich eine gewisse Skepsis auf (Emotion "wachsam"), z.B. darüber, ob und wie gut solch ein real noch gar nicht existentes System funktionieren kann und ob es nicht doch ihre anders gelagerten Motive negativ beeinträchtigt. Andererseits sind sie "verwundert" darüber, dass solch ein System überhaupt möglich ist. Letzteres gilt allerdings lediglich für die "Gleiter" und die "Ängstlichen": Die für diese wichtigen Funktionen des Autofahrens (das entspannte Dahingleiten bzw. das Absichern/ Risikominimieren) kann nämlich durch vollautomatische Verkehrsführungssysteme auch zum positiven hin beeinflusst werden. Bei den "Freidenkern" hingegen besteht das Risiko, dass das für sie wichtige Autonomiemotiv evtl. durch die neuen Systeme negativ beeinflusst werden könnte. Sie sehen daher wohl nicht die Chancen sondern eher die Risiken, jedoch ohne die massiven Reaktanzgefühle von "Rasern" und "Hobby-Fahrern". Dies spiegelt sich in der alleinigen Kennzeichnung ihres Zustands durch die Emotion "wachsam" wider.

Einzelkonfigurationen:

Bisher wurden die Werte der Versuchspersonen clusterweise für jede Dimension gemittelt und diese Mittelwertkonfiguration in ein Gefühl rückübersetzt. So ergibt sich ein Gefühl, das charakteristisch für die jeweiligen Cluster ist und die verschiedenen Autofahrtypen in ihrem emotionalen Erleben am besten kennzeichnet. Im folgenden wird nun nicht mehr die Mittelwertkonfiguration rückübersetzt, sondern vielmehr typen- und szenarienweise die häufigsten von den Versuchspersonen real genannten Antwort-Konfigurationen. Hierdurch erhält man ein differenzierteres Bild insbesondere auch über die Spannweite der Gefühle innerhalb der verschiedenen Fahrtypen. An dieser Stelle kann allerdings schon vorweggenommen werden, dass die Ergebnisse der Mittelwertkonfigurationen bei dieser Betrachtung bestätigt werden konnten, sie werden jedoch im Folgenden nuancierter und ausführlicher dargestellt. Zuvorderst soll allerdings ein kurzer tabellarischer Überblick über die jeweils meisterlebten Gefühle (definiert als Gefühle, die von mindestens 5% der Personen genannt wurden) gegeben werden. Auffällig ist bei Betrachtung der Gefühle insgesamt, dass bei allen Szenarien und Autofahrtypen das Gefühl der Verwunderung vertreten ist. Dies kann dahingehend

interpretiert werden, dass die Navigations- und Verkehrsführungssysteme zum Zeitpunkt der Befragung in Deutschland bei der
Bevölkerung noch relativ unbekannt sind. Die Menschen wissen
großteils nicht, was technisch möglich ist bzw. sein kann. Sie
reagieren daher bei der plötzlichen Konfrontation mit diesen
Möglichkeiten verwundert. Da es sich hierbei um ein durchgängiges
Phänomen handelt, wurde dieses Ergebnis vorab dargestellt und wird
in den folgenden szenarien- und autofahrtypspezifischen Darstellungen nicht mehr thematisiert.

	"Raser"	"Hobby-Fahrer"	"Gleiter"	"Ängstliche"	"Freidenker"
Szenario 1	dankbar (25%) entspannt (17%) verwundert (7%)	dankbar (15%) entspannt (13%) verwundert (10%)	entspannt (11%) dankbar (6%) verwundert (6%) getröstet (5%)	dankbar (20%) entspannt (14%) liebenswürdig (6%) verwundert (5%)	dankbar (18%) entspannt (15%) verwundert (10%) liebevoll (6%)
Szenario 2	grausam (12%) verwundert (11%) dankbar (7%)	dankbar (13%) verwundert (13%)	verwundert (13%) dankbar (12%) neugierig (6%)	dankbar (17%) getröstet (7%) verwundert (6%)	verwundert (11%) grausam (10%) entspannt (9%) dankbar (8%)
Szenario 3	grausam (16%) entspannt (12%) verwundert (9%)	verwundert (13%) grausam (12%)	dankbar (16%) verwundert (10%)	grausam (11%) dankbar (10%) entspannt (9%) getröstet (6%) verwundert (5%)	dankbar (17%) verwundert (12%) entspannt (9%) grausam (7%)

*Tabelle 10-5   Meistgenannte Konfigurationen bzw. Emotionen (Anteil
der Nennungen pro Cluster)*

Szenario 1:

Bei Szenario 1 ergibt sich über alle Autofahrertypen hinweg ein relativ einheitliches Bild der erlebten Gefühle: Es herrschen gegenüber
Navigations- und Verkehrsleitsystemen zwei Gefühle vor: Dankbarkeit und Entspannung. Dies kann, wie oben bereits ausgeführt wurde,
dadurch erklärt werden, dass nicht das Autofahren an sich von diesen
Systemen beeinflusst wird. Es wird im Gegenteil dem Fahrer eine

Nebentätigkeit abgenommen, die dafür sorgt, dass er sich noch mehr auf das Fahren selbst konzentrieren kann. Insofern können alle das Autofahren selbst betreffenden Motive (z.B. Auslebemotiv und Genussmotiv) durch Einführung dieser Systeme besser befriedigt werden. Der "störende Stress" der Navigation entfällt, worauf alle Autofahrer mit Entspannung und Dankbarkeit reagieren.

Bei "Ängstlichen" und "Freidenkern" kommt eine weitere zusätzliche Emotion hinzu, die von diesen ebenfalls häufig genannt wird: "liebevoll" bzw. "liebenswürdig". Dies kann durch das bei diesen beiden Typen hoch ausgeprägte Absicherungsmotiv gedeutet werden: Navigationssysteme nehmen dem Fahrer die Unsicherheit des Wegsuchens und eventuellen Verfahrens ab. Aufgrund dieser Angstminderung haben diese beiden Typen diese Systeme besonders "lieb".

In der Gesamtschau entsprechen somit bei Szenario 1 die Rückübersetzungen der Einzelkonfigurationen gut den Ergebnissen der Mittelwertbetrachtungen (vgl. 6.1.). Sie stellen diese jedoch noch etwas differenzierter dar.

Szenario 2:

Große Unterschiede in den jeweils genannten Gefühlen finden sich zwischen den Autofahrtypen bei Szenario 2. Die Emotionen "dankbar" und "verwundert" finden sich zwar nach wie vor bei allen Typen, es kommen jedoch unterschiedliche andere Emotionen hinzu. So empfindet ein Teil der "Raser" computergestützte Fahrzeugführungs- und Sicherheitssysteme als "grausam". Diese greifen schließlich deutlich in den Fahrprozess ein und nehmen dem Fahrer ein Stück Selbstbestimmung und Freiheit. Dabei werden insbesondere die für den "Raser" zur Befriedigung seines hohen Auslebemotivs wichtigen riskanten Fahrverhaltensweisen durch die Fahrzeugführungs- und Sicherheitssysteme eingeschränkt. Hierauf reagiert dieser Autofahrtyp denn auch sehr negativ.

Beim "Gleiter" stellt sich in diesem Szenario neben der Verwunderung auch das ähnliche Gefühl der Neugier ein: Er zeigt Interesse an solchen Systemen, da diese ihn eventuell in seinem Streben nach entspanntem Dahingleiten unterstützen können: Er kann sich mehr auf das gemächliche Fahren und die Landschaftsbetrachtung konzentrieren und ganz dem Genießen hingeben, das computergestützte System stellt sicher, dass trotz solcher Aufmerksamkeitsabkehr von der Fahrtätigkeit keine Unfälle geschehen. Solche Möglichkeiten machen den "Gleiter" neugierig.

Die "Ängstlichen" mit ihrem hohen Absicherungsmotiv fühlen sich durch die Möglichkeiten eines Sicherheitssystems, dass Risiken mindern und ihre Sicherheit erhöhen kann, deutlich öfter "dankbar" als alle anderen Typen und deshalb auch "getröstet". Bei den "Freidenkern" spiegelt sich in diesem Szenario eine gewisse Ambivalenz bzw. ein Konflikt wider: So fühlen sich einige "dankbar" und "entspannt", andere empfinden die Sicherheitssysteme aber auch als "grausam". Hier zeigt sich, dass diese Systeme entgegengesetzt auf zwei für diesen Fahrertyp wichtige Motive Einfluss nehmen: Die Befriedigung des Absicherungsmotivs wird durch das Sicherheitssystem erleichtert, das ebenfalls hoch ausgeprägte Autonomiemotiv hingegen, das sich in Widerstand gegenüber Reglementierungen und Vorschriften im Straßenverkehr äußert, wird durch dieses System beeinträchtigt. Auf diese Weise lässt sich die widersprüchliche Emotionsstruktur des "Freidenkers" gut ableiten. Dieser Befund ist besonders interessant, da er sich weder in der Betrachtung der SAMs-Einzeldimensionen noch in der Rückübersetzung der Mittelwertkonfigurationen findet, sondern allein bei Betrachtung der Rückübersetzungen der Einzelkonfigurationen zu tage tritt.

Szenario 3:

Noch heterogener als in Szenario 2 stellt sich das Bild in Szenario 3 dar: Vollautomatische Verkehrsführungssysteme lösen bei allen fünf Autofahrtypen jeweils unterschiedliche Emotionen aus. Der "Raser" empfindet diese Systeme am häufigsten als "grausam". Sie ermöglichen ihm nicht mehr, sein Auslebemotiv durch aggressive Fahrmanöver zu befriedigen, da sie dem "Fahrer" den kompletten Fahrprozess abnehmen. Damit entfällt für den "Raser" das Auto als potentielle Quelle zur Bedürfnisbefriedigung in bisherigem Sinne. Allerdings stellt sich gleichzeitig noch ein zweites Gefühl ein, das sich mit Entspannung umschreiben lässt. Dies deutet darauf hin, dass das Autofahren unter den Rahmenbedingungen eines solchen vollautomatischen Verkehrssystems in der Wahrnehmung des "Rasers" gänzlich seinen Charakter ändert. Es rückt in die Nähe des Bahnfahrens und eröffnet dem "Fahrer" Raum für andere Dinge, er kann sich während der Autofahrt entspannen. Beim "Hobby-Fahrer" entfällt diese Entspannungskomponente des "Rasers". Er findet es nur "grausam", dass ihm sein Hobby Autofahren und die damit verbundenen Möglichkeiten, seine Autonomie zu genießen und sich auszuleben, genommen werden.

Die positivsten Gefühle aller Typen ruft Szenario 3 beim "Gleiter" hervor: Er empfindet lediglich tiefe Dankbarkeit bei vollautomatischen Verkehrsführungssystemen. Dies erstaunt bei näherer Betrachtung auch nicht weiter: Unterstützt dieses System doch in besonders hohem Ausmaß sein Bedürfnis nach entspanntem Fahren. Er kann sich ganz auf das Dahingleiten und die Landschaft konzentrieren, ohne sich durch Konzentration auf die reine mechanische Fahrtätigkeit ablenken zu müssen.

Beim "Ängstlichen" stellen sich in diesem Szenario dieselben Gefühle ein wie schon in Szenario 2: Er ist "dankbar" und "getröstet" durch das Verkehrsführungssystem. Hinzu kommt noch eine Komponente der Entspannung, da er sich nunmehr gar nicht mehr auf das Fahren zu konzentrieren braucht und das System ihm die gesamte angstbesetzte Tätigkeit abnimmt. Allerdings taucht auch beim "Ängstlichen" ein Gefühl auf, das mit "grausam" beschrieben werden kann. Dies mag zunächst verblüffen, es kann aber aus einer generellen Ängstlichkeit im Sinne eines Persönlichkeitszuges erklärt werden. Die vollautomatischen Verkehrsführungssysteme machen diesem Autofahrtypus Angst, da die Technik nicht von ihm beeinflussbar ist. Er ist dem System und seinem einwandfreien Funktionieren völlig ausgeliefert. Insofern zeigt sich im emotionalen Erleben der "Ängstlichen" eine gewisse Ambivalenz.

Ähnlich gestalten sich die Emotionen der "Freidenker". Auch bei ihnen findet sich auf der einen Seite ein mit Dankbarkeit beschreibbares Gefühl als Ausdruck der erhöhten Befriedigung des für sie wichtigen Absicherungsmotivs. Dabei nehmen auch sie analog den "Rasern" und den "Ängstlichen" das Autofahren bei Verwendung eines vollautomatischen Verkehrsführungssystems als entspannend wahr. Auf der anderen Seite jedoch erleben sie diese Systeme auch als "grausam". Die für sie so wichtige Autonomie und Freiheit von Fremdbeeinflussung wird durch die Systeme stark verletzt. Insofern zeigt sich auch bei diesem Typ emotionale Ambivalenz. Diese von "Ängstlichen" und "Freidenkern" erlebte Ambivalenz zeigt sich wie schon in Szenario 2 erst bei der Analyse auf Basis einer Rückübersetzung der Einzelkonfigurationen, bei einer Analyse auf Dimensionsbasis oder einer Rückübersetzung von Mittelwertkonfigurationen bleiben sie hingegen verborgen.

Eine Betrachtung der Ergebnisse der Rückübersetzungen der Mittelwert- sowie der Einzelkonfigurationen in die entsprechenden Gefühle zeigt, dass das Emotions-Wörterbuch eine wichtige Hilfe bei der inhaltlichen Interpretation der SAM-Werte liefert. Die Mittelwertkonfiguration ermöglicht eine kurze, prägnante und vor allen Dingen sehr anschauliche Kennzeichnung der verschiedenen Cluster gegenüber einer Beschreibung mittels Mittelwerten auf den drei SAM-Dimensionen. Die weitergehende Analyse der Häufigkeiten der Einzelkonfigurationen erbringt dagegen weitergehende und differenziertere Informationen (z.B. Konflikte im Erleben von "Rasern" und "Freidenkern").

10.7 *Zusammenfassung und Diskussion*

Im Rahmen dieses Beitrags wurden fünf verschiedene Autofahrertypen anhand ihrer Ausprägungen auf verschiedenen fahrrelevanten Motiven unterschieden. Die Typen weisen dabei Ähnlichkeit zu einer bereits in einer anderen Studie (ADELT, GRIMMER & STEPHAN 2000) gefundenen Typologie auf. Sie wurden im Folgenden in ihrem emotionalen Erleben bezüglich verschiedener Navigations- und Verkehrsführungssysteme untersucht. Dabei zeigte sich, dass sich die fünf Autofahrtypen in ihrem emotionalen Erleben untereinander teils erheblich unterschieden. Ebenso fanden sich deutliche Unterschiede im emotionalen Erleben bei den Mitgliedern desselben Typus über verschiedene Arten von Systemen. Dies konnte mittels der verschiedenen Fahrmotivausprägungen der fünf Typen erklärt werden: Die Systemarten beeinflussen in jeweils unterschiedlichem Maße die Befriedigung von Fahrmotiven. Die Typologie leistet daher einen wichtigen Erklärungsbeitrag bezüglich des emotionalen Erlebens. Sie zeigt auf, dass gleichem bzw. ähnlichem Erleben unterschiedliche psychische Prozesse zugrunde liegen. Dies hat zur Konsequenz, dass bei Versuchen einer Beeinflussung von Autofahrern in eine verkehrspolitisch erwünschte Richtung bei verschiedenen Autofahrtypen unterschiedlich vorgegangen werden muss. Personen mit gleichem emotionalen Erleben können nicht ohne weiteres gleich behandelt werden.

Es hat sich weiterhin gezeigt, dass es ertragreich ist, die SAMs auf drei verschiedenen Analyse-Ebenen auszuwerten: auf Einzeldimensionsebene, auf Ebene der rückübersetzten Mittelwertkonfigurationen und auf Ebene der Rückübersetzung von Einzelkonfigurationen. Die drei Ebenen ergänzen einander: Zwar spiegeln sich viele Ergebnisse auf allen drei Ebenen gleichermaßen wider, andererseits bietet jede Ebene unterschiedliche Informationen. So zeigt beispielsweise die Dimensionsbetrachtung signifikante Unterschiede im Dominanz-Erleben bezüglich Szenario 1 zwischen "Rasern"/ "Hobby-Fahrern" auf der einen Seite und den restlichen drei Typen auf der anderen Seite. Diese Unterschiede gehen bei einer Rückübersetzung der Werte – sei es auf Mittelwertbasis oder auf Einzelkonfigurationsbasis – verloren. Andererseits liefert die Rückübersetzung der Mittelwertkonfiguration anschauliche Emotionscharakteristiken, die die inhaltliche Beschreibung und Unterscheidung der Typen wesentlich erleichtern. Die Rückübersetzung der Einzelkonfigurationen schließlich liefert einen Überblick über die Bandbreite der erlebten Emotionen. So konnte beispielsweise aufgedeckt werden, dass bei vollautomatischen Verkehrsführungssystemen (Szenario 3) innerhalb der "Ängstlichen" und der "Freidenker" Ambivalenzen im emotionalen Erleben bestehen. Dies zeigt, dass sich die Informationsgehalte der drei Analyse-Ebenen zwar überlappen, aber nicht deckungsgleich sind. Es scheint demnach lohnenswert, bei Analysen dieser Art alle drei Ebenen zu betrachten.

11 Emotionales Erleben von Talk-Shows

Ansgar Feist

Ziel der hier berichteten medienpsychologischen Untersuchung mit 240 Probanden war die dimensionale Beschreibung des emotionalen Erlebens von Fernsehtalkshows. Zu den 23 Items, die in eine Faktorenanalyse einbezogen wurden, gehörten die Self-Assessment-Manikin (SAM) von LANG (1980), mittels derer die drei von OSGOOD (1966) postulierten Dimensionen des emotionalen Erlebens (pleasure, activity, control) erfasst werden sollten. Auch hier konnten die Dimensionen "pleasure" und "activity" ermittelt werden; in Anlehnung an das erste mehrdimensionale System der Emotionen von WUNDT (1896) wurden diese Faktoren mit "Lust-Unlust" und "Erregung" bezeichnet. Die Kontroll- bzw. Dominanzdimension OSGOODs konnte hingegen nicht ermittelt werden, vielmehr lädt die entsprechende Skala der SAM hoch auf der "Lust-Unlust"-Dimension. Statt dessen konnte eine Dimension ermittelt werden, die sich zwischen den Polen Informationsaufnahme und Informationsabwehr aufspannt. Damit stehen die drei ermittelten Faktoren sowohl in Beziehung zu dem Modell WUNDTs, der einen Aufmerksamkeitsfaktor "Spannung-Lösung" postuliert, als auch zu dem Modell SCHLOSBERGs (1954) mit dem Aufmerksamkeitsfaktor "attention-rejection". Es wird ein Überblick über verschiedene Strukturmodelle der Emotionen gegeben und die Notwendigkeit diskutiert zwischen zwei Aktivierungsdimensionen zu unterscheiden.

11.1 Zur Dimensionalität emotionalen Erlebens

Über hundert Jahre nach dem JAMES (1884) die Frage stellte "What is an emotion?" gibt es nach wie vor keinen Konsens über die Antwort. Allein KLEINGINNA & KLEINGINNA (1981) haben insgesamt 92 Definitionen zusammengetragen. So fasst LEDOUX (1995, S. 1059) zusammen:

"Emotion has proven to be a slippery concept for both psychologists and neuroscientists. After much research and debate, there is still no consensus as to exactly what emotion is."

Eine in der psychologischen Forschung zumindest weitverbreitete Definition von Emotionen (HAMM & VAITL, 1993) ist, dass diese Reaktionsmuster auf körperinterne und externe Reize sind. Emotionen sollen sich dabei auf drei Ebenen manifestieren: der physiologischen, der motorischen und der des persönlichen Erlebens. Grundsätzlich gibt es drei zentrale Ansätze zur Beschreibung des persönlichen Erlebens von Emotionen: Postulierung von Basisemotionen, Klassifikation von Emotionen aufgrund ihrer Ähnlichkeit und die dimensionale Beschreibung des emotionalen Erlebens.

Die Postulierung von sogenannten Basisemotionen wird zumeist aus einer phylogenetischen und/oder ontogenetischen Perspektive vorgenommen (MAYRING, 1992), wobei sehr unterschiedliche Kriterien für die Bestimmung dieser grundlegenden Emotionen angewendet werden. Basisemotionen gelten in diesem Ansatz als Bausteine für andere nicht grundlegende Emotionen. Ein Überblick über die Forschungsergebnisse zu diesem Ansatz findet sich bei ORTONY & TURNER (1990).

Für die Klassifikation von Emotionen werden in der Regel Probanden gebeten, eine größere Anzahl von Emotionswörtern hinsichtlich der Ähnlichkeit ihrer inhaltlichen Bedeutung zu gruppieren (z.B. STORM & STORM, 1987). Für die abschließende Klassifikation der Emotionswörter werden zumeist Clusteranalysen durchgeführt, wobei es keine verbindlichen Kriterien für die Anzahl der resultierenden Gruppen gibt. Nach Durchsicht neuerer Studien zur Sortierung von Emotionswörtern kommt SCHMIDT-ATZERT (1996) zu der Auffassung, dass ein brauchbarer Kompromiss zwischen einer kleinen und großen Anzahl von Emotionswörterklassen in folgender Auflistung besteht: Angst, Unruhe, Ärger, Abneigung/Ekel, Traurigkeit, Scham, Freude, Zuneigung, sexuelle Erregung und Überraschung.

Einen der ersten Vorschläge einer mehrdimensionalen Beschreibung des Erlebens von Emotionen findet sich bei WUNDT (1896, zitiert nach IZARD 1977, S. 27). Er beschreibt folgende Dimensionen: Lust versus Unlust, Erregung versus Beruhigung sowie Spannung versus Lösung. WUNDT gelangte durch die Beschäftigung mit philosophischen Konzepten von Emotionen und durch Selbstbeobachtung zu seinem dimensionalen System, welches er durch psychophysiologische Messungen, Puls und Atmung, zu bestätigen versuchte (vgl. WUNDT 1903). Als Beispiel für ein Lustgefühl nennt WUNDT (1903) Freude, für ein Unlustgefühl Trauer. Zu dem Erleben von Lust bzw. Unlust kommt nach WUNDT z.B. bei Ärger noch das Erleben von starker Erregung hinzu, während etwa bei freudiger Überraschung insbesondere Spannungsgefühle bedeutsam sein sollen. Zur Verdeutlichung dessen, was WUNDT unter Spannung versteht, sei hier seine Definition (1913, S. 100) wiedergegeben:

> "Spannende und lösende Gefühle endlich sind durchweg an die Vorgänge der Aufmerksamkeit gebunden: so ist bei der Erwartung eines Sinneseindrucks ein Gefühl der Spannung, bei Eintritt eines erwarteten Ereignisses ein Gefühl der Lösung zu bemerken."

Auffallend an WUNDTs System ist, dass er mit Spannung versus Lösung und Erregung versus Beruhigung zwei Aktivierungsdimensionen einführt, die in unterschiedlichem Maße bei verschiedenen Emotionen auftreten sollen. Ähnliche Unterscheidungen wurden von SCHLOSBERG (1952 und 1954) in seinen Konzepten vorgenommen. Datenbasis bei SCHLOSBERG war jedoch nicht die Selbstbeobachtung, sondern die Beschreibung photographierter Gesichtsausdrücke. In dem System von 1952 (siehe Abbildung 11-1) beschreibt SCHLOSBERG zunächst nur zwei Dimensionen, von denen die Dimension "pleasantness-unpleasantness" unschwer als WUNDTs "Lust-Unlust"-Dimension zu erkennen ist. Die zweite Dimension "attention-rejection" weist Ähnlichkeit zu WUNDTs Dimension Spannung/Lösung auf, da hier ebenfalls auf Aufmerksamkeitsprozesse Bezug genommen wird. Bemerkenswerterweise führen sowohl WUNDT als auch SCHLOSBERG "freudige Überraschung" als ein Beispiel für eine Emotion an, bei der verstärkt Aufmerksamkeitsprozesse eine Rolle spielen. Den Gegenpol zu "Spannung" stellt bei

SCHLOSBERG jedoch nicht "Lösung", sondern "rejection" dar; die Polarität wird folgendermaßen definiert (1952, S. 230):

"Attention is exemplified by surprise, in which all receptors are maximally open to stimulation. Rejection is the best term we have found for the other end of the axis; it is shown most clearly in contempt and disgust, in which eyes and nostrils appear to be actively shutting out stimulation."

Beide Pole der Dimension "attention-rejection" stellen aktivierte emotionale Zustände dar: aktive Aufnahme versus aktive Unterdrückung von Informationen der Außenwelt. "Lösung" im WUNDTschen Sinne ließe sich in SCHLOSBERGs System möglicherweise in der indifferenten Mitte zwischen den beiden Polen lokalisieren. Insofern lässt sich SCHLOSBERGs Dimension "attention-rejection" als eine Erweiterung der Dimension "Spannung-Lösung" WUNDTs verstehen. Die Dimension "Erregung-Beruhigung" WUNDTs fehlte im ersten System von SCHLOSBERG. Aufgrund theoretischer Überlegungen fügte SCHLOSBERG (1954) seinem System schließlich diese dritte Dimension hinzu, die er "level of activation" und auch "sleep-tension" nannte. Als Versuch, die Tauglichkeit dieses Modells zu bestimmen, wurden von ENGEN, LEVY & SCHLOSBERG (1958) Reliabilitätsstudien durchgeführt. Hier konnte festgestellt werden, dass die drei Dimensionen zuverlässig Beschreibungen von photographierten Gesichtsausdrücken ermöglichen. Der Nachweis der Unabhängigkeit der Dimensionen wurde jedoch nicht geführt.

In einer faktoranalytischen Auswertung von live dargebotenen Gesichtsausdrücken gelangte OSGOOD (1966) zu drei interpretierbaren unabhängigen Dimensionen, die er "Pleasantness" (Beispielemotionen: Freude vs. Angst), "Control" (Beispielemotionen: Überraschung vs. Ekel) und "Activation" (Beispielemotionen: Langeweile vs. Wut) nannte.

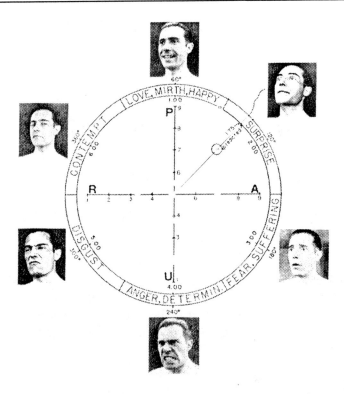

Abbildung 11-1   SCHLOSBERGs zweidimensionales System der Gefühle
(1952, aus: IZARD 1977, S. 29)

Bei der Benennung dieser Dimensionen war es für OSGOOD (1966, S. 27) entscheidend eine inhaltliche Entsprechung zu den Dimensionen des von ihm und Mitarbeitern (OSGOOD, SUCI & TANNENBAUM 1957) entwickelten sogenannten "Semantischen Differenzial" herzustellen:

"Pleasantness and Activation appear to be semantically identical with Evaluation and Activity, two of the three mayor factors in the general semantic space; what we have called the Control dimension is similar to the Potency factor – *scorn, sullen anger* and the like seem to imply strength and *bewil-*

derment, surprise and the like weakness – but the relation is
not as compelling."

Ebenso war OSGOOD bemüht das System SCHLOSBERGs (1954) als
identisch mit dem eigenen Modell darzustellen, so schreibt OSGOOD
in der Zusammenfassung seines Artikels (1966, S. 1):

> "Factor analyses yielded evidence for three mayor dimensions
> resembling those proposed by SCHLOSBERG (1954): Pleasant-
> ness, Activation, and Control."

Der Benennung nach und inhaltlich entsprechen "Pleasantness" und
"Activation" zwar praktisch den beiden Dimensionen "pleasantness-
unpleasantness" und "level of activation" SCHLOSBERGs. OSGOODs
Benennung der Dimension "attention-rejection" mit "Control" verweist hingegen auf eine andere Interpretation der Daten. Im Gegensatz zu SCHLOSBERG hat für OSGOOD die Regulierung des Informa-
tionsflusses, aufmerksame Aufnahme von Informationen bei
Emotionen wie Überraschung und Bestürzung vs. Unterdrückung der
Informationsaufnahme bei Ekel und Verachtung, keine Bedeutung.
Im Vordergrund steht für OSGOOD ein vermutetes Kontinuum zwischen Schwäche (keine Situationskontrolle) und Stärke (Situationskontrolle).

Zunächst ist festzuhalten, dass SCHLOSBERGs Definition der Dimension "attention-rejection" (siehe oben) wesentlich deskriptiver ist,
während OSGOODs Auffassung einen spekulativen Anteil enthält.
Aus diesen Gründen wäre der dimensionalen Beschreibung
SCHLOSBERGs der Vorzug zu geben. Es ließe sich allerdings auch
fragen, durch welche Eigenschaften ein emotionaler Zustand der
Kontrolle bzw. Stärke von einem emotionalen Zustand der Schwäche
zu unterscheiden wäre. Hierbei würde auffallen, dass Situationskontrolle bzw. Stärke eigentlich mehr als Fähigkeit angesehen werden müsste, eine Situation ohne besondere Anstrengung angenehm
bzw. den eigenen Zielen entsprechend zu gestalten. Eine Person im
emotionalen Zustand der Stärke müsste sich demnach angenehm
fühlen, wenig erregt und wenig aufmerksam; eine Emotion wie Verachtung wäre hier beispielhaft zu nennen. Im Gegensatz dazu wäre

ein Zustand der mangelnden Situationskontrolle bzw. Schwäche dadurch gekennzeichnet, dass der betreffenden Person die Möglichkeiten fehlen mit geringem Aufwand eine Situation für sich angenehm zu gestalten; eine Emotion wie Furcht (unangenehm, erregt, aufmerksam) wäre hier zu nennen (siehe Abbildung 11-1).

Insofern erscheint es angemessen, "Control" als Fähigkeit oder aber als eine Art Metadimension der Emotionen zu beschreiben, die sich aus allen drei von SCHLOSBERG postulierten Dimensionen zusammensetzt, und nicht als eine Dimension die identisch mit "attention-rejection" ist.

In seinem 1969 erschienenen Artikel erklärt OSGOOD schließlich auch das Modell WUNDTs (1896) als identisch mit den Dimensionen (E-P-A) des Semantischen Differenzials: Lust vs. Unlust (Evaluation), Spannung vs. Lösung (Potency) und Erregung vs. Beruhigung (Activity). Eine nähere Begründung wird von OSGOOD hierfür nicht gegeben, dennoch postuliert OSGOOD (1969, S. 195):

> "In my opinion, it is the innateness of the emotional reaction system of the human animal that underlies the universality of the affective E-P-A components of meaning."

Auf diese Auffassung OSGOODs ist es vermutlich zurückzuführen, dass das Semantische Differenzial Verbreitung in der Emotionspsychologie gefunden hat. So berücksichtigten MEHRABIAN und RUSSELL (1974) bei der Entwicklung von Skalen für den Gegenstandsbereich "emotionales Erleben" nur solche Items, die ihrem Verständnis nach den Dimensionen OSGOODs entsprachen. In Folge erhielten auch sie eine dreidimensionale Struktur des emotionalen Erlebens, deren Faktoren sie "Pleasure" (OSGOOD: Evaluation bzw. Pleasantness), "Arousal" (OSGOOD: Activity bzw. Activation) und "Dominance" (OSGOOD: Potency bzw. Control) nannten. Dieses von MEHRABIAN und RUSSELL (1974) entwickelte Semantische Differenzial (siehe Tabelle 11-1) wurde zum Messinstrument in einer Vielzahl von Studien (z.B. RUSSELL & MEHRABIAN 1977; RUSSELL 1980; HAMM & VAITL 1993). Wie den Items der Tabelle 11-1 zu entnehmen ist, fehlen allerdings sämtliche inhaltlichen Bezüge zu der Dimension "attention-rejection" SCHLOSBERGs wie auch zu der Dimension "Spannung vs. Lösung" WUNDTs.

	Pleasure	Arousal	Dominance
happy-unhappy	.92	.01	.01
pleased-annoyed	.91	-.09	-.02
satisfied-unsatisfied	.92	-.04	-.01
contented-melancholic	.85	.01	.02
hopeful-despairing	.79	.02	.09
relaxed-bored	.84	.08	-.05
stimulated-relaxed	-.29	.75	.05
excited-calm	-.11	.82	.01
frenzied-sluggish	-.04	.80	.05
jittery-dull	.04	.77	-.04
wide awake-sleepy	.24	.79	.00
aroused-unaroused	.06	.80	-.03
controlling-controlled	.11	-.06	.76
dominant-submissive	-.01	.28	.67
influential-influenced	.02	-.01	.79
important-awed	.00	.02	.46
autonomous-guided	.03	-.09	.69
in control-cared for	-.12	-.02	.68
Percent variance	27	23	14

Tabelle 11-1 Ladungen der Items des Semantischen Differenzials von MEHRABIAN und RUSSELL (1974, S. 26).

Erst 1979 überprüfte RUSSELL die Grundannahmen OSGOODs bezüglich des Inhaltes, der Polarität und Anzahl der Emotionsdimensionen. Insbesondere die Klärung der Frage nach der Mono- oder Bipolarität der Emotionsdimensionen war für RUSSELL bedeutsam, da eine Reihe von Autoren (vgl. RUSSELL 1979, S. 345) in ihren Faktoranalysen monopolare Faktoren erhielten. RUSSELL ging bei der Klärung dieser Frage – wie auch schon BENTLER (1969) – davon aus, dass ein methodischer Artefakt zu der Annahme der Monopolarität geführt habe. Dieser Artefakt bestehe darin, dass eine bestimmte

Eigenart des Menschen nicht berücksichtigt wurde, nämlich die mehr oder weniger stark ausgeprägte Tendenz, Aussagen unabhängig von ihrem Inhalt zu bejahen. Durch Herauspartialisieren dieser Antworttendenz ergab sich nunmehr Bipolarität der ermittelten Emotionsdimensionen. Diese Dimensionen waren Lust versus Unlust ("pleasure - displeasure") und Erregung (degree of arousal), die Potenz- bzw. Dominanzdimension konnte RUSSELL nicht finden; vielmehr standen die Skalen zur Beschreibung von Unterwürfigkeit und Dominanz in Beziehung zu den beiden ersten Hauptdimensionen. So kommt RUSSELL bei der Dominanzdimension (1979, S. 351) zu dem Ergebnis:

"In short, a considerable proportion of the variance in each scale was either unreliable or invalid, leaving so little valid variance that meaningful conclusions are precluded."

Auch HAMM & VAITL (1993) berichten in ihren Studien zur Emotionsinduktion durch visuelle Reize von Zusammenhängen zwischen Skalen zur Erfassung von "Dominanz" und solchen zur Erfassung von "Lust-Unlust" (bei HAMM und VAITL: "Valenz") und "Erregung". Ein hoher Dominanzwert ist demnach durch eine starke positive Tönung und eine geringe Erregung gekennzeichnet. HAMM und VAITL geben allerdings zu bedenken, dass das Betrachten von statischen Diapositiven vermutlich wenig Möglichkeiten bietet, Dominanz oder Submissivität zu erleben.

In Re-Analysen einer Vielzahl von Studien zur Dimensionalität von selbstberichteten emotionalen Zuständen kommen ferner WATSON & TELLEGEN (1985) zu einer zweifaktoriellen Lösung. Im Unterschied zu den bislang gefundenen Faktorstrukturen sind die Hauptachsen "Lust-Unlust" und "Erregung" um 45 Grad gedreht, diese beiden unabhängigen Faktoren werden von WATSON & TELLEGEN "Positive Affect" und "Negative Affect" genannt. Als Begründung für dieses System wird angeführt, dass hierdurch eine bessere sogenannte Einfachstruktur erreicht wird. Einzelne Items oder Skalen laden nur hoch auf jeweils einem Faktor. So lädt die Emotion Furcht nur noch substantiell auf dem Faktor "Negative Affect", während Furcht im ursprünglichen zweidimensionalen System sowohl eine hohe Ladung auf der Dimension "Lust-Unlust" als auch auf der Dimension "Erregung" aufwies.

Zusammenfassend zu den vorgetragenen Arbeiten zur Dimensionalität des emotionalen Erlebens lässt sich festhalten, dass mindestens zwei Hauptdimensionen als grundsätzlich gesichert gelten dürfen, die als "Lust-Unlust" und "Erregung" bezeichnet werden können. Bei einer Rotation dieser Hauptachsen um 45 Grad werden die Bezeichnungen "Positive Affect" und "Negative Affect" verwendet.

Grundsätzlich erscheint jedoch ein zweidimensionales System zur Beschreibung des emotionalen Erlebens als außerordentlich unzureichend, um die Vielzahl an emotionalen Zuständen hinreichend genau zu charakterisieren und voneinander abzugrenzen. Die Tatsache, dass nur zwei der drei von SCHLOSBERG (1954) und auch WUNDT (1896) beschriebenen Dimensionen in der Analyse RUSSELLs (1979) und auch in dem zur Zeit sehr oft verwendeten System von WATSON & TELLEGEN (1985) wiederzufinden sind, mag darauf zurückzuführen sein, dass keine entsprechen Items oder Skalen zur Erfassung von "attention-rejection" bzw. "Spannung vs. Lösung" Verwendung gefunden haben.

11.2 Überblick über eine eigene Untersuchung zum Aufbau der emotionalen Erlebens

11.2.1 Die Fragestellung

Vorrangiges Ziel einer Untersuchung zur Wirkung von Fernsehtalkshows (FEIST 2000) war es zu klären, welches die Grunddimensionen des emotionalen Erlebens sind, wobei davon ausgegangen wird, dass diese Dimensionen vermutlich nicht nur spezifisch sind für Fernsehtalkshows oder Medienrezeption, sondern allgemein den Aufbau des emotionalen Erlebens beschreiben. Fernsehtalkshows als Untersuchungsmaterial scheinen hier außerordentlich gut geeignet zu sein, da sie das Spektrum der allgemeinen Lebensthemen vermutlich vollständig abdecken. Im weiteren sollte geklärt werden, welche dieser

Komponenten des emotionalen Erlebens überhaupt und in welchem Ausmaß für Einstellungs- (gute oder schlechte Bewertung eines Beitrages) und Verhaltensprozesse (Absicht, eine Sendung weiterzusehen) bedeutsam sind. Würde der Nachweis dieser Beziehungen gelingen, wäre gleichzeitig eine Überprüfung der Tauglichkeit der ermittelten Grunddimensionen gegeben. Durch dem Einsatz psychophysiologischer Variablen sollte versucht werden, die ermittelten Grunddimensionen zu objektivieren und damit einen Beitrag zur Klärung der Frage zu leisten, wie Medienwirkungen kontinuierlich erfasst werden können, ohne die Rezeption zu stören.

11.2.2 Probanden

An der Untersuchung nahmen insgesamt 240 Probanden im Alter von 15 bis 70 Jahren teil. Die Stichprobe bestand zu gleichen Teilen aus Frauen und Männern. Jedem Probanden wurde ein Honorar von 50 DM im Anschluss an die Untersuchung gezahlt. Die Rekrutierung der Probanden erfolgte durch Anwerben von Studiopublikum verschiedener Talkshows im Kölner Raum, sowie durch Postwurfsendungen und Aushänge an öffentlichen Plätzen (Supermärkte, Gaststätten, Kioske) in Köln. Studierende des Faches Psychologie wurden von der Teilnahme ausgeschlossen.

11.2.3 Stimulusmaterial

Als Stimulusmaterial wurden insgesamt 30 einzelne Sequenzen aus Fernsehtalkshows und Beziehungsshows mit einem hohen Gesprächsanteil ausgewählt. Je fünf Sequenzen stammten aus den Fernsehtalkshows "Hans Meiser", "Schreinemakers live", "Ilona Christen", "Fliege" und "Arabella", je zwei aus den Beziehungsshows "Verzeih mir" und "Nur die Liebe zählt" und schließlich ein Ausschnitt aus der Sendereihe "Surprise Show". Für die Auswahl der Sequenzen war entscheidend, dass ein möglichst breites Spektrum an emotionalisierenden Einzelschicksalen abgedeckt wurde. So wurde bei den Talkshows für jede Sendereihe versucht, fünf verschiedene Themenbereiche zu berücksichtigen, nämlich "Körper und Gesund-

heit", "Tod und Verlust", "Missbrauch", "Sex" und "Partnerschaft
und Liebe". Bei den Beziehungsshows "Verzeih mir" und "Nur die
Liebe zählt" wurden jeweils ein Beitrag mit positivem und ein Beitrag mit negativem Ausgang gezeigt. Aus der "Surprise Show" wurde
nur ein Beitrag ausgewählt, der stellvertretend für die Sendereihe
über einen unterhaltsamen Charakter verfügt. Da es praktisch nicht
möglich gewesen wäre alle 30 Sequenzen den Probanden hinterein-
ander zu präsentieren und es nicht angemessen erschien, die Probanden mit mehr als einer Sequenz aus dem Bereich "Tod und Verlust"
zu belasten, wurden die 30 Sequenzen auf fünf Probandengruppen (je
24 Frauen und 24 Männer) verteilt gezeigt, wobei in jeder Gruppe je
eine Talkshow und je ein Themenbereich, sowie eine Beziehungs-
show vertreten war. Diese Sequenzen wurden in wechselnder Reihenfolge in Einzeluntersuchungen präsentiert, wobei jeder Beitrag
auf jeder Position einmal vertreten war, um Positionseffekte auszuschließen.

11.2.4 Fragebogen zur Beschreibung des emotionalen Erlebens

Bei der Itemkonstruktion wurde auf eine Sammlung von insgesamt
190 Adjektiven zurückgegriffen, die 80 Studierende verschiedener
Fachbereiche für das Erleben von Fernsehtalkshowangeboten als
relevant erachteten (spontane Nennungen). Die Auswahl erfolgte
nach den Kriterien: Häufigkeit der Nennung und allgemeine Ver-
ständlichkeit. Zu den insgesamt 20 ausgewählten Items wurden noch
die von LANG (1980) entwickelten "Self-Assessment-Manikin"
(SAM) eingesetzt. Mit diesem Messverfahren sollten die drei von
OSGOOD (1969) postulierten Dimensionen des emotionalen Erlebens
mit jeweils einer Reihe von fünf Piktogrammen erfasst werden. In
zwei Studien zum emotionalen Erleben von Farbdiapositiven unterschiedlichster Art konnten HAMM & VAITL (1993) die Reliabilität
und Validität der SAM belegen. Der Validitätsnachweis wurde hierbei durch die Berechnung von Korrelationen zwischen den SAM und
dem Semantischen Differenzial zur Beschreibung des emotionalen
Erlebens von MEHRABIAN & RUSSELL (1974) erbracht (siehe Tabelle 11-2). Die Reliabilitätskoeffizienten verweisen darauf, dass die

SAM als ebenso zuverlässig wie das Semantische Differenzial einzuschätzen sind.

		Self-Assessment-Manikin			Semantisches Differenzial		
		Lust-Unl.	Erreg.	Dom.	Lust-Unl.	Erreg.	Dom.
		Farbdiapositive Serie 1					
Self -	Lust-Unlust	.99	-.74	.92	.91	-.60	.83
Assessment-	Erregung		.99	-.81	-.52	.95	-.67
Manikin	Dominanz			.97	.76	-.68	.89
Semantisches	Lust-Unlust				.98	-.37	.74
Differenzial	Erregung					.98	-.51
	Dominanz						.82
		Farbdiapositive Serie 2					
Self -	Lust-Unlust	.99	-.69	.94	.97	-.55	.81
Assessment-	Erregung		.99	-.69	-.60	.94	-.54
Manikin	Dominanz			.97	.89	-.55	.84
Semantisches	Lust-Unlust				.99	-.46	.78
Differenzial	Erregung					.98	-.45
	Dominanz						.95

*Tabelle 11-2   Korrelationen zwischen den Self-Assessment-Manikin und
dem Semantischen Differenzial von MEHRABIAN & RUSSELL
(1974), basierend auf zwei Studien zum emotionalen Erleben
von Farbdiapositiven (HAMM & VAITL 1993). Reliabilitätskoeffizienten sind kursiv aufgeführt.*

11.2.5 Erfassung von Einstellung und Verhaltensabsicht

Für die grundsätzliche Bewertung (Einstellung) der Beiträge (Frage:
"Wie gefällt Ihnen dieser Beitrag?") wurde den Probanden ein stili-
sierter Daumen in fünf verschiedenen Positionen (siehe Abbildung
11-2) vorgelegt. Diese Piktogrammreihe stellt eine eigene Entwicklung dar, mit dem Ziel, den Fragebogen einerseits aufzulockern und
andererseits das bipolare Kontinuum eindeutig zu definieren. Der
stärksten positiven Einstellung entspricht der gerade nach oben zeigende Daumen und der stärksten negativen Einstellung entspricht der
gerade nach unten zeigende Daumen. Diese nonverbale Geste ist seit

dem Altertum bekannt und wird vermutlich in allen Kulturen unmittelbar verstanden. Im Untersuchungsdesign war es nicht vorgesehen, das tatsächliche Schaltverhalten der Probanden zu ermitteln, daher wurde nur die Wahrscheinlichkeit erfragt, mit der ein Beitrag weitergesehen worden wäre (Verhaltensabsicht).

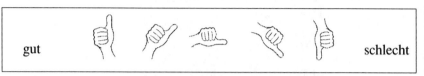

gut　　　　　　　　　　　　　　　　　　　　　　　　　　schlecht

Abbildung 11-2　Piktogramme zur Bewertung eines Beitrages.

11.2.6 Kontinuierliche Registrierung psychophysiologischer Variablen

Während der Darbietung der 30 Fernsehtalkshowsequenzen wurde kontinuierlich und nichtinvasiv die Blutdruckkurve mit dem Portapres Model 2 der Firma TNO-BioMedical Instrumentation (Amsterdam, Niederlande) erfasst. Aus der Blutdruckkurve lassen sich die folgenden kardiovaskulären Variablen: Herzschlagvolumen, Herzminutenvolumen, linksventrikuläre Austreibungszeit, peripherer Widerstand, Herzperiode, systolischer, diastolischer und mittlerer arterieller Blutdruck direkt ermitteln bzw. rechnerisch bestimmen.

11.2.7 Ergebnisse

Die insgesamt 23 Items zur Beschreibung des emotionalen Erlebens wurden einer Faktorenanalyse (Hauptkomponentenanalyse, Varimaxrotation, Scree-Test) unterzogen, zuvor wurden aus den Angaben der jeweils 48 Probanden für jeden der 30 Beiträge Mittelwerte berechnet. Datenbasis waren somit insgesamt 33.120 Erlebensbeschreibungen (23 Items x 30 Fernsehtalkshowbeiträge x 48 Probanden). Das Ergebnis des Scree-Tests ist nicht vollkommen eindeutig, verweist aber eher auf eine Vier- als auf eine Drei-Faktorenlösung.

Durch die Vier-Faktorenlösung werden insgesamt 87.1% der Varianz der 23 Items erklärt (siehe Tabelle 11-3).

Der erste Faktor (Varianzanteil: 30.3%) ist durch die Pole angenehm (unterhaltsam, erfreut, amüsiert) und unangenehm (unangenehm, traurig, beunruhigt) charakterisiert und kann somit in Übereinstimmung mit der Literatur als "Lust-Unlust"-Dimension bezeichnet werden. Besonders hervorzuheben ist, dass die Skala "Lust-Unlust" (angenehm-unangenehm) der Self-Assessment-Manikin (SAM) mit .89 sehr hoch auf diesem Faktor lädt und damit die beabsichtigte Funktion einer Markiervariablen erfüllt. Erwartungsgemäß lädt auch die Skala "Dominanz" (schwach-stark) der SAM mit -.71 hoch auf der "Lust-Unlust"-Dimension (die negative Korrelation ergibt sich aus der Kodierung: schwach = 1; stark = 5; angenehm = 1; unangenehm = 5). Das Erleben von "Dominanz" bzw. "Kontrolle" ist eng verbunden mit dem Erleben von angenehmen Gefühlen. Somit kann in Übereinstimmung mit RUSSELL (1979) bestätigt werden, dass "Dominanz" keine unabhängige Hauptdimension des emotionalen Erlebens darstellt.

Der zweite Faktor (Varianzanteil: 27.1%) ist durch einen Pol mit hohen Ladungen der Items "informativ", "interessant" und "neugierig gemacht" gekennzeichnet, der somit auf Prozesse der Aufnahme und Verarbeitung von Informationen, also auf einen Prozess der aufmerksamen Zuwendung ("attention") zu dem medialen Angebot, verweist. Der andere Pol mit hohen Ladungen der Items "peinlich", "übertrieben", "gestellt", "oberflächlich" und "zu weit gegangen" deutet auf Prozesse der Zurückweisung der Aufnahme und Verarbeitung von Informationen, also einen Prozess der Abwendung ("rejection") von dem medialen Angebot, hin. Dieser zweite Faktor scheint somit im Grunde dem von SCHLOSBERG (1952) postuliertem Faktor "attention-rejection" zu entsprechen. Gegen die Verwendung der Bezeichnung "attention-rejection" spricht allerdings, dass durch die von OSGOOD (1966) vorgenommene Interpretation der "attention-rejection"-Dimension als "Kontroll"- bzw. "Dominanz"-Dimension die Bezeichnung an Eindeutigkeit verloren hat. Für die Interpretation OSGOODs lassen sich auch hier – möglicherweise aufgrund der in der hier verwandten Skala enthaltenen Items – kaum Anhaltspunkte finden. So beträgt die Ladung der Skala "Dominanz" (schwach-stark) der SAM auf dem zweiten Faktor lediglich .37. Da bei dem zweiten Faktor insbesondere Aufnahme und Verarbeitung von Informationen bzw. die Zurückweisung von Informationen im Vordergrund stehen, erscheint eine Bezeichnung des zweiten Faktors mit "Informationsaufnahme" angemessen.

Bei dem dritten Faktors (Varianzanteil: 21.6%) verweist die hohe Ladung der Skala "Erregung" (aufgeregt-ruhig) der SAM mit -.85 (die negative Korrelation ergibt sich aus der Kodierung: aufgeregt = 1; ruhig = 5) darauf, dass es sich um die immer wieder bestätigte Dimension "Erregung" (synonym: "activation", "degree of arousal", "level of activation") handelt. Die hohen Ladungen der Items "gelangweilt", "spannend" und "außergewöhnlich" unterstützen diese Auffassung.

Der vierte Faktor (Varianzanteil: 8.1%) erfasst die sehr spezifische Varianz des Items "rührend", allerdings auch zu einem gewissen Teil die Varianz des Items "neugierig gemacht", so dass hier von einer Dimension "Sentimentalität" gesprochen werden kann. Allerdings ist zu bedenken, dass nur das Item "rührend" eine sehr hohe Ladung (-.80) auf dem Faktor aufweist. Das von GUADAGNOLI und VELICER (1988) genannte Kriterium, welches besagt, dass bei einer kleinen Anzahl von unabhängigen Messungen (hier 30) mindestens vier Variablen höher als .60 auf einem Faktor laden müssen, um ihn eindeutig interpretieren zu können, wird hier nicht erreicht. Zu explorativen Zwecken erscheint es dennoch sinnvoll, diesen Faktor, wenn auch unter Vorbehalt, in den weiteren Analysen mitzuberücksichtigen, um zu klären, ob dieser Faktor tatsächlich relevant, beispielsweise für die Bewertung der Talkshowbeiträge, ist, zumal sich durch eine Lösung mit drei Faktoren keine wesentlichen Änderungen bezüglich der ersten drei Faktoren ergeben.

	Lust- Unlust	Info.- aufnahme	Erregung	Sentimen- talität	h^2
unterhaltsam	**-.95**	.09	.10	.15	.95
erfreut	**-.94**	.11	-.06	-.12	.92
amüsiert	**-.90**	.34	-.10	.11	.95
unangenehm (SAM)	**.89**	.01	.29	.00	.89
traurig	**.76**	-.02	.46	-.37	.93
beunruhigt	**.76**	-.29	.51	.11	.93
stark (SAM)	**-.71**	.37	-.22	.39	.84
nahegegangen	**.68**	-.14	.56	-.37	.93
peinlich	-.07	**.97**	.06	-.08	.96
übertrieben	-.14	**.93**	.06	.06	.89
gestellt	-.23	**.84**	-.06	-.05	.77
oberflächlich	-.41	**.82**	-.21	.15	.90
zu weit gegangen	.32	**.76**	.26	-.32	.85
informativ	.43	**-.74**	.31	.31	.93
interessant	.30	**-.65**	**.61**	.25	.94
neugierig gemacht	.12	-.59	.36	.56	.81
anspruchsvoll	.58	-.59	.47	-.01	.91
geärgert	.47	.54	.45	.25	.78
gelangweilt	-.05	.22	**-.88**	.19	.87
spannend	.08	-.09	**.87**	.08	.78
ruhig (SAM)	-.31	-.18	**-.85**	.04	.86
außergewöhnlich	.12	.06	**.72**	-.09	.55
rührend	.34	.20	.28	**-.80**	.88
Varianzanteil der jeweiligen Faktoren in Prozent	30.3%	27.1%	21.6%	8.1%	

Faktorladungen > 0.6 sind fett dargestellt.

Tabelle 11-3 Ladungen der einzelnen Items auf den vier Faktoren sortiert nach Größe.

Die insgesamt durch die Lösung mit vier Faktoren aufgeklärte Varianz von 87.1% ist als außerordentlich hoch einzuschätzen. Entsprechend gut werden durch die vier Faktoren auch die jeweiligen Items (h^2) wiedergegeben. Einzig das Item "außergewöhnlich" wird durch die Faktoren ($h^2 = .55$) weniger gut repräsentiert. Auf den ersten Blick mag es verwundern, dass einige Items hoch auf mehreren Faktoren laden, also die sogenannte Einfachstruktur trotz Varimaxrotation nicht erfüllt zu sein scheint. Dieser Einwand kann jedoch durch eine Kontrolle der jeweiligen Items entkräftet werden. Besonders auffallend sind etwa die gleichermaßen hohen Ladungen des Items "interessant" auf den Faktoren "Informationsaufnahme" und "Erregung". Diese erscheinen allerdings plausibel zu sein, denn Interesse lässt sich als Prozess der aufmerksamen Zuwendung, der mit subjektiv erlebter Erregung verbunden ist, beschreiben.

Ähnlich plausibel erscheint auch das Ladungsmuster des Items "geärgert", welches darauf hindeutet, dass Ärger ein emotionaler Zustand ist, der als unangenehm erlebt wird, mit einer Reduktion von Informationsaufnahmeprozessen einhergeht und eine ausgeprägte Erregungskomponente aufweist.

Zur Validierung der gefundenen Faktorenstruktur wurde versucht, durch die Faktoren die Einstellung (siehe Abbildung 11-2) zu den Beiträgen zu bestimmen. Insgesamt konnte 92.9% der Einstellungsvarianz aufgeklärt werden. Die positive Einstellung zu einem Beitrag ist insbesondere durch Prozesse der Informationsaufnahme (64.8% Varianzaufklärung) und Erregung (26.4% Varianzaufklärung) zu erklären, während das Erleben von angenehmen Gefühlen ("Lust-Unlust"-Dimension: 1.7% Varianzaufklärung) sich als weitaus unbedeutender für Einstellungsprozesse herausstellte.

Zu Validierungszwecken wurde zudem untersucht, inwieweit die Faktoren eine Vorhersage der Absicht, einen Beitrag anzusehen (Verhalten), erlauben. Hier konnten 87.5% der Varianz aufgeklärt werden. Im Gegensatz zu Einstellungsprozessen ist die Absicht, einen Talkshowbeitrag anzusehen, mehr von dem Faktor "Erregung" abhängig (55.9% Varianzaufklärung) und in geringerem Maß von dem Faktor "Informationsaufnahme" (31.6% Varianzaufklärung); die "Lust-Unlust"-Dimension erbrachte keine signifikante Varianzaufklärung.

Bemerkenswert hinsichtlich der Vorhersage von Einstellung und Verhalten ist, dass die "Lust-Unlust" Dimension sich als eher unwesentlich erwies, während die beiden Aktivierungsdimensionen "Informationsaufnahme" und "Erregung" nahezu die gesamte Varianz aufzuklären vermochten. Dieses zentrale Ergebnis, welches die

Validität der gefundenen Faktorenstruktur belegt, verweist auf besondere Merkmale der medialen Rezeption: Es ist davon auszugehen, dass im realen Leben das Erleben von angenehmen oder unangenehmen Gefühlen die Einstellung zu und das Verhalten gegenüber Wahrnehmungsobjekten bestimmt. Im Gegensatz dazu kommt es in der medialen Rezeption jedoch nicht zu einer tatsächlichen, sondern nur zu einer – allenfalls – virtuellen Befriedigung von Bedürfnissen. Der medialen Kommunikation fehlt der Verstärkerwert der unmittelbaren sozialen Interaktion. Trauer und Freude treten zwar als Reaktionen auf die mediale Rezeption auf, eine verhaltenssteuernde Komponente haben diese emotionalen Reaktionen jedoch nicht, da sich die Rezipienten stets über die virtuelle Grundlage ihrer Reaktionen bewusst sind.

Zur Objektivierung der Dimensionen des emotionalen Erlebens wurden Korrelationen mit den verschiedenen kardiovaskulären Variablen berechnet. Die höchste Korrelation ($r = .59$; $p < .001$) ergab sich zwischen dem systolischen Blutdruck und dem Faktor "Informationsaufnahme". Eine Erklärung für diesen Zusammenhang findet sich in der Barorezeptorentheorie LACEYs (1967), derzufolge ein hoher systolischer Blutdruck durch die Reizung von Druckrezeptoren im arteriellen System die kortikale Aktivität verringert und so zu einem Abblocken von Informationen der Außenwelt führt ("environmental rejection"), während ein niedriger systolischer Blutdruck aktive Informationsaufnahme erleichtert ("environmental intake"). Die aktive Blutdruckregulation konnte bisher in Untersuchungen zu Reaktionen auf aversive Reize bestätigt werden (vgl. ELBERT & SCHANDRY 1998) und wurde hier erstmals als fundamentales Korrelat einer Erlebensdimension ermittelt.

11.3 Diskussion

Im Rahmen einer empirischen Studie zur Wirkung von Fernsehtalkshowbeiträgen konnten drei wesentliche Dimensionen des emotionalen Erlebens ermittelt werden: "Lust-Unlust", "Informationsaufnahme" und "Erregung" (siehe Abbildung 11-3).

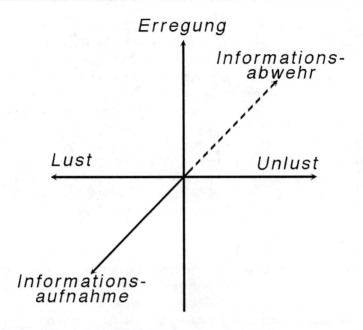

Abbildung 11-3   Dreidimensionales System des emotionalen Erlebens.

Die Dimension "Lust-Unlust" spannt sich zwischen den Polen angenehm und unangenehm auf und entspricht damit exakt der ersten der
drei von WUNDT bereits 1896 postulierten Hauptdimensionen des
emotionalen Erlebens. Die Dimension "Informationsaufnahme" beschreibt die Polarität zwischen der aufmerksamen Zuwendung ("attention") und der Abwendung ("rejection") von einem medialen Angebot. Damit entspricht diese Dimension dem von SCHLOSBERG
(1952) postuliertem Faktor "attention-rejection" (siehe Abbildung
11-1) und zeigt zugleich große Ähnlichkeit zu der zweiten Hauptdimension WUNDTs "Spannung vs. Lösung", da auch hier Aufmerksamkeitsprozesse die Polarität der Dimension bestimmen. Die Dimension "Erregung" erfasst die subjektiv erlebte Aktivierung des
vegetativen Nervensystems, wie sie besonders gut durch die Bilder-
reihe "Erregung" der "Self-Assessment-Manikin" (LANG, 1980) dargestellt wird, und entspricht damit der dritten von WUNDT postulierten Hauptdimensionen des emotionalen Erlebens "Erregung vs.

Beruhigung". Neben diesen drei Hauptdimensionen, die sich in der vorliegenden Arbeit als wesentlich für die Rezeption der gezeigten Fernsehtalkshowbeiträge herausstellten, wurde noch eine Dimension gefunden, die mit "Sentimentalität" bezeichnet wurde. Diese Dimension ist gekennzeichnet durch die Polarität einer emotionalen versus kognitiven Verarbeitung von medialen Stimuli. Für die Bewertung der Fernsehtalkshowbeiträge ist diese Dimension jedoch im Gegensatz zu den ersten drei Dimensionen, die somit als validiert gelten dürfen, unbedeutend.

Für ein zweidimensionales Modell des emotionalen Erlebens, wie es von WATSON & TELLEGEN (1985) postuliert wird und welches in der gegenwärtigen Forschung oft verwendet wird, konnten keine Anhaltspunkte gefunden werden, da die ersten drei in der vorliegenden Arbeit ermittelten Dimensionen außerordentlich varianzstark sind – "Lust-Unlust" (Varianzanteil: 30.3%), "Informationsaufnahme" (Varianzanteil: 27.1%) und "Erregung" (Varianzanteil: 21.6%).

Ebenso konnte keine Bestätigung für den von OSGOOD (1966) propagierten Faktor "Kontrolle" bzw. "Dominanz" gefunden werden. Die hohe Ladung der entsprechenden Skala der "Self-Assessment-Manikin" auf der "Lust-Unlust"-Dimension verweist eindeutig darauf, dass "Kontrolle" bzw. "Dominanz" zumindest im Zusammenhang der Medienrezeption als ein angenehmes Gefühl zu beschreiben ist.

Da die Modellvorstellungen von OSGOOD (1966; 1969) und auch von WATSON und TELLEGEN (1985) über das emotionale Erleben nach wie vor in der psychologischen Forschung vorherrschen, ist noch einmal darauf zu verweisen, dass eine spekulative Interpretation OSGOODs (1969) der "attention-rejection" von SCHLOSBERG (1952) als eine weitgehende Entsprechung der "Potency" (P) Dimension des Semantischen Differenzials die methodische und theoretische Emotionsforschung bis heute nachhaltig beeinflusst hat. Bei diesem Versuch konnte OSGOOD (1969, S. 195) die Widersprüche seiner Annahmen lediglich mit einem Fragezeichen kommentieren: "Rejection/Attention (P ?)". Erst durch eine Untersuchung von RUSSELL (1979) wurde die "Potency" bzw. "dominance" Dimension, wie sie von MEHRABIAN und RUSSELL (1974) genannt wurde, in

Frage gestellt. Zu diesem Zeitpunkt hatten sich jedoch bereits Mess-instrumente etablieren können und sind bis heute noch im Einsatz, die auf die Modellvorstellungen OSGOODs rekurrieren. Leider führte die Untersuchung RUSSELLs (1979) auch nicht zu einer Überprüfung der Annahmen OSGOODs über den dimensionalen Aufbau des emo-tionalen Erlebens, sondern lediglich zu einer Reduktion von drei auf zwei Hauptdimensionen wie bei WATSON und TELLEGEN (1985).

Zusammenfassend kann also festgestellt werden, dass das dreidimen-sionale Modell des emotionalen Erlebens von WUNDT (1896) in der vorliegenden Arbeit repliziert werden konnte. Einschränkend ist da-rauf zu verweisen, dass WUNDT die Dimension "Spannung vs. Lö-sung" zwar als Aufmerksamkeitsfaktor definiert, jedoch die aktive Unterdrückung von Aufmerksamkeitsprozessen nicht explizit be-schreibt. Die Polarität der Dimension "Informationsaufnahme" zwi-schen aufmerksamer Informationsaufnahme ("attention") und Infor-mationsabwehr ("rejection") entspricht hingegen exakt der Definition des Faktors "attention-rejection" von SCHLOSBERG (1952).

Erst in jüngerer Zeit wurde wieder ein dreidimensionales Modell (LEW Modell) des emotionalen Erlebens diskutiert (Überblick bei SCHIMMACK 1999). Als Dimensionen werden hier "Lust-Unlust" (L) und zwei Aktivierungsdimensionen, "Erregung-Ruhe" (E) und "Wachheit-Müdigkeit" (W), genannt, wobei die Dimension "Erre-gung-Ruhe" als eine Kombination aus den beiden Dimensionen "Spannung-Lösung" und "Erregung-Beruhigung" WUNDTs verstan-den wird und durch die Pole nervös und entspannt markiert wird. Angesichts der Beziehung zwischen Aufmerksamkeit und Wachheit erscheint allerdings eine Entsprechung von "Wachheit-Müdigkeit" mit "Spannung-Lösung" vorzuliegen. Das Übersehen dieser Entspre-chung ist umso verwunderlicher als dass ein Informationsaufnahme-system als Grundlage der "Wachheit-Müdigkeit" Dimension angese-hen wird. Ebenso fehlt in der Diskussion der "Wachheit-Müdigkeit" Dimension der Bezug zu den Arbeiten SCHLOSBERGs (1952; 1954), welcher die Informationsverarbeitungsprozesse, die als Grundlage von "Wachheit-Müdigkeit" angesehen werden, näher beschreibt.

Zu bemängeln an dem LEW-Modell ist im weiteren, dass eine Unter-suchung der physiologischen Grundlagen und Wechselwirkungen der beiden Aktivierungsdimensionen "Erregung-Ruhe" und "Wachheit-Müdigkeit" praktisch nicht erfolgt. Es wird lediglich darauf verwiesen, dass Skalen zur Erfassung von "Erregung-Ruhe" und "Wachheit-Müdigkeit" negativ miteinander korrelieren und eine Injektion von Insulin Wachheit reduziert, während Erregung erhöht wird. Hier wäre eine Diskussion der Befunde LACEYs sinnvoll, der bereits 1967 (S. 15) aufgrund einer Vielzahl von physiologischen Studien zu dem Ergebnis kam:

"I think the experiments show that electroencephalographic, autonomic, motor, and other behavioral systems are imperfectly coupled, complexly interacting systems."

So verweist LACEY (1967) darauf, dass ein hoher systolischer Blutdruck (autonome Aktivierung) durch die Reizung von Druckrezeptoren im arteriellen System (Barorezeptoren) die kortikale Aktivität verringert und so zu einem Abblocken von Informationen der Außenwelt führt ("environmental rejection"), während ein niedriger systolischer Blutdruck aktive Informationsaufnahme erleichtert ("environmental intake"). Die Beziehungen zwischen Blutdruck und kortikaler Aktivität konnten in neueren Untersuchungen bestätigt werden (vgl. ELBERT & SCHANDRY 1998). Demnach führen insbesondere aversive Reize zu einem Blutdruckanstieg, welcher kortikale Aktivität verringert und so die Wahrnehmung von beispielsweise Schmerzreizen reduziert. In experimentellen Studien konnte ebenso belegt werden, dass die Reizung der Barorezeptoren die kortikale Aktivität soweit verringern kann, dass Schlaf eintritt.

Es erscheint somit evident, dass die physiologische Grundlage der Dimension "Wachheit-Müdigkeit" in der kortikalen Aktivität zu erkennen ist. Wegen der funktionalen Bedeutung der kortikalen Aktivität für Informationsverarbeitungsprozesse, erscheint es jedoch sinnvoller, anstatt der Bezeichnung "Wachheit-Müdigkeit" die in der vorliegenden Arbeit vorgenommene Bezeichnung "Informationsaufnahme" zu wählen.

In Tabelle 11-4 werden überblicksweise die einander entsprechenden Dimensionen des emotionalen Erlebens dargestellt, wobei den beiden Aktivierungsdimensionen der jeweiligen Modelle als physiologische Grundlage die Unterscheidung zwischen elektrokortikaler und auto-

nomer Aktivierung (LACEY 1967) zugeordnet wird. Für die autonome Aktivierung als physiologische Grundlage der Dimension "Erregung" spricht insbesondere die Untersuchung von GREENWALD,
COOK & LANG (1989) über die Beziehung zwischen subjektiv erlebter Erregung und Hautleitfähigkeit.

WUNDT (1896)	SCHLOSBERG (1954)	LACEY (1967)	SCHIMMACK (1999)	vorliegende Arbeit
Lust-Unlust	pleasantness-unpleasantness		Lust-Unlust	Lust-Unlust
Spannung-Lösung	attention-rejection	electroence-phalographic system	Wachheit-Müdigkeit	Informations-aufnahme
Erregung-Be-ruhigung	level of activa-tion	autonomic system	Erregung-Ruhe	Erregung

*Tabelle 11-4   Einander entsprechende Dimensionen des emotionalen Erle-
bens und ihre Benennung, sowie die physiologische Grundlage der beiden Aktivierungsdimensionen bei LACEY (1967)*

Grundsätzlich ist die Frage nach den relevanten Dimensionen des
emotionalen Erlebens immer nur vor dem Hintergrund der
Item/Population/Stimulus-Matrizen zu beantworten. Insoweit gibt es
nicht "eine Ideallösung". Die an der vorliegenden Untersuchung teil-
genommene Probandengruppe ist sicherlich auch wegen eines hohen
Studentenanteils nicht als repräsentativ zu betrachten. Bezüglich der
verwendeten Items ist allerdings darauf zu verweisen, dass hier keine
Voreingenommenheit hinsichtlich der möglichen Dimensionalität
wie etwa bei MEHRABIAN und RUSSELL (1974) bestanden hat, sondern eine eigene unabhängige Itemsammlung vorgenommen wurde.
Das Stimulusmaterial schließlich ist von der Themenauswahl her als
äußerst heterogen zu beschreiben und dürfte in seiner Breite eine
große Anzahl an emotionsauslösenden Situationen des menschlichen
Lebens abdecken. Eingegrenzt ist der Wert dieser Untersuchung natürlich dadurch, dass die Form der Beteiligung der Probanden am
emotionalen Geschehen stets auf die rezeptive Seite beschränkt war.
Dies ist allerdings ein wesentliches Problem vieler Studien zur Erfassung der Dimensionalität des emotionalen Erlebens. So ist es auch

nur das Hauptanliegen dieses Beitrages darauf hinzuweisen, dass es aufgrund physiologischer Ergebnisse notwendig scheint, zwischen zwei Aktivierungsdimensionen zu unterscheiden, die im emotionalen Erleben bedeutsam sind. Dass diese Unterscheidung in den Zeiten nach WUNDT und SCHLOSBERG nicht mehr durchgeführt wurde, mag auf veränderte, restriktive Forschungsausrichtungen zurückzuführen sein.

12 Sekundäranalyse des emotionalen Erlebens von Talk-Shows: Eine SAM-Typologie

Lorenz Fischer

12.1 Zielsetzung der Untersuchung

Zielsetzung der Basisuntersuchung (s. auch FEIST 2000 und seinen Beitrag i.d.B.) war es, das emotionale Erleben von Zuschauern der Talk- und Beziehungs-Shows zu analysieren. Diese Sendungen haben sich auf eine starke Emotionalisierung ihres Publikums spezialisiert. Die Fragestellung zielte zunächst lediglich darauf ab, die von den verschiedenen Shows angesprochenen bzw. provozierten Emotionsqualitäten zu beschreiben. Dies erforderte angesichts des wenig ausgereiften operationalen Status der Emotionsforschung eine Erprobung unterschiedlicher Messverfahren bzgl. der abhängigen Variablen und eine Überprüfung ihrer konvergenten Validität.

So wurden in der Basisuntersuchung neben neuen graphischen und verbalen Messverfahren auch psychophysiologische Messungen vorgenommen. Unter den graphischen Verfahren waren auch die SAMs enthalten. Diese Tatsache gibt Gelegenheit, die Wirksamkeit der SAMs als Messverfahren im Allgemeinen und die des SAM-Emotionswörterbuches im Besonderen zu überprüfen und zu verdeutlichen.

12.2 Die Clusterbildung

Die folgende Darstellung hat zum Ziel, die spezifische Wirksamkeit der Auswertungsstrategie über eine partitionierende Clusteranalyse auf Basis der SAM-Werte und anschließender Beschreibung der Cluster anhand des Wörterbuches aufzuzeigen. Dabei ist es eine Besonderheit dieser Untersuchung, dass das emotionale Erlebnis von Fernsehsendungen, die explizit auf emotionale Wirkungen auf die

Zuschauer abzielen, natürlich viel intensiver sein kann bzw. ein höheres Erregungsniveau erreichen dürfte als beispielsweise generalisierende Urteile über das Arbeitsleben oder über Flugerfahrungen (vgl. die Beiträge von FISCHER in Teil B i.d.B.). Die Ausprägungen in den emotionalen Dimensionen sollten also prägnanter sein. Weiterhin wurden in dieser Untersuchung zahlreiche Items zur Spezifizierung der Emotionserfahrungen verwendet, die in diesem Kontext eine besonders differenzierte Validierung versprechen.

Bei einer Vorgabe von n=4 Clustern in der partitionierenden Cluster-Prozedur des SPSS (K-Means-Cluster)[23] auf der Basis der Ausprägungen in den drei Emotionsdimensionen ergaben sich Cluster mit den in der folgenden Tabelle wiedergegebenen Werten auf den SAM-Skalen.

Sofern die Werte des Wörterbuchs zutreffende (valide) Begriffszuschreibungen ermöglichen, ist zu fordern, dass die – durch diese Clusterzugehörigkeiten charakterisierten – Personen ähnliche emotionale Begriffe für die Beschreibung der verschiedenen Fernsehsendungen verwendeten.

Clusterbezeichnung	N	Bewertung[1]	Erregung[2]	Potenz[3]
Unerfreute	269	4,1	2,4	2,8
Erstaunte	410	2,3	2,7	3,4
Teilnahmslose	400	3,4	4,4	3,2
Sorglose	361	1,6	4,4	3,6

---

[23] Das K-Means bzw. Quick-Cluster-Verfahren berechnet eine optimale Partitionierung der Fälle in eine vorgegebene Zahl von Clustern. Dabei wird eine Minimierung der Quadratsummen innerhalb der Cluster bei einer Maximierung zwischen den Clustern angestrebt.

♦ Der F-Wert wies über alle Cluster hochsignifikante Unterschiede auf (p<0,001); der Scheffé-Test wies alle Differenzen zwischen den Gruppen als signifikant (p<0,05) unterschiedlich aus.

♦ Der F-Wert wies über alle Cluster hochsignifikante Unterschiede auf (p<0,001); der Scheffé-Test wies alle Differenzen zwischen den Gruppen als signifikant (p<0,05) unterschiedlich aus mit Ausnahme des Unterschiedes zwischen den Teilnahmslosen und den Sorglosen.

♦ Der F-Wert wies über alle Cluster hochsignifikante Unterschiede auf (p<0,001); der Scheffé-Test wies alle Differenzen zwischen den Gruppen als signifikant (p<0,05) unterschiedlich aus mit Ausnahme des Unterschiedes zwischen den Teilnahmslosen und den Sorglosen.

Tabelle 12-1 Verhaltenstzendenzen der SAM-Cluster

Die zahlreichen weiteren Emotionsbegriffe in der Untersuchung von FEIST bieten in diesem Sinne die Möglichkeit, die durch die Clusteranalyse gewonnenen Emotionstypen in einem weiteren Umfeld Emotionen beschreibender Begriffe einzuordnen.

Die relative semantische Nähe der Begriffsbildungen unseres Emotionswörterbuches zu den Emotionsitems der Untersuchung von FEIST wird am besten durch eine mehrdimensionale Skalierung (MDS) verdeutlicht. In einer MDS werden (Un-)Ähnlichkeiten von Daten in Form von Distanzen errechnet und in einen mehrdimensionalen Raum projiziert (vgl. BORG & STAUFENBIEL 1989, BORG 1992). Um die semantische Nähe der Clusterzugehörigkeit mit den übrigen Emotionsbegriffen erkennbar werden zu lassen, war es in diesem Falle erforderlich, auch die Clusterzugehörigkeit in eine dichotome (Dummy-)Variable (Zugehörigkeit zu einem der vier Cluster: ja/nein) umzuformen. Es wurde die in SPSS verfügbare Prozedur des „Multiple-Scaling" in einer 2-dimensionalen Darstellung gewählt, da die MDS – im Vergleich zur Faktorenanalyse – in der Regel niedrigere Dimensionalitäten empfiehlt.

Die folgende Darstellung zeigt die Positionierung der vier Cluster-Zugehörigkeiten (und auch der konstituierenden SAM-Dimensionen) in einem zweidimensionalen Raum gemeinsam mit den übrigen Emotions-Items der Untersuchung von FEIST.

Die erste Dimension kann wie bei FEIST (2000a, S. 77 sowie i.d.B.) durch die Pole „Lust-Unlust" bezeichnet werden. Möglicherweise ist

allerdings der Begriff „sorglos" zu unspezifisch für die Lustkompo-
nente, auch wenn er auf der zweiten Dimension als Nullpunkt zwischen Informationsabwehr und Informationsbereitschaft gut platziert
zu sein scheint.

Die zweite Dimension entspricht der Dimension „Informationsverarbeitung" bei FEIST (2000a, S. 77) und wurde hier allerdings anschaulicher und an der älteren wahrnehmungspsychologischen Tradition
angelehnt „Informationsabwehr vs. Informationsbereitschaft" (siehe
auch FEIST i.d.B.) genannt.

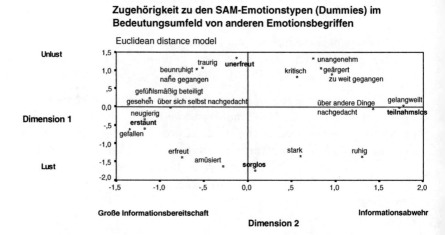

Abbildung 12-1

Es zeigt sich, dass die Clusterbezeichnungen (hervorgehoben) einen
klar erkennbaren Fit mit den übrigen Emotions-Items aufweisen. Sie
sind in ihren Konnotationen allerdings eher diffus/distanziert und
deshalb weniger anschaulich als die anderen Emotions-Items (z.B.
„unerfreut" statt des ähnlichen „traurig").

12.3 Zur Verhaltensrelevanz der Emotionscluster

Von verschiedenen Emotionsansätzen wird die Verhaltensrelevanz der Emotionen betont. Es stellt sich also die Frage, inwieweit sich die oben dargestellte Informationsabwehr auch in Verhaltens(-intentionen) niederschlägt. Eine einschlägige Frage hierzu in der Untersuchung von FEIST lautete:

„Was hätten Sie gemacht, wenn Sie diesen Beitrag zuhause eingeschaltet hätten?"

„*Ich hätte auf keinen Fall weitergeguckt.*" (ja/nein)

Die Verhaltenstendenzen der Vpn-Cluster unterscheiden sich signifikant (p<0,0001).

Zahl Erwartungswert %	Erstaunte	Sorglose	Teilnahmslose	Unerfreute	
Nicht weiterge-guckt	124	149	127	67	467
	158	135	94	80	48%
	37%	52,8%	64,8%	40,4%	
Weitergeguckt	205	133	69	99	506
	171	147	102	86,3	52,0%
	62,3%	47,2%	35,2%	59,6%	
	329	282	196	166	N=973
	33,8%	29%	20,1%	17,1%	100%

Tabelle 12-2

Die Teilnahmslosen, (konvergente Begriffe der Wahrnehmungsabwehr sind: *Langeweile, über andere Dinge nachgedacht und Ablenkung)* weisen erwartungsgemäß den höchsten Anteil derjenigen auf, die abschalten würden. 65% der Versuchspersonen dieses Clusters hätten den jeweiligen Beitrag zu Hause in keinem Fall weiter angesehen.

Bei den Erstaunten, die durch große Informationsbereitschaft gekennzeichnet sind, waren dies nur 37%, der geringste Anteil aller Cluster.

Die beiden Cluster der Sorglosen und der Unerfreuten liegen in der Dimension der Informationsabwehr eng beieinander; dabei tendiert *„unerfreut"* erstaunlicherweise etwas mehr zur Informationsbereitschaft als *„sorglos"*. Dies korrespondiert auch mit den Verhaltenstendenzen, die in der Tabelle erkennbar werden: Von den Sorglosen würden fast 53% die Sendung ausschalten, während es bei den Unerfreuten nur 40% sind.

Angesichts der Tatsache, dass man üblicherweise im Sinne der Lerntheorie bei unlustbetonten Erfahrungen ein Vermeidungsverhalten erwarten würde, erscheint dieser Unterschied erstaunlich. Dieser Tatbestand dürfte allerdings für die Bewertung dieser Talk-Shows typisch sein, in denen eine tatsächliche oder potentielle Bedrohung vikariierend verarbeitet wird. So bewerteten Frauen insbesondere solche Sendungen besser als Männer, die spezifische Gefahrenpotenziale von Frauen *(„Vergewaltigung in der Türkei"* oder *„Plötzlich verwitwet")* behandelten.

Fazit

Auch diese Analyse konnte zeigen, dass das Wörterbuch der Emotionen schon eine beachtliche Treffsicherheit erlangt hat, die einer zutreffenden Deutung von Zusammenhängen in unterschiedlichsten analytischen Kontexten hilfreich sein dürfte.

13 Literatur

Aaker, D.A.; Stayman, D.M. & Vezina, R. (1988): Identifying Feelings Elicited by Advertising. Psychology & Marketing 5, 1: 1-16.

Adelt, P.; Grimmer, W. & Stephan, E. (2000): Autofahrer-Typen auf Deutschlands Straßen. Sicher Direct Studie '97. Bremerhaven: Wirtschaftsverlag NW, Verlag für neue Wissenschaft GmbH.

Ajzen, I. (1988): Attitudes, personality and behavior. Milton: Open University Press.

Ajzen, I. (1989): Attitudes, personality and behavior. London.

Anger, H. (1969): Befragung und Erhebung. In: Graumann, C. (Hg.): Handbuch der Psychologie, Bd. 7, 1. Halbband, 567-618, Göttingen.

Argyle, M. (1975): Bodily Communication. London: Methuen. (Deutsch: Soziale Interaktion, 3. Aufl., Köln: Kiepenheuser & Witsch.)

Arnold, M.B. (1960): Emotion and personality. New York: Columbia University Press.

Atkinson, J.W. (1957): Motivational determinants of risk-taking behavior. In: Psychological Review, 64,1957, S. 359-372.

Attneave, F. (1959): Applications of information theory to psychology. A summary of basic concepts, methods and results. New York: Rinehard & Winston.

Bacher, J. (1994): Clusteranalyse. München.

Backhaus, K. et al. (1997): Multivariate Analysemethoden. Eine anwendungsorientierte Einführung. 7. Auflage. Berlin: Springer.

Bandura, A. (1979, orig. 1977): Sozial-kognitive Lerntheorie. Klett-Cotta, Stuttgart.

Barton, R.F. (1930): The half way sun. New York: Brewer and Warren.

Belschak, F. (2001): Stress in Organisationen. Lengerich: Pabst.

Bentler, P.M. (1969): Semantic space is (approximately) bipolar. Journal of Psychology, 71, 33-40.

Berger, H.J., Bliersbach, G. & Dellen, R.G. (1973): Macht und Ohnmacht auf der Autobahn. Dimensionen des Erlebens beim Autofahren. Reihe Faktor Mensch im Verkehr, Heft 19. Frankfurt/ M.: Tetzlaff.

Berger, H.J., Bliersbach, G. & Dellen, R.G. (1974): Psychologische Grundlagen für das Verhältnis von Pkw-Fahrern zum Sicherheitsgurt. Eine quantifizierte Motivstudie. In: Bundesanstalt für Verkehrswesen (Hg.): Psychologische Forschung zum Sicherheitsgurt und Umsetzung ihrer Ergebnisse. Köln: Bundesanstalt für Straßenwesen.

Berger, H.J.; Bliersbach, G. & Dellen, R.G. (1975): Fahrformen und Erlebnisentwicklung bei der Teilnahme am Straßenverkehr. Buchreihe der Arbeits- und Forschungsgemeinschaft für Straßenverkehr und Verkehrssicherheit. Institut an der Universität Köln. Band XXV.

Berlyne, D.E. (Ed.) (1974): Studies in new experimental aesthetics. New York: Wiley.

Biehl, B. (1990): Neue, technische Maßnahmen im Straßenverkehr unter einem verhaltensorientierten Aspekt von Verkehrssicherheit. In: Nickel, W.-R. (Hg.): Fahrverhalten und Verkehrsumwelt. Psychologische Analysen im interdisziplinären Feld. Köln: Verlag TÜV Rheinland & Bonn: Deutscher Psychologen Verlag.

Bierbaumer, N. (1983): Psychophysiologische Ansätze. In: Euler, H.A. & Mandel, H. (Hg.) Emotionspsychologie. Ein Handbuch in Schlüsselbegriffen, 45-51. München: Urban & Schwarzenberg.

Bliersbach, G. (1978): Interaktionsmuster und Interaktionskonflikte beim Autofahren. Gruppendynamik, 9, 238-248.

Bliersbach, G. (1979): Autofahren: Jeder gegen Jeden. Warum wir so leicht in Fahrt geraten. Psychologie heute, 11/ 1979.

Bliersbach, G. & Dellen, R.G. (1981): Informationsverarbeitung und Einstellung im Straßenverkehr. Bericht zum Forschungsprojekt 7520/2 der Bundesanstalt für Straßenwesen. Bereich Unfallforschung. Köln: Bundesanstalt für Straßenwesen.

Bischof, N. (1989): Emotionale Verwirrungen. Oder: Von den Schwierigkeiten im Umgang mit der Biologie. Psychologische Rundschau 40(4), 188-205.

Blume, M.E. & Friend, I. (1992): The asset structure of individual portfolios and some implications for utility functions, Journal of Finance, 30, 585-603.

Borg, I. & Staufenbiel, Th. (1989): Theorien und Methoden der Skalierung. Bern u.a.

Borg, I. (1992): Grundlagen und Ergebnisse der Facettentheorie. Göttingen: Huber.

Borg, I. (2000): Führungsinstrument Mitarbeiterbefragung. Göttingen u.a.: Verlag für Angewandte Psychologie.

Bottenberg, E.H. (1972): Emotionspsychologie. Ein Beitrag zur empirischen Dimensionierung emotionaler Vorgänge. München: Goldmann.

Bower, G.H., Monteiro, K.P. & Gilligan, S.G. (1978): Emotional mood as a context of learning and recall. Journal of Verbal Learning and Verbal Behavior, 17, 573-585.

Bradley, M.M. & Lang, P.J. (1994): Measuring emotion: the self-assessment manikin and the semantic differential. Journal of Behavior Therapy and Experimental Psychiatry, 25,49-59.

Brauswetter, C. (1994): Zur Akzeptanz von Innovationen. Eine empirische Untersuchung zur Akzeptanz von Abstandsinformations- und Abstandswarnsystemen für Pkw. Unveröffentlichte Diplomarbeit. Köln: Institut für Wirtschafts- und Sozialpsychologie.

Brown, R.W. (1958): Words and things. New York: Free Press.

Brown, R.W. & Lenneberg, E.H. (1954): A study in language and cognition. In: J. Abnorm. Social Psychology, 49, 1954, 454-462.

Bruggemann, A. u.a. (1975): Arbeitszufriedenheit. Bern u.a.: Huber.

Bühler, K. (1934): Sprachtheorie. Jena

Bungard, W. (1984): Sozialpsychologische Forschung im Labor: Ergebnisse, Konzeptionalisierung und Konsequenzen der sogenannten Artefaktforschung. Göttingen: Hogrefe.

Bungard, W. & Lück, H.E. (1974): Forschungsartefakte und nicht-reaktive Meßverfahren. Stuttgart: Teubner.

Bungard, W. & Jöns, I. (1997): Gruppenarbeit in Deutschland - Eine Zwischenbilanz. Zeitschrift für Arbeits- und Organisationspsychologie, 41, 3. Überblicksartikel zu Gruppenarbeit in deutschen Unternehmen, 104-119.

Burke, M.C. & Edell, J.A. (1989): The Impact of Feelings on Ad-Based Affect and Cognition. Journal of Marketing Research 26, 69-83.

Busaka, B. & Wenninger, U. (1985): Beziehung zwischen verkehrspsychologischen Testverfahren und Kriterien des Fahrverhaltnes unter Verwendung einer Fahrertypologie. Zeitschrift für Verkehrssicherheit, 31, 80-85.

Carlson, M. & Hatfield, E. (1992): Psychology of emotion. New York: Holt, Rinehart & Winston.

Cartwright, D. & Harary, F. (1956): Structural balance: A generalization of Heider's theory. Psychol. Rev., 63, 277-293.

Center For The Study Of Emotion And Attention (Csea-Nimh) (1995): The international affective picture system. Gainsviolle: The Center of Research in Psychophysiology, University of Florida.

Cronbach, L.J. & Meehl, P.E. (1955): Construct validity in psychological tests. In: Psychol. Bull., 52, No. 4, 281-302.

Crown, D.P. & Marlowe, D. (1960): A new scale of social desirebility independent of pschopathology. J. Consulting Psychology, 24, 349-354.

Dickinson, A. & Dearing, M.F. (1979): Appetitive-aversive interactions and inhibitory processes. In: Dickinson, A. & Boakes, R.A. (Eds.), Mechanisms of learning and motivation. Hillsdale, NJ: Lawrence Erlbaum Associates, 203-231.

Dörner, D. (1989): Emotion, Kognition und Begriffsverwirrungen: Zwei Anmerkungen zur Köhler-Vorlesung von Norbert Bischof. Psychologische Rundschau 40(4), 206-209.

Duval, S. & Wicklund, R.A. (1972): A theory of objective self-awareness. New York: Academic Press.

Ekman, P. (1955): Dimensions of emotions. Acta Psychologica, 11, 279-288.

Ekman, P. et al. (1987): Universals and cultural differences in the judgements of facial expressions of emotion. Journal of Personality and Social Psychology, 53, 712-717.

Ekman, P. & Friesen, W.V. (1971): Constants across cultures in the face and emotion. Journal of Personality and Social Psychology, 29, 288-298.

Ekman, P.; Friesen, W.V. (1975): Unmasking the face: A guide to recognizing emotions from facial clues. Englewood Cliffs, NJ: Prentice Hall.

Ekman, P.; Friesen, W.V. & Tomkins, S.S. (1971): The facial affect scoring technique. A first validity study. Semiotica, 1, 37-53.

Elbert, T. & Schandry, R. (1998): Herz und Hirn. Psychophysiologische Wechselwirkungen. In: Rösler, F. (Hg.), Ergebnisse und Anwendungen der Psychophysiologie (Enzyklopädie der Psychologie, Band 5, 427-477). Göttingen: Hogrefe.

Engen, R.; Levy, N. & Schlosberg, H. (1958): The dimensional analysis of a new series of facial expressions. Journal of Experimental Psychology, 55, 454-458.

Esser, H. (1975): Soziale Regelmäßigkeiten des Befragtenverhaltens. Meisenheim.

Euler, H.A. (1983): Lerntheoretische Ansätze. In: Euler, H.A. & Mandel, H. (Hg.) Emotionspsychologie. Ein Handbuch in Schlüsselbegriffen. 52-61. München: Urban & Schwarzenberg.

Fazio, R.H. et al. (1984): Spontaneous attitude formation. Soc. Cognition, 2, 217-234.

Fazio, R.N. & Zanna, M.P. (1981): Direct experience and attitude-behavior consistency. Advances in Experimental Social Psychology, 14, 161-202.

Feist, A. (2000): Emotionale Wirkungen von Fernsehtalkshows. Aachen: Shaker Verlag.

Feldman Barrett, L. & Russell, J.A. (1998): Independence and bipolarity in the structure of current affect. Journal of Personality and Social Psychology, 74, 967-984.

Festinger, L. (1957): A theory of cognitive dissonance. Stanford: Stanford University Press.

Fiedler, K. (1983): Anti-kognitivistische Tendenzen in der Psychologie. Sprache & Kognition 4, 215-227.

Fischer, L. (1989): Strukturen der Arbeitszufriedenheit. Göttingen: Hogrefe.

Fischer, L. (1991a): Der Typus des Aktionärs. Zentralarchiv-Information 28, 5/91, 20-28.

Fischer, L. (1991b): Die stillschweigenden innerbetrieblichen Voraussetzungen von Mitarbeiterbefragungen und ihre Konsequenzen für die Analyse der Arbeitszufriedenheit. In: Fischer, L. (Hg.) Arbeitszufriedenheit. Stuttgart: Verlag für Angewandte Psychologie.

Fischer, L. (1992): Wie unabhängig ist der Aktionär? In: Montada, L. (Hg.): Bericht über den 38. Kongreß der Deutschen Gesellschaft für Psychologie in Trier, 708-709, Göttingen u.a.: Hogrefe.

Fischer, L.; Blumberg, C.; Froese, W. & Riesenkönig, M. (1999): Die professionelle Orientierung von Alt- und Neupersonal in den Kommunalverwaltungen Brandenburgs und Sachsens. Verwaltung und Management.

Fischer, L. & Brauns, D. (1998): Konstruktion und Validierung eines Deutschen Wörterbuches zu den Self-Assessment-Manikin (SAM). Unveröffentlichtes internes Arbeitspapier. Köln: Institut für Wirtschafts- und Sozialpsychologie.

Fischer, L. & Lück, H.E. (1972): Entwicklung einer Skala zur Messung von Arbeitszufriedenheit (SAZ). In: Psychol. u. Praxis, 16, 1972, 64-76.

Fischer, L. & Mörsch, Chr. (1998): Die Mitarbeiterbefragung von Klöckner-Möller im Werk Unna. Internes Arbeitspapier.

Fischer, L. & Wiswede, G. (2001): Grundlagen der Sozialpsychologie. München: Oldenbourg.

Fischer, L., Koop, J. & Müller-Peters, H. (1994): Zur Psychologie privater Aktionäre I. In: Sparkasse, 1/94.

Fischer, M. (1991): Umwelt und Wohlbefinden. In: Abele/Becker (Hg.): Wohlbefinden, 245-266. Weinheim u. München: Juventa.

Fishbein, M. & Ajzen, I. (1975): Belief, attitude, intention and behavior: An introduction to theory and research. Reading/ Mass.: Addison-Wesley.

Galbraith, J.K. (1992): Finanzgenies. Eine kurze Geschichte der Spekulation. Frankfurt am Main: Eichborn.

Gibson, J.J. (1972): Eine Theorie malerischer Wahrnehmung. In: G. Kepes (Hg.) Zeichen, Bild, Symbol, 62-77. Brüssel, La Connaissonce.

Gigerenzer, G. (1981a): Implizite Persöhnlichkeitstheorien oder quasiimplizite Persönlichkeitstheorien? Zeitschr. Soz. Psych. 12, 65-80.

Gigerenzer, G. (1981b): Messung und Modellbildung in der Psychologie. München, Basel: UTB.

Glaser, W. (1998): Imagery. In: Häcker, H. & K.H. Stapf (Hrsg.): Dorsch, Psychologisches Wörterbuch. Bern u.a.: Huber.

Goffman, E. (1973a): Wir alle spielen Theater. Die Selbstdarstellung im Alltag. München: Piper & Co.

Goffman, E. (1973b): Stigma. Über Techniken der Bewältigung beschädigter Identität. Frankfurt: Suhrkamp.

Goffman, E. (1974): Das Individuum im öffentlichen Austausch. Frankfurt: Suhrkamp.

Goodstein, R.C., Edell, J.A. & Moore, M.C. (1990): When Are Feelings Generated? Assessing the Presence and Reliability of Feelings Based on Storyboards and Animatics. In Emotion in Advertising, S.J. Agres and T.M. Dubitsky (eds.). NY: Quorum.

Gordon, J.E. (1957): Interpersonal predictions of repressors and sensitizers. Journal of Personality 25, 686-698.

Greenwald, M.K., Cook, E.W. & Lang, P.J. (1989): Affective judgements and psychophysiological response: Dimensional covariation in the evaluation of pictorial stimuli. Journal of Psychophysiology, 3, 51-64.

Grimmer, W., Adelt, P. & Stephan, E. (1995): Akzeptanz von Navigations- und Verkehrsführungssystemen der Zukunft. Bonn: Deutscher Psychologen Verlag.

Guadagnoli, E. & Velicer, W.F. (1988): Relation of sample size to the stability of component patterns, Psychological Bulletin, 103, 265-275.

Hamm, A.O. & Vaitl, D. (1993): Emotionsinduktion durch visuelle Reize: Validierung einer Stimulationsmethode auf drei Reaktionsebenen. Psychologische Rundschau, 44, 143-161.

Hamm, A.O., Cuthbert, B.N., Globisch, J. & Vaitl, D. (1997): Fear and the startle reflex: Blink modulation and autonomic response patterns in animal and mutilation fearful subjects. Psychophysiology, 34, 97-107.

Hebb, D.O. (1953): Heredity and environment in mammilian behavior. British Journal of Animal Behavior, 1, 43-47.

Heckhausen, H. (1989): Motivation und Handeln. 2. Aufl. Berlin: Springer.

Hellpach, W. (1952): Mensch und Volk in der Großstadt. Stuttgart: Enke.

Herrmann, T. (1976): Lehrbuch der empirischen Persönlichkeitsforschung. Göttingen: Hogrefe.

Herzberg, F. (1966): Work and the nature of man. New York: Cleveland.

Hocart, A.M. (1912): The psychological interpretation of language. In: Brit. J. Psychol., 5, 267-279.

Hofstätter, P.R. (1963): Einführung in die Sozialpsychologie, 333-363. Stuttgart: Kröner Verlag.

Holbrook, M.B. & Batra, R. (1988): Assessing the Role of Emotions as Mediators of Consumer Responses to Advertising. Journal of Consumer Research 14, 404-419.

Huguenin, R.D. (1993): Status psychologischer Beiträge für die Verkehrs-
sicherheitsarbeit. In: Kroj, H.; Utzelmann, H. & Winkler, W. (Hg.):
Psychologische Innovationen für die Verkehrssicherheit. Bonn:
Deutscher Psychologen Verlag.

Ittelson, W.H. (1973): Environment perception and contemporal perceptual
theory. In W.H. Ittelson (Ed.), Environment and cognition. New
York: Seminar Press.

Izard, C.E. (1971): The face of emotion. New York: Appleton-Century-
Crofts.

Izard, C.E. (1977): Human emotions. New York: Plenum Press.

Izard, C.E. (1981, 1977): Die Emotionen des Menschen. Weinheim: Beltz
(Orig.: Human emotions. New York: Plenum Press).

Jacobs, G. (2000): Kulturelle Unterschiede der Gerechtigkeitswahrnehmung
europäischer Manager - Eine vergleichende Studie von Personal-
entscheidungen im Banksektor. Münster-Hamburg-London: Lit
Verlag.

James, W. (1884): What is an emotion? Mind, 9, 188-205.

Jourard, S.M. (1964): The transparent self.: Self disclosure and well being.
Princeton, N.J.: Van Nostrand.

Jourard, S.M. (1968): Disclosing man to himself. Princeton, N.J.: Van Nostrand.

Kant, I. (1798): Anthropolgie, drittes Buch; Werke Band VII.

Kasten, H. (1983): Entwicklungspsychologische Ansätze. In: Euler, H.A. &
Mandel, H. (Hg.) Emotionspsychologie. Ein Handbuch in Schlüsselbegriffen, 85-94. München: Urban & Schwarzenberg.

Katz, L.B. (1967): The functional approach to the study of attitudes. In:
Fishbein, M. (Hg.), Readings in attitude theory and measurement.
New York.

Kerner, G. & Duroy, R. (1985): Bildsprache 1, 5. Auflage. München: Don
Bosco.

Klages, H., Gensicke, Th. & Haubner, O. (1994): Die Mitarbeiterbefragung – ein kraftvolles Instrument der Verwaltungsmodernisierung. Erscheint in VOP, Speyer.

Klebelsberg (1982): Verkehrspsychologie. Berlin: Springer.

Kleinbeck, U. & Schmidt, K.H. (1983): Angewandte Motivationspsychologie in der Arbeitsgestaltung. In: Z. f. Arbeits- u. Organisationspsychol. (Psychologie und Praxis), 27, 13-21.

Kleinginna, P.R. & Kleinginna, A.M. (1981): A categorized list of emotion definitions, with suggestions for a consensual definition. Motivation and Emotion, 5, 345-379.

Konorski, J. (1967): Integrative activity of the brain: An interdisciplinary approach. Chicago: University of Chicago Press.

Kosslyn, S.M. (1971): Scanning visual images: some structural implications. Perception and Psychophysics, 14, 90-94.

Kosslyn, S.M. (1975): Information representation in visual images. Cognitive Psychology, 7, 341-370.

Kosslyn, S.M. (1978): Measuring the visual angle of the mind´s eye. Cognitive Psychology, 10, 356-389.

Kosslyn, S.M. (1981): The medium and the message in mental imagery: A theory. Psychological Review 88, 46-66.

Kroeber-Riel, W. (1992): Konsumentenverhalten. 5. Auflage. München: Vahlen.

Kroeber-Riel, W. & Weinberg, P. (1999): Konsumentenverhalten. 7. Auflage. München: Vahlen.

Kuhl, J. & Beckmann, J. 1994 Volition and personality. Action vs. state orientation. Göttingen/Seattle: Hogrefe.

Kutter, P. (1983): Psychoanalytische Ansätze. In: Euler, H.A. & Mandel, H. (Hg.) Emotionspsychologie. Ein Handbuch in Schlüsselbegriffen. 52-61. München: Urban & Schwarzenberg.

Lacey, J. I. (1967): Somatic response patterning and stress: some revisions of activation theory. In Appley, M.H. & Trumbull, R. (Eds.), Psychological Stress, 14 -36. New York: Appleton.

Lang, P.J. (1977): Physiological assessment of anxiety and fear. In: Cone, J.D. Con & Hawkins, R.P. (eds.) Behavioral assessment. New directions in clinical psychology, 178-198. New York: Brunner/Mazel.

Lang, P.J. (1979a): Emotional imagery: Theory and experiment on instructed somatovisceral control. In: Birbaumer, N. & Kimmel, H.D. (Eds.) Biofeedback and self-regulation. New York, Toronto et al.: Lawrence Erlbaum Associates, Publishers.

Lang, P.J. (1979b): A bio-informational theory of emotional imagery. Psychophysiology, Vol. 16, No.6, 495-512.

Lang, P.J. (1980): Behavioral treatment and bio-behavioral assessment: Computer applications. In: Sidowski, J.B; Johnson, J.H. & Williams, T.A. (eds.): Technology in mental health care delivery systems, 119-137. Norwood, NJ: Ablex.

Lang, P.J., Bradley, M.M. & Cuthbert, B.N. (1990): Emotion, attention and the startle reflex. Psychological Review, 97, 377-395.

Lang, P.J., Bradley, M.M. & Cuthbert, B.N. (1992): A motivational analysis of emotion: Reflex-cortex connections. Psychological Science, 3, 44-49.

Lang, P.J., Bradley, M.M. & Cuthbert, B.N. (1997): Motivated attention: Affect, activation, and action. In: Lang, P.J.; Simons, R.F. & Balaban, M.T. (Eds.) Attention and orienting: Sensory and motivational processes, 97-135. New Jersey, London: Mahwah.

Lazarus, R.S. (1982): Thoughts on the relation between emotion and cognition. In: American Psychologist, 37, 1019-1024.

Lazarus, R.S. (1984): On the primacy of cognition. In: American Psychologist, 39, 124-129.

Lazarus. R.S. (1991a): Cognition and motivation in emotion. In: American Psychologist, 46, 352-367.

Lazarus, R.S. (1991b): Progress on a cognitive-motivational-relational theory of emotion. In: American Psychologist, 46, 819-834.

Lazarus, R.S. & Launier, R. (1978): Stress-related transactions between person and environment. In Pervin, L.A. & Lewis; M. (eds.) Perspectives in interactional psychology, 287-327. New York: Plenum.

LeDoux, J.E. (1989): Cognitive-emotional interactions in the brain. Cognition and emotion, 3(4), 267-289.

LeDoux, J.E. (1995): In search of an emotional system in the brain: leaping from fear to emotion and consciousness. In Gazzaniga, M. (Ed.), The Cognitive Neurosciences, 1049-1061. Cambrigde: MIT Press.

Leinfellner, W. (1967): Einführung in die Erkenntnis- und Wissenschaftstheorie. Bibliographisches Institut, Mannheim.

Lersch, Ph. (1954): Aufbau der Person. 7. Auflage. Barth, München.

Leven, W. (1995): Imagery-Forschung. In: Tietz, B. & Köhler, R. u.a. (Hg.), Handwörterbuch des Marketing. 2. Auflg., 928-938. Stuttgart.

Link, R. (1993): Investor Relations im Rahmen des Aktienmarketing von Publikumsgesellschaften. Betriebswirtschaftliche Forschung und Praxis, 2, 105-205.

Lück, H.E. & Timaeus, E. (1969): Skalen zur Messung manifester Angst (MAS) und sozialer Wünschbarkeit (SDS-E und SDS-CM). Diagnostica, 1969, 15, 134-141.

Lundberg, U. & Devine, B. (1975): Negative similarities. Educational and Psychological Measurement, 35, 797-807.

Malinowski, B. (1930): The problem of meaning in primitive languages. In: Ogden, C.K., Richards, I.A.: The measurement of meaning. New York: Harcourt.

Mandl, H. (1983): Kognitionstheoretische Ansätze. In: Euler, H.A. & Mandl, H. (Hg.) Emotionspsychologie. Ein Handbuch in Schlüsselbegriffen, 72-80. München: Urban & Schwarzenberg.

Mandl, H. & Huber, G.L. (1983): Theoretische Grundpositionen zum Verhältnis von Emotion und Kognition. In: Mandl, H. & Huber, G.L. (Hg.) Emotion und Kognition, 1-60. München.

Mandler, G. (1980): The generation of emotion: A psychological theory. In: Plitchik, R. & Kellerman, H. (eds.): Emotion. Theory, research and experience. Vol.1: Theories of emotion, 219-243. New York: Academic Press.

Maslow, A.H. (1943): A theory of human motivation. Psychological Review, 50, 370-396.

Maslow, A.H. (1954, dt.1970): Motivation and personality. New York: Harper & Row.

Mayring, P. (1992a): Geschichte der Emotionsforschung. In: Ulich, D. & Mayring, P.: Psychologie der Emotionen, 11-27. Stuttgart u.a. : Kohlhammer.

Mayring, P. (1992b): Erfassung von Emotionen. In: Ulich, D. & Mayring, P.: Psychologie der Emotionen, 58-72. Stuttgart u.a. : Kohlhammer.

Mayring, P. (1992c): Klassifikation und Beschreibung einzelner Emotionen. In: Ulich, D. & Mayring, P.: Psychologie der Emotionen, 131-181. Stuttgart u.a. : Kohlhammer.

Mecklenbräuker, S., Wippich, W. & Bredenkamp, J. (1992): Bildhaftigkeit und Metakognitionen. Göttingen u.a.: Hogrefe.

Mehrabian, A. (1978): Räume des Alltags oder wie die Umwelt unser Verhalten bestimmt. Stuttgart: Campus.

Mehrabian, A. & Ferris, S.R. (1967): Inference of attitudes from non verbal communication in two channels. J. Consult. Psychol. 31, 248-252.

Mehrabian, A. & Russell, J.A. (1974): An approach to enviromental psychology. Cambridge, MA: MIT Press.

Merker, F. (1904): Die Massai. Berlin: Dietrich Reimer.

Meyer, W.U. (1973): Leistungsmotiv und Ursachenerklärung von Erfolg und Mißerfolg. Stuttgart: Klett.

Meyer, W.U. (1983): Attributionstheoretische Ansätze. In: Euler, H.A. & Mandel, H. (Hg.) Emotionspsychologie. Ein Handbuch in Schlüsselbegriffen, 80-85. München: Urban & Schwarzenberg.

Meyer, W.U.; Niepel, M. & Schützwohl, A. (1994): Überraschung und Attribution. In: Försterling, F. & Stiensmeyer-Pelster, J. (Hg.): Attributionstheorie. Grundlagen und Anwendungen, 105-122. Göttingen: Hogrefe.

Modley, R. (1972): Graphische Symbole für weltweite Kommunikation. In: Kepes, G. (Hg.) Zeichen, Bild, Symbol, 78-95. Brüssel: La Connaissonce.

Morris, C. (1938): Foundations of a theory of signs. International Encyclopedia of Unified Sciences 1, No. 2.

Morris, J.D. (1995): Observations: Sam: The Self-Assessment Manikin An Efficient Cross-Cultural Measurement Of Emotional Response. Journal of Advertising Research, Nov/Dec 95, Vol. 35 Issue 6, 63-69.

Morris, J.D. & McMullen, J.S. (1994): Measuring Multiple Emotional Responses To a Single Television Commercial. Advances in Consumer Research, 21, 175-180.

Mowen, J. C. & Minor, M. (1998): Consumer Behavior, 5th. ed., 413-448. New Jersey: Prentice-Hall Inc.

Müller-Peters, H., Quinke, R., & Ley, M. (1999): Kundenzufriedenheit und Kundenbindung bei Versicherern. In: Fischer, L., Kutsch Th. & Ekkehart, St. (Hrsg.) Finanzpsychologie, 365-386. München: Oldenbourg.

Neuberger, O. (1974 a): Theorien der Arbeitszufriedenheit. Stuttgart: Kohlhammer.

Neuberger, O. (1974 b): Die Messung der Arbeitszufriedenheit. Stuttgart: Kohlhammer.

Neuberger, O. (1984): Wenn die Leute nachdenken würden, müßten sie feststellen, daß sie unglücklich sind - Ein Gespräch mit O. Neuberger. In: Psychologie heute, 11, No. 7, 46-51.

Neuberger, O. & Allerbeck, M. (1978): Messung und Analyse von Arbeitszufriedenheit. Bern u.a.: Huber.

Newcomb, T.M. (1953): An approach to the study of communicative acts. Psychol. Rev., 60, 393-404.

Ortony, A. & Turner, T.J. (1990): What's basic about basic emotions? Psychological Review, 97, 315-331.

Ortony, A., Clore, G.L. & Collins, A. (1988): The cognitive structure of emotions. Cambridge, New York.

Osgood, C.E. (1966): Dimensionality of the semantic space for communication via facial expressions. Scandinavian Journal of Psychology, 7, 1-30.

Osgood, C.E. (1969): On the why and wherefore of E, P, and A. Journal of Personality and Social Psychology, 12, 194-199.

Osgood, C.E.; Suci, G.J. & Tannenbaum, P.H. (1957): The measurement of meaning. University of Illinois Press, Urbana III.

Paivio A. (1971): Imagery and verbal processes. New York: Holt, Rinehart and Winson.

Paivio, A. (1977): Images, propositions, and knowledge. In: Nicholas, J.M. (Ed.) Images, perception and knowledge. Dordrecht et al.

Patrick, C.J. & Lavoro, S.A. (1997): Ratings of emotional response to pictorial stimuli: Positive and negative affect dimensions. Motivation and Emotion, 21, 297-322.

Petermann, F. & Kusch, M. (1993): Imaginative Verfahren. In: Vaitl, D. & Petermann, F. (Hg.): Handbuch der Entspannungsverfahren. Band 1: Grundlagen und Methoden. Weinheim: PVU.

Petty, R.E. & Cacioppo, J.T. (1986): The elaboration likelihood model of persuasion. In: Berkowitz, L. (Hg.): Advances in experimental social psychology, Bd. 19. Orlando: Academic Press.

Postman, L. (1963): Perception and learning. In: Koch, S. (Hg.): Psychology: A study of science; Vol. 5. The process area, the person and some applied fields: their plan in psychology and science. New York: McGraw Hill.

Pylyshyn, Z.W. (1973): What the mind´s eye tells the mind´s brain: A critique of mental imagery. Psychological Bulletin 80: 1-24.

Pylsyshyn, Z.W. (1981): The imagery debate: Analogue media versus tacit knowledge. Psychological Review, 87, 16-45.

Rafnel, K.J. & Klatzky, R.L. (1978): Meaningful interpretation effects on codes of nonsense pictures. Journal of Experimental Psychology: Human Learning and Memory, 4, 631-646

Richardson, J.T.E. (1990): Imagery and the brain. In: Carnoldi, C. & McDaniel, M.A. (Eds.) III Workshop on Imagery and Cognition Ann Arbor, 1-31.

Riesenkönig, M. (2000): Die Reform des Umbruchs. Zur Psychologie der Innovation und Organisationsentwicklung in ostdeutschen Kommunalverwaltungen. Lengede u.a.: Pabst.

Risser, R. (1988): Kommunikation und Kultur des Straßenverkehrs. Wien: Literas Universitätsverlag.

Risser, R. (1993): Wie passen High-Tech im Straßenverkehr und Psychologie zusammen? In: Kroj, H.; Utzelmann, H. & Winkler, W. (Hg.): Psychologische Innovationen für die Verkehrssicherheit. Bonn: Deutscher Psychologen Verlag.

Rosenberg, M.J. & Hovland, C.I. (1960): Cognitive, affective, and behavioral components of attitudes. In: Hovland, C.I. & Rosenberg, M.J. (eds.), Attitude Organization and Change, New Haven: Yale University Press.

Rosenstiel, L. v. (1990): Motivationale Aspekte des Verhaltens von Börsenteilnehmern. In: Maas, P. und Weibler J. (Hg.): Börse und Psychologie; Plädoyer für eine neue Perspektive. Köln.

Roth, E. (1967):Einstellung als Determination individuellen Verhaltens. Göttingen: Hogrefe.

Rusbult, C.E. (1980): Commitment and satisfaction in romantic associations. A test of the investment model. Journal of Experimental Social Psychology, 16, 172-186.

Russel, J.A. & Bullock, M. (1986): Fuzzy concepts and the perception of emotion in facial expressions. Social Cognition, 4, 309-341.

Russell, J.A. (1979): Affective space is bipolar. Journal of Personality and Social Psychology, 37, 345-356.

Russell, J.A. (1980): A circumplex model of affect. Journal of Personality and Social Psychology, 39, 1161-1178.

Russel, J.A. & Mehrabian, A. (1977): Evidence for a three-factor theory of emotion. J. of Research in Personality, 11, 273-294.

Sarris, V. (1971): Wahrnehmung und Urteil. Göttingen: Hogrefe.

Schachter, S. & Singer, J.E. (1962): Cognitive, social and physiological determinants of emotional state. Psychol. Rev. 69, 379-399.

Scheele, B. (1990): Emotionen als bedürfnisrelevante Bewertungszustände. Tübingen: Francke.

Scherer, K.R. (1981): Wider die Vernachlässigung der Emotion in der Psychologie. In: Michaelis, W. (Hg.) Bericht über den 32. Kongreß der DGfP in Zürich 1980. Göttingen.

Scherer, K.R. & Wallbott, H.G. (1990): Ausdruck von Emotionen. In: Scherer, K.R. (Hg.), Enzyklopädie der Psychologie, Bd. Emotion. Göttingen.

Scheuch, E.K. (1973): Das Interview in der empirischen Sozialforschung. In: König, R. (Hg.): Hdb. d. emp. Sozialf., Bd. 2, 3. Auflg., 66-190. Stuttgart.

Scheuch, E.K., Zehnpfennig, H. (1974): Skalierungsverfahren in der Sozialforschung. In: König, R. (Hg.): Hdb. d. emp. Sozialforschung, Bd. 3a, 3. Auflg.. Stuttgart: Enke.

Schimmack, U. (1999): Strukturmodelle der Stimmungen: Rückschau, Rundschau und Ausschau. Psychologische Rundschau, 50, 90-97.

Schlosberg, H. (1952): The description of facial expressions in terms of two dimensions. Journal of Experimental Psychology, 44, 229-237.

Schlosberg, H. (1954): Three dimensions of emotion. Psychological Review, 61, 81-88.

Schmidt-Atzert, L. (1996): Lehrbuch der Emotionspsychologie. Stuttgart u.a.: Kohlhammer.

Schmidt-Atzert, L. & Ströhm, W. (1983): Ein Beitrag zur Taxonomie der Emotionswörter. Psychologische Beiträge, 25, 126-141.

Schmitz, B.B. (1988): Mobilitätsmotive: Warum ist der Mensch mobil? In: Flade, A. (Hg.): Mobilitätsverhalten. Weinheim: PVU.

Schneider, K. (1983): Psychobiologische und soziobiologische Ansätze. In: Euler, H.A. & Mandl, H. (Hg.) Emotionspsychologie. Ein Handbuch in Schlüsselbegriffen, 37-44. München: Urban & Schwarzenberg.

Schulze, H. (1996): Lebensstil und Verkehrsverhalten junger Fahrer und Fahrerinnen. Berichte der Bundesanstalt für Straßenwesen. Mensch und Sicherheit, Heft M 56. Köln: Bundesanstalt für Straßenwesen.

Schwarz, N. & Bohner, G. (1990): Stimmungseinflüsse auf Denken und Entscheiden. In: Maas, P. und Weibler, J. (Hg.): Börse und Psychologie; Plädoyer für eine neue Perspektive. Köln.

Segalla, M., Fischer, L. & Sandner, K. (2000): Making Cross-Cultural Research Relevant to European Corporate Integration: Can a New Approach to an Old Problem Help Your Company? European Management Journal, 18 (1), 38-51.

Shaver, P.R., Schwartz, J.C., Kirson, D. & O'Connor, C. (1987): Emotion knowledge: Further exploration of a prototype approach. Journal of Personality and Social Psychology, 52, 1061-1086.

Shepard, R.N. (1967): Recognition memory for word, sentences and pictures. In Journal of Verbal Learning and Verbal Behavior, 6, 156-163.

Shepard, R.N. (1981): Psychophysical complementarity. In: M. Kubovy & J.R. Pomeranz (Edts.) Perceptual organization, 279-341. Hillsdale, N.J.: Erlbaum.

Skinner, B.F. (1953): Science and human behavior. New York, Macmillan. (Deutsch: Wissenschaft und Menschliches Verhalten. München: Kindler, 1973).

Sokolowski, K. (1993): Emotion und Volition. Göttingen u.a.:Hogrefe.

Spaniol, O. & Hoff, S. (1995): Anwendung von Informatik-Methoden auf Probleme des Straßenverkehrs. In: Müller, G. & Hohlweg, G. (Hg.): Telematik im Straßenverkehr. Initiativen und Gestaltungskonzepte. Berlin: Springer.

Sroufe, L.A. (1981): Die Organisation der emotionalen Entwicklung. In: Foppa, K. & Groner, R. (Hg.): Kognitive Strukturen und ihre Entwicklung, 14-34. Bern: Huber.

Stachowiak, H. (1973): Allgemeine Modelltheorie. Wien/New York: Springer.

Stevens, S.S. (1959): Measurement, psychophysics, and utility. In: Churchman, C.W., Ratoosh, P. (Eds.): Measurement: Definitions and theories. New York: Wiley & Sons.

Storm, C. & Storm, T. (1987): A taxonomy study of the vocabulary of emotions. Journal of Personality and Social Psychology, 53, 805-816.

Stotland, E. (1969): The psychology of hope. San Francisco: Josey-Bass.

Tomkewitsch, R. (1995): Ansätze für ein modernes Verkehrsmanagement. In: Müller, G. & Hohlweg, G. (Hg.): Telematik im Straßenverkehr. Initiativen und Gestaltungskonzepte. Berlin: Springer.

Traxel, W. (1983a): Zur Geschichte der Emotionskonzepte. In.: Euler, H.A. & Mandl, H. (Hg.) Emotionspsychologie, 11-18. München: Urban & Schwarzenberg.

Traxel, W. (1983b): Emotionsdimensionen. In.: Euler, H.A. & Mandl, H. (Hg.) Emotionspsychologie, 19-27. München: Urban & Schwarzenberg.

Traxel, W. & Heide, H.J. (1961): Dimensionen der Gefühle. Das Problem der Klassifikation der Gefühle und die Möglichkeit seiner empirischen Lösung. In: Psychologische Forschung, 26, 179-204.

Trommsdorff, V. (1989): Konsumentenverhalten. Stuttgart: Kohlhammer.

Trommsdorff, V. (1998): Konsumentenverhalten. 3. Auflage. Stuttgart: Kohlhammer.

Ulich, D. (1995): Das Gefühl. 3. Auflg. Weinheim: Beltz.

Utzelmann, H.D. (1976): Tempowahl und -motive. Schriftenreihe Faktor Mensch im Verkehr. Heft 24. Darmstadt: Tetzlaff.

Utzelmann, H.D. (1977): Merkmale des Fahrverhaltens und ihre Zuordnung zu motivationalen Bedingungen. In: Bundesanstalt für Straßenwesen (Hg.): Symposium 77. Köln: Bundesanstalt für Straßenwesen.

Vogelsang, S. (1993): Chancenpotenziale für Fluggesellschaften. Eine empirische Studie zur Typologisierung von Fluggästen unter dem Gesichtspunkt der motivationalen Marktsegmentierung. Diplomarbeit Universität zu Köln.

Watson, D. & Tellegen, A. (1985): Toward a consensual structure of mood. Psychological Bulletin, 98, 219-235.

Weber, M. & Cramerer, C. (1992): Ein Experiment zum Anlegerverhalten. Zeitschrift für betriebswirtschaftliche Forschung, 2, 131-148.

Wegge, J. (i.D): Emotionen in Organisationen. Wird erscheinen in: Schuler, H. (Hrsg.), Organisationspsychologie, Enzyklopädie der Psychologie, Bd. D/III/3 u. 4. Göttingen: Hogrefe.

Weiner, B. (1986): An attributional theory of motivation and emotion. New York: Springer.

Weiner, B. (1995): Judgements of responsibility. New York.

Weiner, B. & Brown, J. (1984): All's well that ends. J. Educ. Psychol., 76, 169-171.

Weiner, B., Russell, D., & Lerman, D. (1978): Affektive Auswirkungen von Attributionen. In: Görlitz, D.; Meyer, W.U. & Weiner, B. (Hg.) Bielefelder Symposium über Attribution, 139-174. Stuttgart: Klett-Verlag.

Whorf, B.L. (1940): Science and linguistics. Technology Rev., 42, 6, Cambridge/Mass.

Wiendieck, G. (1977): Arbeitsleistung und Arbeitszufriedenheit - Eine kritische Übersicht. In: Gruppendynamik, 8, 415-430.

Wiendieck, G. (1980): Arbeitszufriedenheit: Ein Kunstprodukt der Sozialforschung? In: Bungard, W. (Hg.): Die "gute" Versuchsperson denkt nicht. München u.a.: Urban & Schwarzenberg.

Wippich, W. (1984): Lehrbuch der angewandten Gedächtnispsychologie. Bd. 1. Stuttgart: Kohlhammer.

Wippich, W. & Bredenkamp, J. (1979): Bildhaftigkeit und Lernen. Darmstadt: Steinkopff.

Wundt, W. (1896): Grundriss der Psychologie. (C. H. Judd, transl.).

Wundt, W. (1903): Grundzüge der Physiologischen Psychologie (Band 3; 5., völlig umgearbeitete Auflage). Leipzig: Verlag von Wilhelm Engelmann.

Wundt, W. (1913): Grundriss der Psychologie (11. Auflage). Leipzig: Alfred Kröner Verlag.

Zajonc, R.B. (1980): Feeling and thinking. Preferences need no inferences. American Psychologist; Vol. 35, 2, 151-175.

Zajonc, R.B.; Murphy, S.T. & Inglehart, M. (1989): Feeling and facial efference: Implications of the vascular theory of emotions. Psychological Review, 96, 395-416.

Psychologische Diagnostik

Sarges & Wottawa

Handbuch
wirtschaftspsychologischer
Testverfahren

PABST

W. Sarges, H. Wottawa
Handbuch
wirtschaftspsychologischer
Testverfahren
2001, 668 S.,
ISBN 3-935357-55-9

Bei der Bewertung neuer Bewerber und vorhandener Mitarbeiter werden immer häufiger psychologische Testverfahren eingesetzt, da sie einen kosteneffizienten Beitrag innerhalb des Recruiting-Methodenmix (Interviews, Assessment Center etc.) leisten.

Personalverantwortliche benötigen daher Informationen, welche Testverfahren sich für welche Fragestellung spezifisch eignen. Das Handbuch beschreibt nahezu 120 Testverfahren und bietet damit eine Übersicht über den größten Teil der Angebote zur Eignungsdiagnostik.

Zu jedem Verfahren informiert der Band über
– Autor/Verlag/Erscheinungsjahr
– Einsatzbereiche
– Konstruktionsgrundlagen
– Inhalte
– Frage- und Antwort-Formate
– Subtests
– Gütekriterien (Reliabilität, Validität)
– Normen
– Bearbeitungsbedingungen und- dauer
– Ergebnisrückmeldung
– Publikationen
– Erfahrungen in der Wirtschaftspraxis
– Preise.

Damit liegt eine übersichtliche Informationssammlung vor, die sowohl die Entscheidung zwischen verschiedenen Angeboten als auch das gezielte Auffinden spezifisch geeigneter Testverfahren unterstützt.

PABST SCIENCE PUBLISHERS
Eichengrund 28
D-49525 Lengerich